浜本純逸先生退任記念論文集

国語教育を国際社会へひらく

Japanese Language Education and Globalisation

記念論文集編集委員会　編

溪水社

序

ある日の研究室でのこと、浜本先生から刺激的なお話があった。これからの国語科教育は、世界の中で考えていく必要がある。言葉で言えば、英語が世界共通語になるだろう。そうなると、日本語が現在の「方言」の位置になる。古典にしても、日本の古典、東アジアの古典、世界の古典という同心円として捉えていく必要がある。日本の古典として適切な教材、東アジアの古典として適切な教材、世界の古典として適切な教材、そういう基準で教材を見直そう。現在でも、漢詩は中国でも韓国でも日本でも、古典教材となっている。そのような教材を見直してはどうか。国語科教育を捉えなおしてはどうか。議論は沸騰した。そして、本論文集のテーマはそのときに生まれた。

聞くところによると、母語が日本語以外である子どもがクラスの半数を超える小学校があるという。そこでは、「母語としての国語科教育」は成り立たない。また、今月一七日に出された中教審答申で示された「改定案」では、中学校三年の授業時数が、国語（一〇五時間）、外国語（一四〇時間）となっており、国語の授業時数より英語の授業時数の方が多くなっている。これまでの国語科教育がなんとなく寄りかかってきた前提が、今失われようとしている。では、国際化時代において、国語科教育にはどのような可能性があるのか、どのような捉えなおしが必要か。

国際化時代と簡単に口にしながら、「国際化」が国語科教育にもたらすものを十分に吟味することなく、これまでの教科観に胡坐をかいているのではないか。その反省の元、それぞれがそれぞれの立場で、それぞれの視点から、これからの国語科教育の可能性を見つめなおした。その結果が、本論文集である。

たしかに、本論文集は浜本純逸という偉大な国語教育研究者の退任記念として企画され、先生のご指導に接したものが新たに書き下ろしたものである。しかし、これまで賜ったご指導を基礎として、その視野としては、二〇年後、三〇年後の国語科教育を捉えたつもりである。

最後になったが、本論文集刊行にあたりご尽力いただいた溪水社の木村逸司氏をはじめ皆様に心より感謝申し上げて、序としたい。

先生のますますのご健勝をお祈りして
二〇〇八年一月

浜本純逸先生退任記念
論文集編集委員会代表
熊谷芳郎
近藤聡

目次

国語教育を国際社会へひらく

世界認識の履歴を学ぶ古典学習

浜本純逸

一　国際化という言語環境の変化

国語科教育は、不易（本質）と流行（変化）の二つの面から考えていく必要がある。

不易の面は、人の発達と言語習得との関係を明らかにしていくことである。人は、生まれる前から胎内において母親の言葉づかいにおける発音の仕方やアクセント・イントネーション、とりわけそのリズムに親しみ、それらを身につけていく。誕生後は、周りの人びとの言葉づかいに倣って「もの・こと」の名前を覚え環境との折り合いをつけていく。学校に入学すると、「聞く・話す・読む・書く」言語活動を通して生活世界を広げコミュニケーション能力を発達させていく。感情を豊かにし、思考を確かにしていくための「語彙・文法・文章法」を学んでいく。これらの過程を明らかにし、その道筋に応じた成長のためのカリキュラムを追求していくのである。

流行（変化）の面は、子どもの生活していくであろう時代の言語環境の変化に対応して、子どもたちが自己を確立し、社会生活を豊かに進めていくことのできる国語教育を探求していくことである。

二〇〇七年現在のこととして、以前の国語科教育では視野に入れること少なかった、メディア状況の変化と国際化の問題が浮かび上がってきている。メディアには音・言語（声・文字）・映像などがある。それらは、表現のための言語であり、解釈を必要とする広義の言語でもある。通信と交通の発達により世界は国際化が急速に進んでいる。母語を異にする人々が入り交じって政治・経済・文化の諸活動をおこなっている。すでに多言語社会になっているのである。

メディアリテラシーの教育を国語科にどのように位置づけるか、国際化社会における母語の教育はどうあるべきか、という二つの問題は、現在の言語状況が、私たちに突きつけている喫緊の課題である。

ここでは、「国際化の中の古典教育」に焦点を当て、それは、日本語を母語とする人びとにとっては当面する現代の課題であるが、やがて人間にとって本質（普遍）的な課題になっていくであろうという視座に立って、敗戦直後の高等学校国語教科書を手がかりに考察する。

二　国際化による国際的方言（地域語）現象

二〇〇五年に『現代若者方言詩集』を作った時、送られてきた「方言詩」の中に、次のような詩があった。

うちの家

尹　絢香（大阪）

うちの家はめっちゃ変やねん。
ええ言い方したらグローバル？

日本語よりハングルがごっつうまい姉ちゃん。
電話したらなんでか「ヨボセヨ」ってでる兄ちゃん。
ケンカしたら岸和田弁でガラが悪くなる姉ちゃん。
「オンマ」ってよばななかなか気付かんオンマ。
そやのに「母」ってよぶアボジ。
7割ハングル3割日本語のハルモニとハラボジ。
ペットは「ポチ」って名前の猫。
所々ハングルが混じるうちの家。
オチがなかったらしゃべったらあかんうちの家。
変やけど……うちはめっちゃ好きやねん。

（香川大学）

＊浜本編『現代若者方言詩集』（二〇〇五　大修館）

日本語よりハングルがごっつうまい姉ちゃんが、ケンカするときは岸和田弁である。7割ハングル3割日本語のハルモニとハラボジ（祖母と祖父）。「私」が喧嘩するときは大阪弁であろうか。いつの間にか家族の間で通用している多様な言語。いわゆる言語接触による「混成語」の世界である。ピジン・クレオール化の問題として捉えることもできよう。「家庭内国際方言」と呼んでみようか。世界各地から人びとがやってきて共に暮らすようになった日本では、このような「国際的方言」が多く使われていくことであろう。それが広がるとそれぞれの地域での「地域国際語」となる。私は、ここに日本語のしなやかさと日本人のおおらかさとを見る思いがする。

三　「世界の古典」という学習材化

垣内松三を著作者とし、編集協力者として安藤新太郎・石森延男・栗原一登・飛田文雄・八木橋雄次郎が参加していた『高等新国語』（光村図書　一九五二〈昭和二七〉年一一月　初版）は、三つの大胆な新機軸を出していた。

各学年の十一単元のうち、二つの単元が「世界の古典」の観点から編成され、その学習材は、つぎのように構造化されていた。

第一学年

単元一　古典に学ぶ
問題　方向　資料　内省
　一　古典の性格
　　その一　山村の春　　田部　重治
　　その二　水辺の暁　　徳富　蘆花
　　その三　小鳥飼い　　会津　八一
　二　古典の意義　　阿部　知二
単元三　物語と歴史
問題　方向　資料　内省（以下、省略）
　一　夜明け前　　島崎　藤村

第二学年

単元一　古典の新生
　一　水無瀬　　谷崎潤一郎
　二　連歌と連句
　　一　水無瀬三吟抄　　能勢　朝次
　　二　式目　　同
　　三　連句の現代的意義　　同
　　四　風雅の誠　　松尾　芭蕉
　　　この一筋　許六離別の詞
　三　幽玄之入堺事　　世阿弥元清
　四　一寸法師（お伽草子）

第三学年

単元一　世界の古典
　一　世界文学　　本田　顕彰
　二　我が愛読書　　ヘルマン＝ヘッセ
　三　「万葉集」より
　四　「源氏物語」より
　　その一　源氏物語　　池田　亀鑑
　　その二　小柴垣
　五　人間芭蕉
　　その一　芭蕉　　島崎　藤村
　　その二　嵯峨日記　　松尾　芭蕉

二　レ　ミゼラブル　ユーゴー
三　有王　平家物語
単元八　漢文入門
一　草枕抄
二　章句集
三　唐詩
単元九　日本文学と外国文学
一　細　雪　谷崎潤一郎
二　日本のこころ　中谷宇吉郎
三　世界文学と世界精神　中島　健蔵

単元八　漢文と国語
一　その一　香炉峰の雪
　　その二　古今和歌集序抄
　　その三　太田道灌
二　一　矛盾　二　流石　三　完璧
　　和氏之璧　刎頸之交　一挙両得
単元九　日本文学の歴史と系統
一　万葉集・源氏物語・蕉風俳諧　麻生　磯次
二　春を待ちつつ　島崎　藤村
三　日本文学の展開　垣内　松三

単元三　外国の小説と日本の小説
一　西洋の小説と日本の小説
二　ドン＝キホーテ　セルヴァンテス
三　竹取物語

この古典学習材の選択と配列には、戦時中には消えていた、大正デモクラシーの世界的な視野の広さが復活している。同時に知識を広げることが主たる目的になるという大正教養主義の限界も背負っているのであるが、単元編成に新たな機軸をもたらしてもいる。

この教科書の新機軸の一つは、学習者の地平に立って単元を編成していることである。各単元の初めに「問題方向　資料　内省」の項を設定しているところにそれを見ることができる。

第一学年の「単元一　古典に学ぶ」の「問題」は、

幸福とはなんであろうか。人によってそれぞれの考え方があるだろうが、深みのある豊かな生き方をして、人間らしい充実した日々を過ごすことは、その一つであろう。

そのためには、古典の世界をたずね、祖先が、何を、どのように感じ、また考えながら生活していたかを知り、現在の自分の生活を省みることが、なによりも肝要なことであると思う。

今、われわれの手には、文化財として数多くの古典が残されている。われわれは、そのあらましを見通して、おもなものを読んでいこうと思う。その前に考えておきたいことがある。それは、それらがなぜ古典といわれるかということである。

と投げかけて、「次のようなことを目あてとして学習しよう」と呼びかけている。

イ　古典とはどういうものか。

ロ　なぜ古典を学ぶか。

ハ　日本のおもな古典には、どんなものがあるか。

（前掲教科書　第一学年上巻　八頁）

「われわれ（学習者）」の地平に立った編集方針があった、と言えよう。

この目標を達成するための「資料」として、「山村の春」以下四編の作品を選んだ、としている。教科書に選んだ文章は、規範的な文章としてその主題や文章展開の論理を学ぶことが目的ではなく、「古典とはどういうものか」について考えるための「資料」であるとしている。ここに、単元学習における、斬新な学習材観をうかがうことができる。

二つは、演繹的単元学習を構想していることである。単元の初めに「問題」等、学習の目的・概要・方法について、あらかじめ知らせている。「問題」の中で、執筆者は、「古典とはどのようなものか」と問いかけた後、古典の基本的な条件として、一、統一性　二、普遍性　三、独創性　四、完成性、をあげている。「問い」と「答え」の往還が授業であるとすれば、このように「答え」をあらかじめ示すと、授業ではすることが無くなるであろう。しかし、この単元では、「資料」を手がかりに、「一、統一性　二、普遍性……」などの意味を考えて、豊かに深めていくことがねらいなのである。古語の意味を覚えさせるのが国語学習の中心ではなかった。

単元学習を作り上げていくときの困難点の一つは、新しい単元に入るにあたって、学習課題や学習内容を知らない学習者（既知ならば、その単元を学習する意義はない）に「学習課題」を発見させ、「学習計画」を立てさせるところにある。垣内『高等新国語』は、学習への導入段階で、それらを教えることによって自覚させ、学習内容の大体と方法を示唆することによって、学習意欲と関心を高めている。

三つは、世界の古典という視座に立っていることである。その姿勢は、第三学年の第一単元「世界の古典」に現れている。編者は、「われわれは、三年の最初に、まずこれらの広くて高い世界文学について学び、読書の範囲・方向を知るとともに、視野を広くし、わが古典を展望してみたいと思う。」と、ねらいを述べている。

「資料」の「世界文学」において、本田顕彰は、

今後は、太平洋戦争を生んだ、「大東亜」というような狭い独断的な観念を捨てなければならない。人種も、歴史も、風土も、習慣も、言語も、みんな異なっていても、世界じゅうの人は、その人間性の内奥の真実においてあい通ずるのではないだろうか。（前掲教科書　第三学年上巻　一六頁）

と述べて、世界の文学は「内奥においてあい通ずる人間性の真実」を表現しており、世界の文学を読むことが人間の共通性を信じることを可能にすると説いている。そこに、人類の統一した理想（平和・幸福）を見ることは不可能ではない、とする。

このような、「世界の文学」という視座に立って、垣内『高等新国語』は、一学年で単元三「物語と歴史」（一夜明け前　島崎藤村　二　レ　ミゼラブル　ユーゴー　三　有王　平家物語）を組み、三学年の単元三「外国の小説と日本の小説」において、ドン＝キホーテ（セルヴァンテス）と竹取物語とを組み合わせた単元をつくっていた。

全単元を通して「内省」は学習後の学習者の感想文を採録している。第三学年の「単元三　資料二　ドン＝キホーテ」を学んだBグループの「内省」は、次のようになされている。

○　架空的な物語であるが、不思議に今のわれわれの心を打つものがあるのに驚いた。そのころの人間性と、今日の人間性とが、こんなにも近いものなのであろうか。

○　「ガリバー旅行記」を思い出して、これと比較してみた。諷刺というもの、比喩というもの、皮肉というもの、ユーモアというものなどが、人間の表面的感情の現われでなくて、むしろ内面的に深いところから発散してくるいぶきであることがわかった。日本に、このような、思想的に深刻な諷刺文学のないのが寂しい。「わが輩は猫である」は、わずかにこの一面を示していると思われる。川柳・狂歌の類は、ほんの断片的なものだが、それでも、いささかそのおもしろさがうかがえる。

（前掲教科書第三学年上　一七〇〜一七一頁）

学習者の視野は、世界的な広がりを示していることが分かる。

なお、この「内省」の項は、学習者の自己評価のために、先に学んだ先輩のそれを採録したものであるが、自己評価の観点を示唆するに止まらず、読みを深める方法をも示唆している。単元の学習を「内省」（振り返り）によって締めくくるとともに後の学習へもひらいているのである。

かつては教科書は「典籍」であり名文集であると考えられていた。しかし、この教科書では、学習者の書いた文章も採録して、学習の方法や切り込みかたを暗示して学び方を多様にしようとしている。学習者の文章採録は、斬新な試みであった。

このBグループの「内省」（感想発表）には、架空物語において人間性が深く表せることを知り、また、諷刺文学の深さに気づいている。「世界の文学」という視座に立つことによって、洋の東西を越えて文学を読むことが、直ちに文学の本質に迫る契機となることを示している。

四　世界認識の履歴を学ぶ古典学習

わたしは、この春、「国語教育の課題・二〇〇七年」において、九項目の課題の一つとして、これからの国語科教育の学習材について考察し、「古典教材の三層」を提案した。（注）

一層　日本の古典――万葉集、源氏物語、古今和歌集、平家物語、奥の細道、など。
二層　東アジア三国（日本・中国・韓国）の古典――論語、竹取物語、唐詩（「春望」）、春香伝、など。
　　　　　　　　　　　・各民族の昔話、故事成語、四字熟語、など。
三層　世界の古典――世界の古典――ギリシャ神話、アラビアンナイト、ハムレット、戦争と平和、イワンの馬鹿、故郷、など。

東アジアの人びとの心を結ぶ言語文化が二層の古典である。三層の「世界の古典」は、世界の構成員としての教養として学んでいくのである。このような「共通教養としての古典」という枠組みとは別に、新たに、「世界認識の履歴を学ぶ古典」という枠組みを提案したい。

世界の文学創造の歩みは、人類の世界認識の歴史であると捉え、その視点から古典を関係づけて学習材化していくのである。例えば、次のような単元が考えられよう。

一群　世界の誕生——各国神話（カレワラ、古事記、おもろそうし）。
二群　人と異界——竹取物語、ユーカラ、不思議の国のアリス、など。
三群　人と自然——　陶淵明詩、ワーズワース詩、大渦巻き、など。
四群　人と旅——オデュッセイ、ドン＝キホーテ、ガリヴァー旅行記、など。
五群　愛と生——ダフニスとクロエ、ロメオとジュリエット、人形の家、など。
六群　戦争と平和——兵車行　平家物語、戦争と平和、など。

世界認識の履歴を学ぶ古典学習における学習材は、必ずしも原文にこだわる必要はない。外国文学はもちろんのこと、古事記などでもすぐれた口語訳を使いたい。

人類は、天地創造の神秘をどのように認識してきたか。ユートピアや死後の世界をどのように想像してきたか。人間は、もう一つの国を思い描き、あこがれてきた。これまでは、それらの見えない世界を言葉でイメージ化することによって共同体としての民族や国家を維持してきた。

それらを「世界の古典」として編み直すことによって、さまざまな多様性と豊かさを知り、それぞれの固有の想像世界に対する尊敬と寛容な心が生まれてくるであろう。それと同時に、自分たちとは異なった想像世界を理解しうる「自分」を見いだすであろう。わたしは、そこに民族や国家を超える「人間」としての想像力の根源を見出だす。異なった想像世界を共有していく「人間」としての心的基盤を見出だしていきたい。

私たちは、「虚」の世界を創造することによって自然・社会・自己の真実なものを認識し、生を豊かにしてきた。各民族や各国民の「虚」による世界認識の総体が「世界文学」であり、その中で時間の洗礼を受けて、たえず人々の心に再生産され続けてきたものが古典である。学習者が、そのような「世界の古典」の一端に触れ、生涯を心豊かに送るきっかけとなる場と機会を設けたい。各国の人々が、他者の独自の想像世界や世界認識の方法を学ぶことによって、国家や民族間の偏見と憎悪とを薄めることができよう。国家という「心の垣根」を低くすることが可能になるであろう。

注　拙稿「国語教育の課題・二〇〇七年」『国語の授業　No.２００』一光社、二〇〇七年六月

参考文献

1　大村はま著『大村はま　授業の展開1　世界を結ぶ』筑摩書房、一九八九年一一月

2　加藤宏文著『生きる力に培う「主題」単元学習』明治図書、一九九九年四月

3　相良憲昭・岩崎久美子編著『国際バカロレア　世界が認める卓越した教育プログラム』明石書店、二〇〇七年二月

4　田口雅子著『国際バカロレア　世界トップへの切符』松柏社　二〇〇七年五月

国際化の中の国語力

言語生活主義教育の再構築
――グローバリゼーションと国語教育のアイデンティティー――

田近洵一

はじめに（本稿の概要）

時代の教育課題として、「国際化への対応」が多様な形の「国際理解教育」として展開したのは、一九八〇年代のことであったが、その後、グローバリゼーションの観点が持ち込まれ、二一世紀にはいると、国語教育においても「教育のグローバル化」への対応が検討の対象となった。また、それと同時に、現代人の日本語に関する基礎素養の貧困さを憂えるところから、ジャーナリズムをも巻き込む形で、日本語能力や漢字能力の検定、あるいは東京・世田谷区の「美しい日本語」に象徴されるような復古的で、時にはトリビアルな傾向の日本語ブームが起こり、教育界においても、教育内容として日本語に関する素養が広く求められるようになってきた。

本稿では、その三〇年余の時代の動きの中で、私自身がそれにどう対応してきたかを、これまで発表したもの（以下の三点の資料）の上に確かめながら、国語教育の本質は何か、そのアイデンティティーはどこに見出されるべきかについて考えてみたい。

資料1．「国際理解教育の歴史・現状・課題」（倉澤栄吉編『国語における国際理解教育』（エム・ティ出版、一九九四・

六）

資料2．「グローバリゼーションと国語教育」（日本言語政策学会シンポジウム、二〇〇四・七・三）。なお、言語政策学会では、秋季大会のシンポジウムにも招かれ、夏に続いて、「グローバリゼーションと国語教育のアイデンティティー」の題で発言した（二〇〇四・一一・二一）。

資料3．「ことばの危機の克服と国語学力の育成」（『月刊国語教育』東京法令、二〇〇四・三）。なお、その後、日本国語教育学会主催のいくつかの研究集会で、本稿末尾に記したような「言語生活主義教育の再構築」の提言を重ねてきた。

一　国際理解教育の中での国語教育

昭和に入ってからの国語科は、決して十分ではないながらも国際理解を視野に入れて、異文化体験や国際的視野を持つ文章を教材としてきた。しかし、言うまでもないが、国際理解教育は、外国の文化や外国人の価値意識への視野を広げ、受容の能力を広げることではあっても、決して文化や価値意識を無国籍化していくような「外国理解教育」であってはならない。私は、そのように考え、前掲資料1で、次のように述べた。

［資料1］

今日求められるべきは、それぞれの民族の文化的アイデンティティーを確立するとともに、相互にそれを認めあい、連帯・共存の可能性をさぐることのできる人間を育てることである。すなわち、国際化時代の教育は、異文化理解教育であり、日本人としての文化主体形成の教育である。そしてそれは、自己と他者との出会い（他者理解）を通して、自己を形成し、さらに、異質性を前提としつつも、相互の人間関係を広げていく――そのような能力を育てるという点で、国語教育の本質的な在り方につながるものだと言えよう。

しかも、今日では、「国語」の時間に日本語を学習するのは、日本人の子どもだけではなくなってきている。国語教育は、日本語教育としての性格を明確にすべき時代を迎えているのである。すなわち、新しい時代の国語教育は、日本語・日本文化への確かな理解を養いつつ、異文化への受容の幅を広げ、価値観の多元化する中で、言語によって自己を表現し、対話（共同思考）の場を形成する言語能力を養うものでなければならないのである。

国際化時代の教育、あるいは、国際理解教育は、外国理解教育ではない。外国の言語・文化や諸事情への理解を広げることだけが国際化時代の教育ではない。その本質は、多元的文化の相互理解の教育であり、その柱は、次の三つである。

（ア）自己のアイデンティティーの確立としての母国語教育（日本語・日本文化の教育）
（イ）自分とは違う異質なる他者を受け入れ、自己をとらえ直す他者理解の教育
（ウ）価値観の違うものとの間に共通理解を生み出すコミュニケーション能力の教育

（前掲「国際理解教育の歴史・現状・課題」）

これは、当時の、外国の言語・文化や諸事情の理解に傾きがちであった外国理解教育への危機感からの発言であった。私は、当時、一つの流行現象のようになっていた国際理解教育に、ある種の危うさを感じていたように思う。だから、国際理解を視野に入れた国語教育に、異質性受容による自己形成といった意味づけをしたのである。

二　グロバリゼーションと国語教育のアイデンティティー

二〇〇四年度の言語政策学会は、夏と秋の二回の大会で、「グローバリゼーションと国語教育」のテーマでシンポジウムを開催した。私は、その二回のシンポジウムで発言を求められたが、以下に引用するのは、夏の大会のためのレジュメの原稿の主要部分である。

［資料2］

1．視点としてのグローバリゼーション

現在、世界のグローバル化の動向は、あらゆる領域において、西欧中心に進められてきている。特にわが国の場合、政治・経済のみならず文化や教育までもが、アメリカ中心主義ともいうべきグローバリズムの枠組みから、既にその自由を失っているようにさえ思われる。

「インターナショナル」が国家間の協調に視点を置くものであるのに対して、「グローバリゼーション」は、国家間の壁を取り去り、人類の共生・共存を地球規模で考えようとするものである。それは、政治経済のみならず、すべての分野において、地球を多民族・多言語・多文化の共生世界としてとらえ、その視点から、弱小なるものの独自性、そのかけがえのない価値を保障しようとするものでなければならない。それは、経済的に強大なるものを基準としてものを見ることの対極にある立場である。端的に言うなら、それは、マイノリティーに内在する固有の文化に、他と代え難い価値を見出そうとする立場であって、マイノリティーへのまなざしを共生の基盤とするものだと言ってもいいだろう。

現実の問題として、私達は、西欧中心のグローバリズムの波の中にあって、共生世界を求めるグローバリゼーションの理念を見失ってはならない。多言語・多文化・多民族の地球上での共生・共栄の実現を求めるこれからの時代において、グローバルな視野が必要なことは言うまでもない。国家や国際組織などに関するインターナショナルな視点だけではなく、地球上のすべての文化や伝統を継承していくこと、すべての人の人間としての尊厳を大事にしていくこと……など、国家の枠を越えた視点から見ていく必要がある。私達は、マイノリティーを切り捨てることなく、またあらゆる異質性を排除することなく、すべての民族、すべての文化の共生を柱とするグローバリゼーションをこそ実現しなければならないのである。

2．グロバリーゼーションと母語の教育

その視点に立つ時、国語教育は、今改めてその母語の教育としての意義とあり方とが問われなければならない。特にわが国の場合は、アメリカ中心のグローバリズムの動きの中にあって、ややもすると価値基準がアメリカ寄りに移動しがちになる。しかし、だからこそ、国語教育は、安易にそれに迎合してはならないのである。まずは、母語としての「国語」の教育の充実を期さなければならない。それは、どういうことか。

それは、国民国家を維持する言語（国家語）の教育としてではなく、私達のアイデンティティーを支える母語の教育として、すなわちかけがえのない個人の自立と共生の営みを推し進めるものとして、国語教育と取り組んでいかなければならないということである。そのためには、改めて今日における言葉の生活の実情をふり返り、グローバルな立場から、母語としての「国語」の教育は如何にあるべきかを考えなければならない。

グローバルな立場とは、前記したように、多言語・多文化の共生世界における個のアイデンティティーの拡充を目指す立場である。まず個のアイデンティティーを保障する上で、他に代え難い言語としての母語の価値に目を向けていく立場である。母語の価値とは、それを母語とする者のものの見方、人との関わり方を形成するはたらきにある。

3．言語生活の改善を求める運動の虚と実（略）

4．ことばの危機とその克服

（略）国語教育のアイデンティティーは、母語で自己を表現するとともに他者を理解し、更に人間関係をつくっていく言語主体を形成することにあるが、特にグローバリゼーションを視野に入れるなら、これからの国語教育は、異質なる他者を受容し相互に啓発し合うインターアクティブな人間関係能力を育成することに、その根拠が見出されなければならない。特に母語及びその文化に関する素養は、価値観が多様化する多元的文化の時代を生きる主体にとって、異質なる他者との相互啓発的な関係を生み出す基盤なのである。ところが今、その母語に関する素養が危機に瀕している。異質な他者との関わりを生み出す文化としての母語がくずれてきているのである。「うざい」「きもい」などの現代風隠語、「～的には」「～とか」など、明確な判断を避ける曖昧表現、「うるせえ」「かんけえねえだろう」など、関係を拒否する拒絶表現、その他、いじめ言葉や差別表現など、いずれも人との関わりを生み出す文化としての母語のくずれを示すものである。これらの言葉問題は、他者との関わりを忌避する現代の若者の人間関係能力の衰弱あるいは共生意識の荒廃を示すものだが、グローバリズムの中で、これら自己中心的意識の反映としての現代の言葉問題は、言語政策及び国語教育の視点から早急に取り組むべき課題ではないだろうか。

5．他者受容能力と自己認識能力

多言語・多文化社会は、多様な価値観・世界観の共存する世界である。そこに生きるためには、言語活動の上に、互いの異質性を認め合い、受け入れ合う共生能力が求められる。言葉の上だけの表面的なコミュニケーション能力ではなく、他者の存在を認め、相互に提案し合い、厳しく検証し、修正し合う能力、つまり言語的なインターラクション能力が、国語学力として位置付けられなければならない。（略）

インターラクティブな他者受容は、他者の言うことを理解し、自己を表現するところに成り立つのだが、しかし、それだけでは異質な者を受け入れ自己を相対化することはできない。そこで、大事なのは、自分自身の行動（経験）を対象化し、自己中心的にならずに、それを事実としてできるだけ客観的に認識する能力である。言語には、主体の行動を自己対象化して客観的にとらえるはたらきがある。わが国の生活綴り方においては、そのような自己認識あるいは事実の客観的認識に重点を置いた指導がなされてきたのだが、情報作文全盛の今は、そのような自己対象化は作文学習の上では影の薄いものになってしまった。そのことも、今日の子どものきわめて主観性の強い自己中心的な言動にあらわれているのではないだろうか。改めて求められるべきは、情報も自己の行動も、自分に引きつけずに、対象化してとらえ直すとともに、それを自分の生活に生かしていく力なのである。（略）

（前掲「グロバーリゼーションと国語教育」）

以上の発言の主旨は、現在でも実質的な面においては揺らいではいないのだが、しかし、今ふり返ってみると、グローバリズムへの批判的な立場を明確にしえていないという恨みがあるのも確かである。母語の教育や民族文化の継承の視点のないグローバリズムは、教育の無国籍化を図るものとして批判されなければならない。改めて問うてみよう。

グローバリゼーションのもととは言え、そこで必要な言語能力は、果たしてＩＴ産業などにおける機械言語化された情報を処理する能力なのだろうか。アメリカナイズされた多国籍企業で働く近未来の青年たちには、国の縛りはなく、それ故、彼らに求められるのは、無国籍の市場で記号としての言語を操る能力なのだろうか。グローバリズムの行き着くところ、求められるのは、そのような機能本位の無機質な言語能力なのだろうか。

そんなことはあるはずがないだろう。人間が人間として生きていく上でのパーソナル・コミュニケーションのない生活などは考えられない。グローバリゼーションは、避けられない時代の流れだとしても、そこに生きる「地球人・地球市民」は、あくまで人間だということを忘れてはならないだろう。国語教育は、母語の教育として、そこに立脚点を置かなければならない。そのことを改めて確認しておきたい。

三　言語生活主義教育の再構築

1　国語教育の基軸としての言語生活

国際化時代への対応として国語教育に求められたのは、次の二つの立場である。すなわち、一つは、多言語・多文化との交流の視点から、情報の伝達に重点を置いた正確な日本語能力の習得を志向する立場であり、もう一つは、異文化受容の立脚点として、日本民族の独自性の確立を目指し、日本民族固有の伝統的な日本語・日本文化の継承を志向する立場である。前者は、日本語の適切・有効な社会的・機能的な使用能力の習熟に重点を置くことになるのに対し、後者は、日本的な表現に関する知識の習得と伝統的な言語文化に関する基礎素養の涵養に重点を置くことになろう。国際化時代への国語教育のあり方を考えると、私自身もそうであったが、一つには多言語・多文化への適応を、もう一つには異言語・異文化に紛れぬ独自性の確立とを求めるのは当然のことである。もちろんそれも大事なことだし、これからもなおいっそう本格的に取り組んでいくべきことではある。しかし、国際化の時代だからといって、母語の教育のアイデンティティーを、それへの即応に求め、国語教育のあり方をそれで規定しようとするのはいささか安易だと言うべきであろう。すなわち、グローバル化の流れに生きる機能的言語技能とそれを支える基本的な日本語能力の養成を一方の極に置き、もう一方の極に、多言語・多文化に埋没しないための伝統的な言語素養の養成を置いて、二極の間で国語教育の有り様を見極めていこうとするのは、その常識的な現実対応の姿勢自体、現実から遊離して観念的だと言わざるを得ない。

では、国語教育の基軸は、どこに置くべきだろうか。わたくしは、改めて、国語教育の基軸を、母語を学ぶ児童・生徒の人間としてのあるべき言語生活を指標として描きつつ、そこに向かって、現実の課題と取り組み、日常の言語生活を切りひらき、言語文化を生み出していく能力の育成に置くべきだと考えている。

言語生活を切りひらくというのは、言語を道具として日常の用足しをしていくだけのことではない。「生活」とは、人間として生きるということであり、「言語生活」とは、単に「日常の暮らし」のレベルにとどまるものではなく、言語を仲立ちとして生きていくということ、さらに、言語と関わり、言語を追究することで人間として生きることの可能性を切りひらいていくということである。言うならば、言語と関わることで人間が人間になる、その意味で「言語生活」は、まさに人間的な営みなのである。

そのような言語生活を切りひらいていくには、まず今日における子どもの言語生活の現実態からその方向を見極めていかなければならない。教育実践は学び手としての子どもの現実態を見つめるところを出発点としなければならない。私は、国語科は、今日における子どもの言語生活の実態をとらえ、それに積極的な関わりを持つべきだと考え前掲資料3で、次のように述べた。

［資料3］

日本語の本の出版が相次ぐ日本語ブームの中で、若者ことばの乱れや荒れがひどくなっている。また、メールや携帯電話などのコミュニケーション機器が普及する一方では、人との正常な交わりができず、ディスコミュニケーションの状態で、すぐにキレたり、引きこもりになったりする子どもが増えている。（略）ことばによるいじめや差別・ジェンダーの問題なども、あげていくと枚挙にいとまがない。（略）ことばやことばの生活の視点から見ると、その根底には、現代人の言語に対する不誠実な態度が横たわっていることが見えてくる。ことばが、相手のことを思いやる心のはたらきの中で使われていないのだ。常識的な言い方だが、ことばが、人の心を表すものとして、また人と人とを結ぶものとして、人の心のうちに育まれていないのである。だから、人との交わりをもっとも強く求めているはずの若者が、だれとも口をきかず、一日中一人で引きこもりもするし、電車の中で「ばばあ！死ね」などとわめき立てて問題になったりもするのである。また、人権侵害にもつながるさまざまないやがらせ（ハラスメント）も、現代社会の病とも言いたくなるほど多発するのである。まさに、ことばの危機、ことばの生活の危機である。

ことばの教育に関わる国語科は、それらの問題に無関心であってはならない。なぜなら、国語教育は、そこに見られることばと心との剥離現象、あるいはことばの生活における感性（人間的情感）の劣化、そこに共通することばの無機的記号化の問題と、無縁ではないからだ。それどころか、現代のことばやことばの生活の危機に対して、国語科はまったく無責任でいるわけにはいかない。

（前掲「ことばの危機の克服と国語学力の育成」）

国語科は、上記のような現状に対して、自らの責任を自覚するだけではなく、これからの国語教育はいかにあるべきかを考えなければならないのではないだろうか。ところが、現実の国語科は、現代のことばやことばの生活の危機とはほとんど無縁なところで、テストや受験に対応できるような受験学力の育成に力点を置いているように思われる。結論的に言うなら、国語教育の内実を考えることは、ことばの危機を克服することにつながらなければならない。すなわち、ことばやことばの生活の問題への対応を視野に入れて、国語教育の内実は考えられなければならない。その時、初めて国語科は、人間として必要な本当の国語学力を教育内容として明確にすることができるのではないだろうか。

2　言語生活者としての子ども

学び手である子どもは、就学以前にある程度の日本語力を身につけている。ところが、彼らの言語生活は、決して豊かだとは言えない。「日常の用足し言語」のスキルは十分で、上手におしゃべりをしたり、自分の要求を主張したりすることはできるが、人の話に耳を傾け、人と相互に話し合い、自分をしっかりととらえ直すことはできないというような子どもが目につくのが現状である。さらに言うなら、複数テキストを比較して批判したり、必要な情報を取り出して課題解決に生かしたりといった、情報活用者としての主体的行為力は未成熟なままである。彼らは自立した言語生活者になりえていないのである。

前述したことばの危機も、そのことと無縁ではないだろう。「ジコチュウ」のことばが示すように、自己中心的になっている彼らに決定的に欠けているのは、自分以外の人の立場に対する想像力であり、異質な他者との交わり、それを受け入れる他者受容力である。双方向のコミュニケーションを、比喩的に「ことばのキャッチボール」と言うが、ディベートも含め、あたかもゲームのようにことばのやりとりを演ずることはできても、友だちのことばも親や教師のことばも受け入れることのできない子どもが増えているのである。それは、他者を受け入れ、自己をふり返って、相互の関わりを深めていくような、インターラクティブな（相互作用・相互啓発的な）人間関係能力の欠如がもたらしたものだと思われる。日本語の乱れの問題、と言うより、ことばの荒れ、あるいは歪みの問題も、その根底にあるのは他者受容能力の欠如の問題であって、それは、今日の言語生活のあり方にもつながる問題だと言っていいだろう。すなわち、インターネットや携帯電話などで絶えず言語操作の当事者になりながら、現実には、ほとんど本を読まない「不読者」の増加や、文学の読みのステロタイプ化、作文嫌い、特に書くことで自分を見つめることの回避など、子どもの多くが、言語疎外とでもいうべき状況に陥っているのである。日常生活に不便を感じないほどには日本語を上手に使いこなすことはできても、意識を集中して人の話を聞いたり、他者との関わりをつくり出しつつ、そこで自分も生きる（可能性をひらいていく）という点で、また、それぞれが認識・思考を深めつつ、現実の課題を解決していくという点では、十分な力を身につけていないのが実情である。そのような子どもが、ことばを仲立ちとしてものを考えたり、課題を追究したり、自己を表現したりする、言語生活者としての確かな力をつけてやるのが国語科の責任である。

3　言語生活主義の国語教育

わが国において、言語生活主義の国語教育を提唱したのは、言うまでもなく西尾実である。私は、基本的には、『国語教育学の構想』を初めとする西尾学説を継承しつつも、さらに、波多野完治や滑川道夫らによる雑誌『生活学校』を貫く「生活教育」の思想[1]、さらには国分一太郎の生活綴り方をはじめ国語教育の全体を貫く思想[2]からも、今日の教育を問い直す上で、多くを学ばなければならないと考えている。すなわち、『生活学校』も生活綴り方も、子どもを自らの現実を生きる生活者としてとらえ、その現実の問題の解決に関わるところに、教育のあるべき姿を見出している、あるいは、子どもの生活現実との関わりを深めるところに教育の可能性を見出しているのである。

戦後の教育は、一九五〇年代後半（昭和三〇年代）になると、習得させるべき学力が先にあって、それを如何にして確実に身につけさせるべきかが問題とされてきた。基本的には、基礎・基本の学力保障を柱とする能力主義の教育が推し進められてきたのである。そこでは、現実に生きる生活者としての問題は、国語教育の枠組みの中には位置づけられてこなかった。もちろん、学習者としての子どもの生活問題が取り上げられることはあったが、それは学習を有効に進めていくための前提、もしくは配慮すべき事項の一つとしてであって、総合学習などのいくつかの例外を除いては、生活者としての学習者の側から、その生活課題の解決自体を教育内容とすることはなかったと言っていいだろう。すなわち、学習者の生活現実との関わりを深め、人間として生きていく上での課題を追究することが教育の基軸に据えられることは、ほとんどなかったのである。

しかし、少なくとも言語は、それを運用すること自体、生活的な行為である。母語の教育は、学力を、習得すべき言語あるいは言語能力の側から考えるだけではなく、言語による生活行為自体を、学習内容の基軸とするとともに、学習活動として組織することを考えるべきではないだろうか。繰り返すが、「生活」とは、人が人として生きる営みである。日々の暮らしはもとより、人と関わること、ものを考えること、話すこと、書くこと、本を読むこと、問題を追究すること……そのようにして、人が人として生きる時、その営みを「生活」という。国語教育のあり方として、その生活を「拓く」ということが重視されるが、それは、ことばを学ぶことで、人としての営みを充実させ、よりいっそう豊かなもの、人間的なものにしていくということである。そのような生活現実を拓く言語（それを生活言語とよんでおく）を育てるのが国語科である。そして、言うまでもないことだが、教育自体、人として生きる営みを豊かなものにしていくもの、つまり、人間の生活を拓くものであり、生活を拓く力を育むものなのである。

教育思想としての生活主義は、学習者が生活現実の問題をとらえ、それを解決していく力、すなわち、人間として生活を拓く力を育むことを基軸として教育を進めようとするものである。教育実践の視点から言い換えると、学びを子どもにとって人間らしく生きる営みとして成立させること、そのことで生活を拓く力の向上・充実を図ろうとするものである。今、生活を拓くとは人間として生きる営みを充実させ、豊かなものにすることだと言ったが、それはまさに学びの行為である。特に、「生活」を重視する（すなわち、生活主義における）学びの行為は、それ自体、外的な状況や他者と関わり、課題を発見・追究・解決して、自己の存在を確かなものにしていく営みである。教育は、その過程において、一人ひとりの子どもが、それぞれの人間として生きる営みを充実させるものでなければならない。それは、生活現実に生きる子どもにとって、どのような力なのか。また、そのような学びの行為を子ども自身のものとして成立させるにはどのようにしたらよいのか。そこに生活主義教育の実践的な課題がある。

おわりに――言語生活主義の視点からの国語学力――

これからの時代、グローバリゼーションは、経済界のみならず、生活・文化の分野への影響をもますます強めていき、情報産業（あるいはＩＴ産業）を中心に、多言語・多文化が「地球市民」の無国籍化を進めていくであろうと思われる。そのような時代にあって、国語科は、母語の教育として、深く生活の現実にくい込み、さらにそれを拓いていく営みとして、つまりは生活現実を拓く力を育む母語の教育として再構築していかなければならない。では、生活現実を拓く母語の力として重要なのはどのような力なのだろうか。すなわち、どのような生活言語の力を、国語科で養うべき国語学力としてカリキュラムの上に位置づけていったらいいだろうか。

私は国語科基本学力を「生活を拓く言語の力」の観点から、次の五つの能力を柱として考えている。ここでは学力を検討する余裕がなくなったので、その観点だけを挙げておく。

Ａ、言語による物・事の認識・批評に関する能力
Ｂ、言語による課題追究、思想形成、情報発信、自己表現に関する能力
Ｃ、他者受容（異文化受容）による自己形成、人間関係形成に関する能力
Ｄ、想像力、感性、言語感覚に関する能力
Ｅ、言語認識（メタ言語）に関する能力

注

（1）『生活学校』（一九三五（昭和八）年一月に創刊、戦時下発行停止）を、一九四六（昭和二一）年一〇月、波多野完治、滑川道夫らが再刊、戦後の教育を主導した。また、滑川道夫は、一九四八（昭和二三）年九月、『生活教育の建設』を刊行し、「生活教育は、生活のための教育であり、生活による教育であり、生活そのものを引き上げる教育である」として、戦後の生活教育論の口火を切った。

（2）国分一太郎は、論文「新教育と学力低下」（一九四五年）などで基礎学力として日本語そのものの習得を強く提唱したが、さらに一九五六（昭和三一）年、「国語教育の目標」で、「ひとりひとりの子どもに、正しくゆたかなものの見方・・考え方・感じ方をもたせ、その自我を確立させるとともに、社会連帯感を自覚させる」などの六項目をあげている。私はその国分の教育観は、生活主義教育思想と言っていいものだと見ている。

国際化の中で求められる国語力とは何か
――PISA型読解力から対話能力の育成へ――

鶴田清司

一　「OECD生徒の学習到達度調査（PISA）」の影響

二〇〇三年七月に実施された「OECD生徒の学習到達度調査（Programme for International Student Assessment）」（PISA）の結果、日本の高校一年生の「読解力（reading literacy）」が前回調査（二〇〇〇年）よりも大幅に低下した。それによると、平均点の順位は八位から一四位になった。上位集団からOECD平均と同程度への低落である。しかも、諸外国に比べて日本の平均点が二四ポイントと一番大きく下がっている。(1)

そこで問題になっている「読解力」は「PISA型読解力」とも言われ、これまでの国語科教育における読解力よりも広義で、機能的・実用的な性格が強いものになっている。実際、文章のような「連続型テキスト」だけでなく、図表・グラフ・書式などの「非連続型テキスト」も含んで、次のような「読解のプロセス」に対応した三つの課題が設定されている。(2)

・情報の取り出し（テキストに書かれている情報を正確に取り出すこと）

・解釈（書かれた情報がどのような意味を持つか理解したり推論したりすること）

・熟考・評価（テキストに書かれていることを生徒の知識や考え方や経験と結び付けること）

先の調査の衝撃的な結果は「ＰＩＳＡショック」とも言われ、近年の「学力低下」論と重ねる形で、マスコミもこぞってセンセーショナルに取り上げた。当事者である文部科学省がこの問題を深刻に受け止めたことは言うまでもない。さっそく「読解力向上に関する指導資料――ＰＩＳＡ調査（読解力）の結果分析と改善の方向――」（二〇〇五年一二月）を発表したことにもそれが表れている。

こうした情勢の中で、ＰＩＳＡ関連の図書も数多く出版され、教育雑誌も相次いで特集を組んだ。学会レベルでも、日本言語技術教育学会が第一五回大会（二〇〇六年）で「『読解力の低下』問題と国語科授業の改革」というパネルディスカッション、日本教育方法学会が第四三回大会（二〇〇七年）で「ＰＩＳＡ型読解力を検討する」というシンポジウムを開催している。いずれもＰＩＳＡに対する関心とその影響の大きさが感じられる。

一方、国語科教育の世界では、従来の狭い意味での読解力だけではＰＩＳＡのような学力調査に通用しない、もっと言うと、それだけでは社会生活に必要なリテラシーを身につけることができないという意味で、国語科の「開国」が迫られていると考える向きが多い。そのため、ＰＩＳＡ型読解力そのものに異論を唱える人はほとんどいない。その必要性は共有されていると言えよう。

二〇〇六年一〇月に開かれた全国大学国語教育学会宮崎大会では、「他教科と国語教育～各教科は読解指導をどう考えているか～」というテーマのもとで、シンポジウムが行われた。参加者からは、「これまでの読解力という言葉はもう寿命が尽きたと考えられないか」「教科による思考や言語の違いを明確にした上で国語科の枠組みをもっと広げるべきである」といった意見が出た。

このように、国語教育界では旧来の読解指導の問題を乗り越えようという志向が濃厚である。「ＰＩＳＡ型読解力をどのように育てるか」という問題をめぐって、しばらくは議論が活性化することになるだろう。

二〇〇二年に「総合的学習の時間」がスタートしたとき、筆者を含めて、調べ学習や発表学習を支える実戦的な国語力（言語技術）の重要性とその育成を指摘する声が多く上がった。そのときにも国語科の「開国」が迫られていた。「PISAショック」は、それに続く二度目の「開国」要求であると言える。

次期の学習指導要領にも、PISAの結果が大きく影響することは間違いない。現に四月二四日に一斉に実施された全国学力テストの「国語B」は、まさしくPISA型読解力対応の問題であった。

PISA型読解力と呼ぼうが、新しい読解力と呼ぼうが、情報リテラシーと呼ぼうが、いずれにしても、《読む力》は国語科の基礎学力として最も重要である。いや各教科を通して、それはすべての学習の基礎である。読めなければ書けないし、読み書き能力が低ければ、音声言語活動も貧しいものとなる。

こうした情勢をふまえて、今後の国語科教育においてPISA型読解力のような新しい「読解力」をどのように育てるかという問題に対して、教材論や授業論のレベルで具体的に答えていくことが望まれる。

二　PISA型読解力はなぜ重要なのか――国際化の視点から――

なぜPISA型読解力がこれほど注目されているのだろうか。教育関係者の中に、「単なる一つの学力調査の結果に過ぎないのだから気にする必要はない」と楽観的に考える人が少ないのはなぜだろうか。

それは、PISAが国際社会におけるグローバル・スタンダードとしてのリテラシー（数学的リテラシー、科学的リテラシー、問題解決能力と合わせて「生きるための知識と技能」と呼ばれている）を求めているからである。それは、エリート養成のための知識や技能の習得をめざすものではない。もともとOECDの研究プロジェクト「コンピテンシーの定義と選択：その理論的・概念的基礎」（Definition & Selection of Competencies; Theoretical & Conceptual

Foundations, 略称DeSeCo）が抽出した「キー・コンピテンシー」につながるものである。それは、次のように定義されている。(3)

1　全体的な人生の成功と正常に機能する社会という点から、個人および社会のレベルで高い価値を持つ結果に貢献する。

2　幅広い文脈において、重要で複雑な要求や課題に答えるために有用である。

3　すべての個人にとって重要である。

つまり、個人の人生における成功と社会の発展に貢献するために、「すべての個人」にとって「幅広い文脈」で役に立つ能力とされているのである。具体的には、①社会的に異質な集団で交流する力、②自律的に活動する力、③道具を相互作用的に用いる力という三つのカテゴリーから成っている。(4)

急速にグローバル化・情報化が進んでいる現在、こうした「キー・コンピテンシー」は、客観的に見て、ヨーロッパであれアジアであれ、国際的に求められている能力と言えるだろう。日本の社会でも同じように重要な意味を持っている。つまり、そこでは、大学入試センター試験の「国語」問題で満点をとるような受験型学力よりも、さまざまな情報を読み解いて自分の考えをしっかりと持ち、それを言葉を通して適切に表現・伝達して、他者と意思疎通ができるような幅の広いリテラシーが求められている。ＰＩＳＡ型読解力はそうしたニーズに合っている。

それは、先の「キー・コンピテンシー」に対応させると、③の中の「言語・シンボル・テキストを相互作用的に活用する能力」にあたる。「社会や職場でうまく機能し、個人的・社会的な対話に効果的に参加する」ための「コミュニケーション能力」と言ってもよい。(5)大学でもこうした能力は基本条件として求められている。講義はともかく、演習（ゼミ）はまさに自律的な活動、道具の相互作用的な活用、異質な集団での交流の場である。

ところが、大学入試センター試験のマークシートによる多肢選択式問題は、すばやく正解を得るための受験テクニックを助長して、先の「キー・コンピテンシー」の育成を阻害している。いまの高校生にとって、じっくりと考えて自分の意見を持つこと、それを適切に表現し伝達すること、そして、他者と考え合ったり学び合ったりすることは困難な状況にある。したがって、大学に入学してからゼミや卒論で苦労することになる。しかも、せっかく受験勉強で詰め込んだ知識も時間が経つにつれて剥落し、記憶から消えていく。これでは「生きるための知識や技能」とは言えない。ＰＩＳＡは、その欠落部分を最も強く求めているのである。

ＰＩＳＡ二〇〇〇年調査で出題された「落書きに関する問題」を見てみよう。ソフィアとヘルガという女子高生が落書きについてそれぞれ賛成と反対の立場から意見を述べたメールを読んで答えるという問題である。

問３　あなたは、この２通の手紙のどちらに賛成しますか。片方あるいは両方の手紙の内容にふれながら、自分なりの言葉を使ってあなたの答えを説明してください。

問４　どちらの手紙に賛成するかは別として、あなたの意見では、どちらの手紙がよい手紙だと思いますか。片方あるいは両方の手紙の書き方にふれながら、あなたの答えを説明してください。

この問題の正答率は、日本の高校生の場合、それぞれ七一・一％、五四・七％である。この数字はそれほど低くない。ＯＥＣＤ平均を上回っている。しかし、無答率はそれぞれ一五・二％、二七・一％で、いずれもＯＥＣＤ平均の二倍となっている。(6)

同じく、「贈り物に関する問題」を見てみよう。

問７　「贈り物」（小説）の最後の文が、このような文で終わるのは適切だと思いますか。最後の文が物語の内容とどのように関連しているのかを示して、あなたの答えを説明してください。

この問題の結果は惨憺たるもので、無答率は四〇・七％（ＯＥＣＤ平均は二〇・八％）となっている。正答率二四・二％もＯＥＣＤ平均の三七・一％を下回っている。(7)

これらはＰＩＳＡ型読解力の典型としてよく引用される問題である。ここで注意したいのは無答率の高さである。

自分の考えを論理的に述べることを放棄している生徒が多いということは、先に述べた「キー・コンピテンシー」に照らしても大きな問題である。「落書き問題」で言えば、①社会的に異質な集団で交流する力、②自律的に活動する力、③道具を相互作用的に用いる力という三つの能力を見ることが設問の趣旨だからである。①〜③は、さまざまな考えを持っている人たちの中で自律的かつ共同的に生きていくために不可欠である。主張であれ、批判であれ、同調であれ、自分の考えを言わない、それを相手に分かりやすく説明しないというのでは対話が成り立たないわけだから、人間は孤立化・独善化の道を歩んでいくしかない。心の中で思っているだけでは誰も理解してくれないのである。そうではなく、さまざまな人間・文化・社会との対話能力こそ、国際化の中の国語能力として重視していかなくてはならない。（ディベートはそうした対話能力の訓練に適したゲームである。教育界ではディベートに対する偏見が根強い。口先だけで相手を言い負かす、攻撃的な態度を助長して温かな人間関係を阻害する、勝敗にこだわりすぎる……。しかし、ディベートは反論や批判の技術を学ぶことだけが目的ではない。むしろ、審判や聴衆に対して分かりやすい主張をすること、相手と噛み合った議論をすること、同一チームのメンバーと分担協力して準備を進めることなどに教育的な意義がある。まさにコミュニケーションとしてのディベートの授業づくりが今後の実践的課題と言えよう。）

三　主体的な読みをめざす理論と実践——読解指導を超える試み——

このように見てくると、グローバル・スタンダードであるＰＩＳＡ型読解力は、これからの時代を生きるのに必要な新しい「読解力」と考えることができる。しかし、けっして未知で未開拓の領域というわけではない。国語科教育の歴史を繙いてみると、文章を主体的かつ評価的に読むことが社会を生きていく上で大事だと考えて、その理論化・実践化に力を注いできた人たちが少なからずいたのである。

例えば、ＰＩＳＡが言うところの「テキストの熟考・評価」とは、「書かれていることを生徒の知識や考え方や経験と結び付けること」であった。そこでは、テキストを自分の既有知識・既有経験と結びつけながら思考・判断・評価することが求められている。つまり、筆者のものの見方・考え方、さらに表し方・述べ方について批評的（クリティカル）に読むことである。その場合、当然のことながら、否定的な評価（批判）だけでなく、肯定的な評価も含むことになる。批評とは本来、物事の価値判断である。「批評」は「批判」と同じではない。

こうした批評的な読み方指導については、特に目新しいものではなく、わが国では大正期から実践されていた。例えば、滋賀県師範学校附属小学校や奈良女子高等師範学校附属小学校で訓導を務めた秋田喜三郎は、読み方教育における「内容主義」と「形式主義」を統一する立場から、「創作的取扱」を主張したことで知られる。その目的は、第一に「作者を想定し、文章を通して想の観方・考へ方・感じ方を翫味させること」即ち「想の翫味」であり、第二に「児童をして作者の地位に立たせて、その表現に就て鑑識批判させること」即ち「表現法の吟味」であった。特に後者の場合、「文字・語句・語法・修飾・結構（構成）」などの形式面だけを取り出すのでなく、それによって「想」がいかに表現されているか、その関係を考察することを求めている。それによって、「読方」（理解）と「綴方」（表現）の有機的な関連指導が成立すると主張したのである。(8) この時期にそうした先進的な理論・実践が展開されていたのは驚くべきことである。百年近く経過した現在でも、いまだに輝きを失っていない。

この他にも、次にあげる著作は、その代表的なものである。

・都教組荒川教研国語部会『批判読み』（一九六三年、明治図書）
・児童言語研究会『新・一読総合法入門』（一九七六年、一光社）
・倉澤栄吉・青年国語研究会『筆者想定法の理論と実践』（一九七二年、共文社）
・井上尚美『言語論理教育への道』（一九七七年、文化開発社）
・宇佐美寛『論理的思考〜論説文の読み書きにおいて〜』（一九七九年、メヂカルフレンド社）
・大西忠治『説明的文章の読み方指導』（一九八一年、明治図書）
・小松善之助『楽しく力のつく説明文の指導』（一九八一年、明治図書）
・森田信義『筆者の工夫を評価する説明的文章の指導』（一九八九年、明治図書）
・井上尚美『思考力育成への方略〜メタ認知・自己学習・言語論理〜』（一九九八年、明治図書）
・阿部昇『文章吟味力を鍛える〜教科書・メディア・総合の吟味〜』（二〇〇三年、明治図書）
・河野順子『〈対話〉による説明的文章の学習指導』（二〇〇六年、風間書房）
・井上尚美『思考力育成への方略〜メタ認知・自己学習・言語論理〜〈増補新版〉』（二〇〇七年、明治図書）
・藤田伸一『論理的思考力を育てる説明文の授業』（二〇〇七年、学事出版）

このように、ＰＩＳＡ型読解力が提唱されるよりもはるか以前から、批評的な読み方指導論は展開されてきた。しかし、実際は、まだ文章の意味をそのまま受け取って読解することが中心で、まだ国語教室に十分に浸透していないのが現状である。私たちはこうした過去の教育遺産から学んで、新たな実践を拓いていくべきである。

四　対話能力の育成――国際化の中の国語科教育の課題――

いま国語教育界では、ＰＩＳＡ型読解力の育成が大きな課題となっている。以上で述べてきたように、それは基本的に重要なことであるが、ともすると「読解力」という言葉が一人歩きしていく危険性がある。もっと直接的には、ＰＩＳＡのペーパーテストで正解を得るという功利主義的な教育目標観に支配されていくことになりかねない。そうではなくて、巨視的な立場に立って、国際化の中の国語能力を捉えていく必要がある。

ＰＩＳＡ型読解力で求められているように、さまざまのテキストを読んで、それを利用する、解釈する、熟考する、評価するということは、要するに、そのテキストの書き手（送り手）と〈対話〉することである。このテキストは自分の目的や課題にどれだけ利用できるか、このテキストは何を意味しているのか、自分はそれに対してどう考えるかといった問題をめぐって、テキストに絶えず問いかけて、答えを探っていく。また、テキストから逆に問いかけられることもあるだろう。いずれにしても、そこでは「問い」と「答え」の往復運動が行われるのである。

周知のように、こうした対話能力の欠如がさまざまな問題を生んでいる。国際紛争、宗教対立、人権や差別の問題、いじめや殺人などの社会問題の多くはそこに起因する。国際化が進む中で、異世界・異文化の人たちとの〈対話〉こそが強く求められているのである。それは単に英語が話せるといった技術的・表層的な次元の問題ではない。相手を正しく深く理解し、誠実に受け止めること、そして、それに対する自分の立場をはっきりと表明できることである。そのためには、相手の文化的・社会的背景や基盤だけでなく、まずは自分の文化的・社会的背景や基盤についても理解しておかなくてはならない。日本人である限りは、自国の文化や歴史についてよく理解しておくべきである。そうでないと、根無し草のような存在となってしまい、真の国際交流は実現できないだろう。

こうした対話能力を育てるためには、テキストの概念を拡大することも必要である。PISA調査では、テキストは「書かれたもの」に限定されているが、実際の生活の中では、ありとあらゆるものがテキストとなる。音楽や彫刻もテキストである。さらに、風景であれ、人物であれ、何らかのメッセージ性を持っているものはすべてテキストである。それを読みとること、そしてその世界と〈対話〉することが人生を豊かなものにしてくれる。自然との交歓も、人間との会話も、すべてテキストを媒介としたコミュニケーションなのである。

「手紙」（鈴木敏史）という少年詩がある。まさにそうした対話能力の必要性をうたった作品である。本論の最後に紹介しておきたい。

ゆうびんやさんが　こない日でも／あなたに　とどけられる／手紙はあるのです／／ゆっくり　過ぎる／雲のかげ／庭にまいおりる／たんぽぽの　わた毛／おなかをすかした／のらねこの声も／ごみ集めをしている人の／ひたいの汗も……／／みんな　手紙なのです／読もうとさえすれば

（『星の美しい村』教育出版センター）

注

（1）国立教育政策研究所編『生きるための知識と技能2　OECD生徒の学習到達度調査（PISA）二〇〇三年調査国際結果報告書』ぎょうせい、二〇〇四年十二月、一五〇～一六七頁。

（2）国立教育政策研究所編『生きるための知識と技能　OECD生徒の学習到達度調査（PISA）二〇〇〇年調査国

際結果報告書』ぎょうせい、二〇〇二年二月、三〇頁。

（3）D・S・ライチェン&L・H・サルガニク編著／立田慶裕監訳『キー・コンピテンシー～国際標準の学力をめざして～』明石書店、二〇〇六年五月、八八～九〇頁）

（4）同書、一〇五～一二一頁。

（5）同書、一一七頁。

（6）国立教育政策研究所前掲編著（二〇〇二年）、七〇～七二頁。

（7）同書、二三三～二三四頁。

（8）秋田喜三郎『創作的読方教授』明治図書（一九一九年）を参照。なお、本稿では『近代国語教育論大系7大正期Ⅳ』光村図書、一九七五年、三三～三六頁から引用した。

批判的思考とコミュニケーション活動の実践

草野　十四朗

一　はじめに――国際化の中の国語力とは――

近年、国際機関の提案する学力概念や教育プログラムが実践レベルで話題にのぼるようになった。ＯＥＣＤの「キー・コンピテンシー」(1)、ＷＨＯの「ライフスキル」(2)、ＵＮＩＣＥＦの「開発のための教育」(3)などがそれである。いずれもそれぞれの立場（経済、保健、児童福祉）から、グローバリゼーションなどに起因する地球的課題への対応を目的としているが、具体的には以下の点で共通すると考えている。

・能力の中に批判的思考やコミュニケーション能力に該当するものが含まれていること。
・基礎スキルをふまえつつ総合的活動に展開していること。
・活動モデルが、社会への参加や、価値観・文化基盤を異にする他者との対話・共生を前提にしていること。

これらの要素は、お互いに密接に関係し合っており、欧米型リテラシーの典型として注目された「フィンランド・メソッド」(4)や、近年実践が盛んになったメディア・リテラシーについてもこれを見ることができる。今日、これらを内包することが、国際標準学力の重要な条件になっていると言っても過言ではないだろう。もとより、欧米モデルをそのまま国際標準とするわけにはいかないし、日本固有の教育課題とどう接続するか、という課題もある。本稿では、この点にも配慮しながら、私が行った実践の中で、批判的思考と、対話・社会参加を重視した総合的コミュニケーション活動とを取り上げて報告する。

二　批判的思考

中村（二〇〇五）は、国語教育をリテラシーのレベルで考えた場合、「機能的リテラシー」から「批判的リテラシー」へと踏み込んでいく必要性があることを示唆している。[5] これは、たとえばメディアの領域での、「情報活用能力」から「メディア・リテラシー」へという流れとも符合する。このリテラシー改革の流れの基底をなすのは批判的思考の教育だといえよう。事実私も、批判的思考を、主にメディア・リテラシー指導の一環として扱ってきた。ここではそれらも含めた批判的思考の指導実践を紹介する。

1　論理語彙で学ぶ批判的思考

私は、メディア情報を読み解くための方略として、論理語彙[6]を使用語彙にするための実践をよく行う。題して「詐術を読み解こう」。もとより、メディアを一方的に「意図された悪」とする皮相な認識に導くのであれば、それはメディア・リテラシーとはいえない。しかし、昨今のメディアのありようを考えたときは、メディア報道に無批判でいることの危険は無視できない。授業ではまず、表1の資料を配布し、詐術の基本的原理について説明した。

表1

①隠蔽	都合の悪い事実などを隠す。
②誇張	都合のよい事実などを大げさにいう。
③矮小化	大事な事実をわざと軽視する。
④すり替え	論題などを別のものに替える。話をそらす。言葉の意味を実際とは違う意味に使う。
⑤捏造	存在しない事実などをでっちあげる。＊このうち、当事者に意図的にやらせるのが「ヤラセ」。
⑥バイアス偏見	特定の観点から事実を扱う。特定の事実だけに目を向ける。＊このうち、ある事柄に特定のイメージを結びつけさせるのがステレオタイプ
⑦粉飾・曖昧化	ある事実を別の事実と紛らわしくしてごまかす。事実をわざと曖昧にする。はっきりさせない。
⑧虚偽・歪曲	ある話題について事実とは全く違う説明をする。事実をねじ曲げて伝える。

井上（二〇〇〇）は論理的であることの要件を、「真偽性」・「妥当性」・「適合性」としているが、(7) このような観点から事実を検証する具体的なツールの一つが、これらの論理語彙である。さらにいえば、これらをメタ認知のレベルまで高めていくことで、自らの思考のモニタリングに役立てることができると私は考えている。中でも、偏見・バイアスからの解放は、異文化理解の観点からも重要であろう。

この次の段階では、日本広告審査機構の相談事例を分析し、事例ごとに適切と思われる用語をあてはめていった。

「戦争報道を読み解こう」(8) という授業においては、「情報戦争としてのイラク戦争」という小単元を設け、イラク戦争にまつわる情報操作について考察した。ここでもまず、詐術用語を取り上げた。たとえば、資料の一つとして用いた「イラクの大量破壊兵器保有　根拠薄弱だった米の主張」（毎日新聞二〇〇三年四月三〇日）では、「誇張」「虚偽」「わい曲」「ねつ造」といった言葉が用いられている。授業では、これらの言葉が、どんな文脈でどんな意味に使われているのかを分析した。メディア・リテラシーは、そのテクストの置かれた社会的コンテクストを読み取ることが目的の一つである。この資料に加えて、ＦＯＸテレビの世論への影響を示すデータやジェシカ事件の真相（やらせ）を暴露する記事など、様々な立場からの資料を併せ読むことにより、米軍・米政府、政権寄りメディア、政権批判的メディアの相対的関係が浮かび上がるようにした。

また、「ネーミングの詐術」と題して、「非人道兵器」のネーミングを検証することも行った。「非人道兵器」という言葉そのものの詐術性に始まって、「クラスター爆弾」、「劣化ウラン弾」などについて調べるにつれ、その内実とネーミングのギャップが明らかになり、学習者はあきれる。そして、その内実にふさわしいネーミングを自分たちで話し合う。欺瞞的なお仕着せの言葉でなく、自らの言葉で捉えなおしていくのである。

2　パラグラフ・ライティングで学ぶ批判的思考

文脈依存型の不明瞭な表現や曖昧な段落意識を国際標準化することは国語教育において急務の課題である。その意味で、パラグラフ・ライティングもまた、国際標準のリテラシーとして導入が検討されねばならないだろう。

私は小論文指導において、主に問題解決型の構成を取らせている。道田（二〇〇一）が言うように、(9) 批判的思考とは「問題解決過程」である。従って、問題発見（提起）から問題解決の過程に至る小論文の構成は、論理的思考の過程そのものだといえよう。そして、解決過程の要点は、そのまま、「1話題（テーマ）は何か」、「2問題は何か」、「3その背景・理由は何か」、「4解決への提案はどのようなものか」といったパラグラフの要点に還

表2

問題解決型	パラグラフライティング
導入 ・話題は何かを示す **問題提起** ・話題に関する問題点を示す	**主題文** topic sentence ・話題は何かを示す ・話題に関する主張を示す
問題分析 ・問題について詳しく論じる ・背景を探る ・原因理由等を探る	**支持文** supporting sentence ・主題文での主張を実例や証拠や理由を挙げて詳しく述べる
問題解決 ・問題解決の案を示す ・分析結果をまとめ、さらなる問題を示す	**結語文** concluding sentence ・序論の主張を言い換える（繰り返す）・支持文で明らかにしたことを要約する

元していける。授業ではそれぞれについて掘り下げ、構想を練るのである。

特に「3問題分析」においては、「論証」のために、「比較」「類推」「例示」などの学習用語を用い、方略を意識化している。この方法はプレゼンテーションなどにも応用することができる。

ただ、パラグラフ・ライティングは演繹型、問題解決型は帰納型、と文章の構成方法には微妙な違いがあるので、問題解決型でも序論に主張の要約を入れるなど、できるだけ両者を整合させるために、表2のようなフォーマットを用いて書くように指導している。

この学習には、前段階として、一年生と二年生前半で、この構成で書かれている文章を与え、分析・要約する学習を繰り返し行っている。単調なスキルにも思えるが、題材が毎回変わることや、自分の「習熟」を確認できることもあって、学習者も次第に意欲を持ち始めることが多い。

三　コミュニケーション能力――対話と参加型学習――

コミュニケーション能力も、国際標準学力の中で重視されているものの一つである。私はコミュニケーションの中でも対話と社会参加に注目している。対話は全人的な営みであるとともに社会的営みである。生きた行為として対話を紡ぎ出していくためには、年齢・文化・生育歴を異にする人々の様々な考えにふれて自らを変えるという「他者との相互作用」と同時に、対話を通して現実に働きかけるという「社会との相互作用」が必要だ。その意味で、教室を出た総合学習的な実践が望まれるが、高校での総合学習は、多くが学校行事の読み替えなどで形骸化している。勤務校も例外ではなく、総合学習を展開する道は断たれた状態にある。そのような中で、実践を可能にしたのは、顧問を務める平和学習部での活動だった。

1　平和学習部での試み――学校外プログラムへの参加

平和学習部は、教科外で平和に関する活動を行う部である。単独で行う活動も数多くあるが、それ以外に、長崎市内で行われている様々なプロジェクトに参加している。ここではそこで見いだされた、国語科の枠にとらわれない、国際化時代における対話と参加型学習の可能性について検討したい。

①高校生一万人署名活動（後援・長崎平和大集会実行委員会＝市民団体の連合体）

一万人署名活動は、九八年に長崎の市民団体が始めた国連への高校生平和大使派遣に端緒がある。三回目（二〇〇〇年）に帰国した生徒を中心にして、高校生たちが自発的に核兵器廃絶の署名を集め始めたのである。署名活動を行うと、いろいろな人たちとの対話が必要になる。「被爆者でもないのに何がわかる」「こんなことやって本当に核兵器がなくなるのか」。こんな言葉に出くわすことは現在でもまれではない。答えられないことも多く、悔し涙を流すこともしばしばだ。それでも、被爆者との交流を経験し、会員に被爆三世も多い彼らは、思いを伝えようと必死になる。対話は伝えようという欲求が前提になければならないし、葛藤を避けては成り立たないのである。

②ピースボランティア（主催・長崎市平和学習支援室＝長崎市役所）

長崎市が主催する「ナガサキ平和学習プログラム」の一環として行われている。被爆者との交流、フィールドワーク、全国的な対話集会の運営を主な活動としている。NYテロの後には長崎在住のイスラム教徒との対話も行った。このプログラムでも活動当初に行う被爆者との交流・対話が生徒たちのモティベーションを支えている。

③PTPP（People to People Program、正式にはStudent Ambassador Program. 主催People to People International＝米国アイゼンハワー大統領が設立。国際親善旅行による世界平和への貢献を目指す団体　日本側主催　長崎平和推進協会＝半官半民）

二〇〇七年、原爆投下国アメリカから六百人の高校生が十回に分けて長崎を訪問した。長崎の高校生と大学生がこれに対応した。彼らとの対話は趣味のレベルに終始してしまうこともあったが、多くはコーディネーターの舵取りによって、より深い対話へと進展していった。対話の中では、原爆容認論も出される。原爆を絶対悪だとする考えが自明のものだと考えていた長崎の高校生達はとまどう。また一方では、米国でイラク戦争の是非がデリケートな話題として避けられている現実も知る。この年、このプロジェクトで五万人が世界各国に派遣されたが、この長崎訪問のプログラムが、全米で最高の評価を得た。事前事後の研修の綿密さもさることながら、表面的な「友好」に終わらず、真正の「対話」があったからだと信じている。

④イスラエル・パレスチナ交流プロジェクト（聖地に若木を育てる会＝カトリック教会）

紛争地の若者が日本で生活をともにする交流と和解のプロジェクトで、カトリック教会を中心に企画されている。長崎側の受け皿は浦上カトリック教会である。「宗教を越えて」という趣旨に従い、プロテスタントである本校にも声がかかった。前回の交流会では、目の前で妹をイスラエル兵に殺されたパレスチナの少女の「許す」という言葉の重さに全員が厳粛な思いになった。この後、本校の部員一名は関係者とともにパレスチナまで赴いている。

以上の事例のいずれにも共通するのは、社会への参画という経過を経て、彼女たちが自分の言葉を持ち始め、外国人との対話や世界への訴えを行っていくことである。まさに「ローカルからグローバルへ」の取り組みであった。

私にとって、このように、様々な学習資源を活用して地域の文化実践に参画し、さらに世界に発信していくという発想のもとになった取り組みが、次項の「同級生・語り部・記念館」である。

2 「同級生・語り部・記念館」参加と対話のための試み

単元「同級生・語り部・記念館――他者理解から文化参加へ」[10]は、二〇〇〇年、二年生の「国語表現」（二単位）の授業において、総合学習の試行的取り組みとして行ったもので、①「同級生インタビュー」、②「記念館の語り部たち」③「『平和記念館をつくろう』」の三つの小単元から構成されている。単元全体は表3のとおり、様々な言語能力、特にコミュニケーション能力と情報活用能力をスパイラルに積み上げていくことを意図している。

①「同級生インタビュー」

面識のなかったクラスメイトとペアになって、そのライフヒストリーを中心にしたインタビューを行いあい、雑誌記事の体裁にしてまとめる。相互のインタビューは、自己を語る、他者の声に耳を傾ける、という二つの側面を持つ。話題は、好きな歌手のことから、望まなかった進路選択に未だに悩む思い、親との確執など軽重さ

記念館をつくろう	記念館の語り部たち	同級生紹介インタビュー	小単元
9月下旬～10月下旬	5月下旬～9月中旬	4月初旬～5月中旬	時期
Ⅰ　個人で記念館原案をまとめる ① つくりたい記念館のアイデアを練る ② 記念館の原案をまとめる Ⅱ　グループ・個人でプレゼンテーションする ③ 記念館の企画をつくる ④ プレゼンテーションをする	①取材の依頼状を書く Ⅰ　語り部にグループでインタビューする ② ライフヒストリーを聞く ③ 記念館について取材する ④取材の礼状を書く ⑤レポートをまとめる Ⅱ　グループでポスターセッションする ⑥ ポスターを作る 文化祭展示 ⑦ ポスターセッションをする	①折り句で自己紹介をする Ⅰ　同級生にインタビューする ② ライフヒストリーを聞く ③ 人生観・趣味について取材する ④テープを聞いて内容をまとめる ⑤冊子記事を編集する	学習活動
① 過去の取材内容を応用できる ② 独創的な案が立てられる ③ 総合的な案が調整できる ④ 興味を引く説明ができる ④ 目的に応じたメディアを使用できる ④内容を評価した上で質問できる	①④形式を踏まえた手紙が書ける ② 共感しつつ話が聞ける ③ 要点を押さえて話が聞ける ⑤ 取材内容を的確に編集できる ⑥ 発表資料を制作できる ⑦ 説明が的確にできる ⑦内容を評価した上で質問できる	① 興味を引く自己紹介ができる ② 共感しつつ話が聞ける ③ 要点を押さえて話が聞ける ④ 内容を的確に要約できる ⑤ 冊子記事を編集できる	達成目標
1．コミュニケーション能力 2．情報活用能力 3．課題解決力 4．言語知識（語彙力・書字力）	1．コミュニケーション能力 2．情報活用能力 3．課題解決力 4．言語知識（語彙力・書字力）	1．コミュニケーション能力 2．情報活用能力 3．言語知識（語彙力・書字力）	到達目標　分節単元
1．コミュニケーション能力（話を聞く力、思いや考えを的確に表現する力） 2．情報活用能力（文献・メディアを調査する能力、取捨選択する力、編集する力、発信する力） 3．課題解決力（直面する課題に対し、自分なりの解決方法や計画を考え出す力） 4．言語活動を軸にした文化参加・文化創造			到達目標　総合単元
読解力　① 聴解力　⑤ 要約力　⑤ 叙述力　②　③　④ 話表力　④ 構想力　② 評価力　⑤ 修辞力　④ 言語知識　④　⑤ 共感の体験	読解力 聴解力　②　⑦ 要約力　③　⑤ 叙述力　①　④　⑤　⑥ 話表力　⑦ 構想力　⑥ 評価力　⑦ 修辞力　⑥ 言語知識　①　④　⑤　⑥　⑦ 共感の体験　②	読解力 聴解力　② 要約力　④ 叙述力　④　⑤ 話表力　① 構想力　⑤ 評価力　③ 修辞力　①　⑤ 言語知識　② 共感の体験　②	向上目標

まざまだが、聞いてもらうことで自尊感情を充たされれば、聞くことにも真摯さが生まれる。インタビュー記録は、語り手と聞き手の相互作用を重視するエスノグラフィーの手法をとり入れて、メモではなく録音によった。

②「記念館の語り部たち」

被爆地長崎には、多くの平和記念館が存在する。それらを主宰するのは、原爆被害や日本の加害事実を継承する語り部である。この単元では、この語り部たちにライフストーリーと記念館のコンセプト・内容についてインタビューし、レポートとしてまとめた上でポスターセッションを行う。語り部は同級生よりさらに他者的存在である。ある生徒は「生れてはじめて、面とむかって三時間、目を見て話しをきいた」体験の鮮烈さを語っている。

③「記念館をつくろう」

これまでの学習が「記念館をつくる」という活動に昇華される。生徒たちは語り部から受け取った平和への思いと、みずからの取材や同級生たちの発表から知り得た知識を「記念館」という「メディア（表現手段）」の創造に生かし、プレゼンテーションという表現形式で発信するのである。課題としたのは、「空き教室利用プラン」（被爆校舎である本校1号館の空き教室を利用）と「こんな記念館あったらなプラン」の二つである。

企画の内容は「コンセプト」、「施設」、「メディア」、「対外活動（事業活動）」の四項目にわたって、まとめる。提出後、企画の共通性が高い者たちは、グループでの取り組みへと内容を調整していく。図書館での調査・検索のほか、関連する遺構や関係者・関係施設に質問に行った生徒もいた。

なお、プレゼンテーションの環境（機器・ソフト）が整っていなかった当時、発表は提示器で、B6カードに文字・イラスト・写真をレイアウトしたものを、ズームも含めて自在に提示することで代替した。

四　おわりに――開かれた学びのために――

国語教育における国際化のための条件とは何かと問われれば、様々な意味で「開かれ」ていること、そして「つながる」ことだと答えたい。このことについての、展望と課題を、本稿での報告と重ねながら、まとめとする。

①開かれた学校――真正の参加のために

「三」で報告した実践は、様々な団体・機関のプロジェクトに参加することで可能になった。博学連携など、学校外の学習資源を活かす取り組みの進展は今後の趨勢となるだろう。これは、学校と地域の関係、ひいては学校文化そのものの変革も伴うことになる。無論、その多くは、教科を超えたものになるだろう。教科を越えるという点では、学校図書館との連携についても同じことが言える。欧米では、学校図書館・司書教諭がカリキュラムづくりの中核に位置しており、学習資源としての公共図書館や種々の機関との連携も密である。[11]

②開かれた国語科――日本語教育・外国語教育等との連携のために

思うところあって日本語教育の資格を取り、ボランティアで教えているが、やはり、その理論や方法には、学ぶことが多い。また、近年話題の「やさしい日本語」など、日本語をより平易で明晰にするヒントもここにはある。今後は作文や発表技術なども含めて、日本語教育・外国語教育等との連携を進めていきたい。

③開かれた心と思考――共生のために

道田（二〇〇六）[12]はEnnisやFacioneを参照しながら、批判的思考の概念に含まれる「開かれた心」について、「自分の視点だけで閉じてしまうのではなく、自分とは異なる考え（世界観）に対しても、公平に、真摯に向き合うこと」と定義している。この論に従えば、批判的思考とコミュニケーションは密接な関係にあり、ともに共生のための力として重要な意味を持つ。この対極にある思考停止やコミュニケーション不全などの問題が、ネット上での偏狭で排他的な政治主張に染まってしまう若者たちだけのものではなく、「普通の子」たちの同調圧力やイジメなど、日本固有の切実な教育課題と関わっていることを忘れてはならない。

注

（1）立田慶裕監訳『キー・コンピテンシー――国際標準の学力をめざして』明石書店、二〇〇六年
（2）WHO編、川畑徹朗他監訳注『WHOライフスキル教育プログラム』大修館書店、一九九九年
（3）開発教育推進セミナー『新しい開発教育のすすめ方改訂新版――地球市民を育てる現場から』古今書院、一九九五年
（4）北川達夫・フィンランド・メソッド普及会『図解フィンランド・メソッド入門』経済界 二〇〇五年
（5）中村敦雄「機能的リテラシー論の射程」第一〇八回全国大学国語教育学会発表資料 二〇〇五年
（6）浜本純逸「教育基本語彙の選定」『国語科教育論』溪水社、一九九六年
（7）井上尚美「新時代の国語教育を考える――第3のミレニアムと21世紀を迎えて――」井上尚美（編）『言語論理教育の探求』東京書籍、二〇〇〇年
（8）草野十四朗「平和のためのメディアリテラシー実践」『樟――活水教育研究紀要16号』樟編集委員、二〇〇四年
（9）道田泰司「批判的思考――よりよい思考を求めて――」森敏昭（編）『おもしろ思考のラボラトリー――認知心理学を語る3――』北大路書房
（10）草野十四朗「同級生・語り部・記念館――他者理解から文化参加へ」『両輪』三五号 両輪の会 二〇〇一年
（11）アメリカスクールライブラリアン協会 足立正治・中村百合子監訳『インフォメーション・パワーが教育を変える！』高陵社書店、二〇〇三年
（12）道田泰司「思考のパースペクティブ性に関する一考察」『琉球大学教育学部紀要69』琉球大学、二〇〇六年

思考力の創造と展開

思考力を育てる表現指導
——型の習得と想の形成とを有機的に繋ぐ——

田中宏幸

一　再認識された作文指導の必要性

「読解力」が低下しているという「ＰＩＳＡ調査二〇〇三」の衝撃的な結果報告が出て以来、「言葉の力」を向上させなければならないという気運が一気に高まってきた。その「読解力」の内容は、「情報を的確に読み取る」ことにとどまらず、推論して「解釈」したり、自分の知識や経験に位置づけて「熟考・評価」したりすることを含むものであった。さらに、自らの思考内容を他者に伝える「記述力」をも求めるものであった。一方、日本の高校生は、記述型の問題になると、極端なまでに「無答率」が高くなるという傾向にあることもわかってきた。「書く力」や「考える力」が不足し、「学習意欲」の乏しい生徒が増えていることが問題となったのである。

こうした事態を受けて、文部科学省は、「読解力向上プログラム」（二〇〇五年一二月）を策定した。このプログラムでは、「①テキストを理解・評価しながら読む力を高める取組の充実」、「②テキストに基づいて自分の考えを書く力を高める取組の充実」、「③様々な文章や資料を読む機会や、自分の意見を述べたり書いたりする機会の充実」という三つの重点目標を定め、次の七つの「指導のねらい」（括弧内注記は田中による）を掲げている。

（ア）目的に応じて理解し、解釈する能力の育成。（書き手の表現意図の解釈。読み手の目的意識の涵養。）
（イ）評価しながら読む能力の育成。（クリティカル・リーディングの重視。）
（ウ）課題に即応した読む能力の育成。（書くために読む活動の重視。）
（エ）テキストを利用して自分の考えを表現する能力の育成。（テキスト内容を関連付けて表現する力の育成。）
（オ）日常的・実用的な言語活動に生かす能力の育成。（読んだ結果を表現に生かす活動の推進。）
（カ）多様なテキストに対応した読む能力の育成。（図表やパンフレット等を解釈する力の育成。）
（キ）自分の感じたことや考えたことを簡潔に表現する能力の育成（目的や条件を明確にした説明力の向上。）

このように、いずれも「考える力」を中核として「読む能力」と「表現する能力」を総合的に高めていくことを求めているが、なかでも「書くこと」を重視していることに注目すべきであろう。しかも、ただ「自分の経験や心情を叙述」するだけでなく、「目的」を明確にして「情報」を読み取り、「活用」して、「相手に伝わる」ように適切に「表現する能力」の育成を求めているのである。

とすれば、「ＰＩＳＡ型読解力」を向上させる鍵は「作文指導」の充実と改善にある、と言うことができる。これまで以上に、「論理的な思考力を育てる作文指導」に重点を置くことが求められているのである。なお、誤解のないように一言添えておく必要があるが、これは、優れた実践成果を挙げてきた「生活綴方」の精神を否定するものではない。自己の生き方に自信を失った生徒たちが、自己の生活体験や心情を叙述することを通して自己を回復していく営みは、これからも引き続き尊重されねばならない。それに加えて、「人に伝わるように筋道立てて書くこと」の重要性を強調しているのだと捉えるべきであろう。

二　論理的思考力を育てる指導

では、「論理的な思考力を育てる作文指導」とは、どのようなものか。この半世紀の作文教育史をふりかえってみるだけでも、既に数多くの提案がなされていることに気づかされる。例えば、小林喜三男・荒木茂編著『論理的思考を高める表現指導』（一光社、一九七四年）、井上尚美『言語論理教育への道』（文化開発社、一九七七年）、宇佐美寛『論理的思考〜論説文の読み書きにおいて〜』（メヂカルフレンド社、一九七九年）、木下是雄『理科系の作文技術』（中公新書、一九八一年）、木原茂『文章表現十二章』（三省堂、一九八三年）、市毛勝雄『説明文の読み方・書き方』（明治図書、一九八五年）、井上尚美『レトリックを作文指導に活かす』（明治図書、一九九三年）、香西秀信『反論の技術―その意義と訓練方法』（明治図書、一九九五年）など、たちまち十数点を挙げることができる。やや乱暴な括り方であるが、これらに共通するのは、「思考の型」を明確にし、その「型」を応用して書かせようとする点にあると言えよう。

その中から、ここでは「トゥルミン・モデル」を活用した指導例を取り上げる。

「トゥルミン・モデル」とは、イギリスの分析哲学者トゥルミン（Stephen E.Toulmin）が考案した「論証の型」である。アリストテレス以来の「大前提→小前提→結論」という三段論法では論証が不十分だから、「主張」と「事実」、主張と事実の関係を示す「理由づけ」、それを支える「裏づけ」、確かさを示す「限定」や「反証」の六つの要素に分けて、議論を分析しようとしたのである。このモデルを使うと、「事実」の正当性、「根拠」の確かさ、「理由づけ」の論理性などについて、欠落部を発見したり、適否を判断したりするのが容易になり、批判的な読み（クリティカル・リーディング）の力が身につくと期待されている。

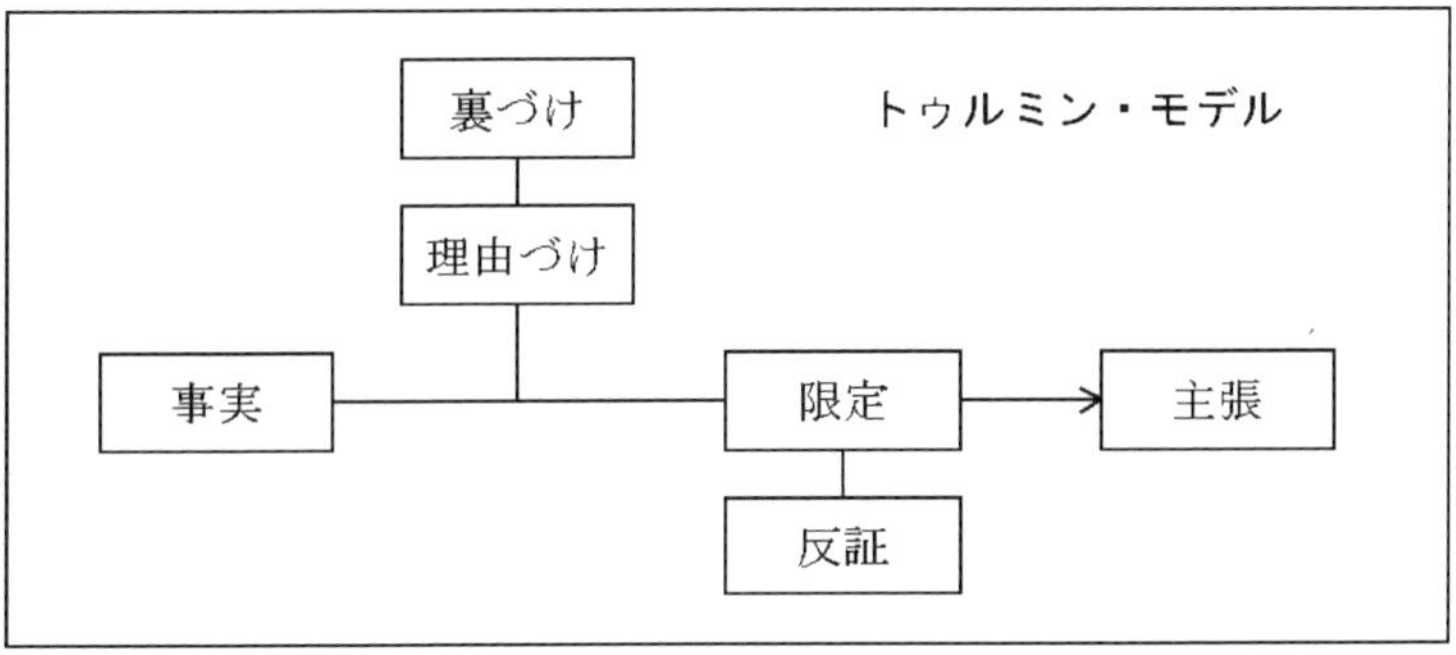

　これをさらに、作文に生かすには、これらの要素に相当する「材料」をいかにして集めるか、その「配列」(disposition)をどうするかという問題が加わってくる。これはなかなか一筋縄でいくものではない。だがともかくも、このモデルを意識することによって、自分の文章を客観化して見る目が育ち、筋の通った「配列」が生まれやすくなる。また、論じる内容を考えていく「発想・構想」(invention)の段階で、「比喩・象徴」「類推」「比較・対比・対照」「原因と結果」「帰納と演繹」「抽象と具体」「対立と止揚」などの思考の「型」を手がかりとして、複数の材料を探索し、最も適切なものを選ぶ力が育っていくのである。

　例えば、服部由利香(岡山後楽館中学校)[1]は、「トゥルミン・モデル」の簡単な練習問題を用意して、「主張」「事実」「理由づけ」「裏づけ」の見極めができるようにさせた上で、「中学校での服装は、制服がよいか、私服がよいか」というテーマで意見文を書かせている。その際、構想段階で相互評価を取り入れると、これまでのような漫然とした評価コメントではなく、論理の整合性に注目したコメントを書き込むようになったという。しかも、そのコメントを参考にして書き直すことによって、最終段階では、大部分の生徒が「的確な反論の想定ができるようになった」と報告している。「主張―根拠―反論―主張」という一般的な展開の型ではあるが、「論理を分析する目」が育つことで「根拠」が確かなものとなり、「理由づけ」においても無関係なものが混入しなくなったのである。

三　表現意欲を喚起する手立てがなければ

ところが、このように「型」を用いることの有効性が認められたとしても、それだけでは作文指導はなかなか活性化しない。「書きたい」あるいは「書かねばならぬ」という内発的な表現意欲が湧き起こらないままに、「型」の習得を優先させた外発的な授業が行われると、生徒たちの「想」はこわばり、しぶしぶ書いた文章ばかりが続出することになってしまうからである。これまでも、森岡健二[2]の「コンポジション指導」や永野賢[3]や市川孝[4]の「文章論」が提言されたが、教室に持ち込まれたときには、教条化し形骸化してしまったという苦い歴史がある。その轍を踏まぬためにも、「表現意欲をいかにして喚起するか」という問題を解決していかなければならない。

では、どうするか。その鍵を、「六何説《ろくか》」（五十嵐力《ちから》）と「異質性の導入」（村松賢一）に求めてみたい。

1　「場」の設定―五十嵐の「六何説」

五十嵐力は、『文章講話』（早稲田大学出版部、一九〇五年）の「緒論」において、次のように明言している。

特に文章を作る者の、毎《つね》に必ず注意すべき事柄が六つある。之を「六何」といふ。「六何」とは、何故に？何事を？何人が？何処にて？何時？何如に？の都合六つ、其の各々に何の字が付く所から、仮に之を名づけて「六何」といふのである。／改めて言ふには及ばぬことであるが、文章は当目《あてめ》なく書くものではない、必ず何故に書くかといふ目的が無ければならず、而して其の目的の異なるに従ツて書き様も自然違ツて来ねばならぬ。（中略）第二には何事を書くかといふこと。（中略）第三には何人が何人に向ツて書くかといふこと。（中略）第四は何処にて書くかといふこと。（中略）第五は何時書くかといふこと。（中略）最後の要件は如何様に書くかといふこと。約《つゞ》めていへば、何故に、何人が、誰に対かひ、何時、何処にて、如何なる事を如何様に言ふか又言ふべきかといふ。是れ文章を作る者の、何人も最初に考へ定むべき事柄である。（同書10〜12頁）

この、「いつ」「どこで」「誰が誰に」「何を」「いかに」「何故に」という項目名だけをみると、いわゆる「5W1H」と混同されそうであるが、そうではない。五十嵐は、記述内容の構成要素として「六何」を挙げたのではなく、「書く場」の条件として「六何」（目的、立場、相手、場面、主題、方法）を意識せよと指摘したのである。

さて、翻って考えてみるに、私たちは作文課題を提示する際に、この「六何」（書く場の条件）を意識しているであろうか。「〇〇について書け」というだけで、あとは生徒任せになっているということはないか。共通の条件として定めておくべきことと、生徒の独創性に任せるべきこととを整理し、「場」の設定を明確にしておくことによって、生徒たちは、書くべき内容を発見しやすくなり、書こうという意欲を高めていくものである。その「場」の点検項目として、常にこの「六何」を意識しておく必要がある。

2　「インフォーメーション・ギャップ」の知覚による表現意欲の喚起

第二の鍵は、「異質性の導入」である。村松賢一は、対話学習を成立させるための配慮事項として、「教室へ異質性を導入(5)」することの必要性を説いた。「発信者と受信者の間にインフォメーション・ギャップ（情報格差）があるからこそ、それを話し合うことで共有し、ギャップを埋めようとする」ものだというのである。この「情報格差」のある状態を意図的に作り出すのが「教室への異質性の導入」である。

この原理を応用していけば、「表現意欲」を喚起する手がかりが見出しやすくなる。つまり、①書き手一人ひとりが固有の情報を持てるようにする、②書き手と読み手との意見の違いを知覚できるようにする、といった観点から、事前あるいは事中に様々な工夫を凝らすのである。

例えば、①の典型的な事例として、大村はまの実践を挙げることができる。大村は、単元「本を知る窓」（中学一年生対象）[6]では、『こども日本風土記』とそのパンフレットを学習材として用いたが、その際、一人ひとりに別の都道府県を担当させ、それぞれの固有の情報を持たせることによって、学習意欲を高めていった。

②の事例としては、拙稿「対立葛藤を導く教材を活用した意見文指導」[7]を挙げることができる。この実践では、高校三年生を対象に友情論を書かせる際に、挑発的な論調で書かれた評論（右遠俊郎「人間不信にたどりつくまで」）を与えるとともに、学習者全員の初発の意見を「座席表一覧形式」で提示して、それぞれの意見の違いを視覚化した。この工夫によって、生徒たちは「想」を明確にし、読み手を意識した意見を述べるようになっていった。

3 「異質性」の導入による「表現意欲」の喚起

「異質性を導入」するという原理と、先ほどの「六何説」とを組み合わせると、「表現意欲を喚起」する指導法を多様に考案することができるようになる。コミュニケーションの「場」の概念を図式化するならば次頁の図のようになるが、その各項目について、いつもとは「異質」の方法を取り入れるのである。

（1）視点を変える（「誰が」の変更）

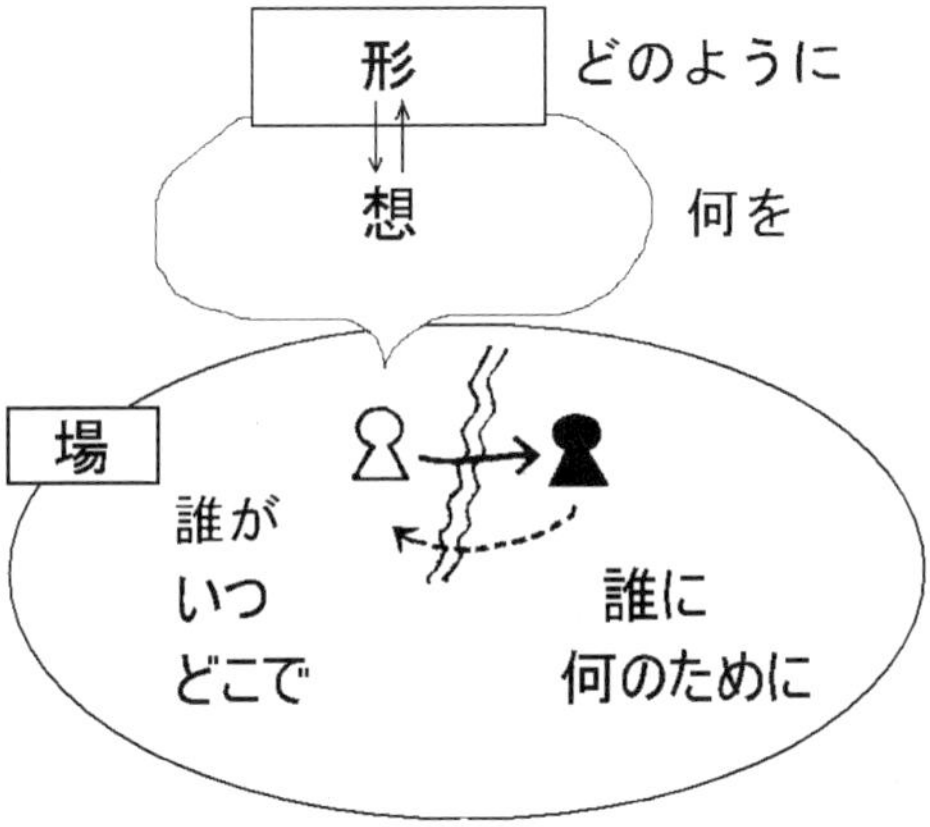

自分の視点から観察しているだけでは、いつも同じようなことしか書けないし、ものごとの真相は見えてこない。それが表現意欲を減退させるということにもつながってくる。ならば、時には「視点」を変えてみるとよい。例えば、校外活動の体験を描写する際に、持参したペットボトルの視点や、移動途上の一本の電信柱の視点から書いてみるのである。あるいはまた、自分を「彼」や「彼女」と呼んで三人称で語らせてみてもよい。さらにまた、小説の視点人物を変えて書き換えてみるという方法もある。例えば、兄に対する劣等感や敗北感を弟の視点から描いた小説「物と心」（小川国夫）を学習した後に、この作品を兄の視点から書き換えてみるのである。このように物に仮託したり、人称を変えたり、視点を変えたりすることによって、新鮮なものの見方や自己を客観視する姿勢が生まれ、思考力と認識力が高まってくる。

(2) 相手を変える（「誰に」の変更）

相手を変える典型的な方法は、手紙文の学習である。実際に読んでもらえる相手を想定し、用件を明確にして書かせるのである。保護者宛に体育祭の案内状を自筆で書く、遠く離れた学校に地域の情報を伝える手紙を書く、最近知り合った人に「自分の得意技の上達法」や「お気に入りの道具の使い方」を説明する手紙を書くなど、実際的な場はいくらでも設定できる。それでもなお、書こうとしない生徒が多いという場合は、架空の手紙でもよい。芥川龍之介の恋文を読んだ上で、恋人「文ちゃん」に成り代わって龍之介にお断りの手紙を書くという設定ならば、楽しんで学習に取り組みつつ、手紙の形式を習得し、言葉遣いも改まったものとなっていく。[8]

（3）取材方法を変える（「何を」の変更）

小学校以来、作文といえば自分の体験を書くものだと思いこんでいる生徒が少なくない。だが、それだけでは書くことが限られてくる。特別な体験でもなければ何も書けないということになってしまう。それに対して、これからの国語教育では、調査したことを再構成したり報告したりする力を蓄えることが求められる。

その具体的な指導法としては、インタビュー記事や聞き書きに取り組ませるという方法が挙げられる。[9]例えば、地域の魅力的な人を訪ね、その方が取り組んでいる仕事のディテールを聞き出し、その方の思いに迫っていくのである。この活動は、生徒自身の視野を大きく広げていく。と同時に、話の中心点を捉えた上で、読み手に伝わるように再構成していく過程で、文章構成力と語彙力を高めていくのである。

（4）表現形態を変える（「いかに」の変更）

意見を述べる場合、いつも小論文風に書かねばならぬと決まったわけではない。例えば、環境問題を論じる際に、割り箸と塗り箸の対話風に書いてもよいし、北極の氷を擬人化して告白体で書くことにしてもよい。

また、後述する「枠組み作文」も、表現形態に変化を加えた作文課題の一形態である。一般的には、目的や相手や主題や立場が決まるにつれて、文章スタイルも自ずから定まってくるものであるが、あえて逆の順序で行うのである。すなわち、範文から特徴的な表現を抜き出し、その言い回しを模倣することによって、「日常の中の非日常」の発見に導くという方法である。この方法ならば、学習者は「型にはめられた窮屈さ」をさほど感じることなく、着想の面白さを競い、漠然としていた「想」が確かなものとして定着していく達成感を味わうことができる。

（5）「場」の設定を変える（「いつ」「どこで」の変更）

文章表現の最も基本的な形は、「今、ここ」で、見聞きし、感じ、考えたことを、言葉として捉え、文章化していくことである。この「今」を大事に書き留めていく営みは、決して疎かにしてはならない。だが、それだけでは、一面的な捉え方になったり、マンネリ化したりしやすい。そこで、時と場所の設定を変更して書いてみるのである。すると、新たな視野が広がり、ものごとを多面的に捉えることができるようになる。例えば、十年後の「私」から、「今」の私に提言をしてみる。あるいはまた、議論文を書くときに、いったん対立意見の立場になりきって、反対意見を書いてみるという設定である。こうした課題が、生徒たちの知的好奇心を刺激し、表現意欲を喚起していくのである。

四　「型」の習得と「想」の形成とを有機的に繋ぐ「枠組み作文」

以上の工夫が総合的に生かされているのが、「枠組み作文」という指導法である。

例えば、澤田英史[10]は、森毅のエッセイ「雑木林の小道〜ふらふら〜」から、「苦手談↓自分の流儀の主張↓想定される悪い評価↓反論」という論の展開の型とそれを担っている接続語句、及び「流儀の擬態語化」という発想を借りて、高校一年生に「私の流儀」と題するエッセイを書かせている。生徒たちは、その型に導かれて、自由に思いをめぐらし、発想の楽しさを分かち合っていくのである。

この「枠組み作文」は、論理的な文章やエッセイの学習に効果的である。その際、範文として用いるのは、論の展開がしっかりしていて、しかも意外性のある着眼点を有しているものが望ましい。寺田寅彦「柿の種」、同「案内者」、伊丹十三「目玉焼きの正しい食べ方」、別役実「正しい風邪のひき方」、清少納言「枕草子」(類集的諸段)などは、その好材料となるものである。

さらに、柔軟に授業構想を立てていくならば、詩歌も「枠組み作文」に活用することができる。例えば、「秋の空が青く美しいという／ただそれだけで／何かしらいいことのありそうな気のする／そんなときはないか／空高く噴き上げては／むなしく地に落ちる噴水の水も／わびしく梢をはなれる一枚の落葉さえ／何かしら喜びに踊っているように見える／そんなときが」（黒田三郎「ある日ある時」）という短い詩においても、「Aだけで」「Bも」「Cさえ」という三つの副助詞を用いて書き換えようとすると、「A」には「自分が見つけた小さな幸せ」、「B」には「負の評価を受けそうなもの」、「C」には「それ以上に負の評価を受けそうなもの」を探して入れなくてはならなくなる。この取材活動が「想」の形成を促し、さらに副助詞を活用することによって「比較の型」を用いた文章展開の方法を身につけていくのである。

「発想を豊かにすること」と「論の展開の型を身につけること」とを有機的に繋いでいく「枠組み作文」は、これからも多様に展開していく可能性を有している。課題は、その「枠組み」の学習にどのような系統性を持たせるかという点にある。「比喩・象徴」「類比・類推」「比較・対比・対照」「原因と結果」「具体化と抽象化」「帰納と演繹」「対立と止揚」等の「思考の型」の難易度を解明するとともに、それにふさわしい範文の発掘と教材化を進めていきたい。

注

（1）服部由利香「意見文を論理的に書く力を育てる指導方法の工夫」（http://www2.edu-ctr.pref.okayama.jp/edu-c/choken/H16/h16-seika/pdf/hattori.pdf）

（2）森岡健二『文章構成法—文章の診断と治療』至文堂、一九六三年

（3）永野賢『文章論総説』朝倉書店、一九八六年

（4）市川孝『国語教育のための文章論』教育出版、一九七三年
（5）村松賢一『いま求められるコミュニケーション能力』明治図書、一九九八年、九九頁
（6）大村はま『大村はま国語教室第七巻』筑摩書房、一九八四年、一〇二～一二二頁
（7）拙著『発見を導く表現指導』右文書院、一九九八年、一九五～二一五頁
（8）拙著『発見を導く表現指導』右文書院、一九九八年、八八～九七頁
（9）藤本英二『ことばさがしの旅（下）』高校出版、一九八八年
（10）澤田英史「枠組み指定作文の試み」『月刊国語教育』一九九五年一二月号、東京法令出版（大平浩哉編『高等学校国語科新しい授業の工夫20選〈第4集〉表現指導編』大修館書店、一九九八年に再録）

国語の授業で育てる創造的思考力

鹿内信善

一　未来の国語教育と、その実践可能性

時代は激しく変化している。それに伴って、国語教育も変化していく。浜本（二〇〇七）は、これからの国語教育の課題をまとめている。ここでは、浜本の主張を手掛かりにして、未来の国語教育のあり方を具体的に考えていく。浜本の主張には、新しい提案がたくさん含まれている。未来の国語教育を考える場合、次の提案はとくに重要である。「『見ること』を指導内容として包摂するなど、国語科教育の改編と新しい構造化が必要である。」この主張は「メディア・リテラシーの教育」という文脈の中でなされている。メディア・リテラシーを育成する国語の授業では、言語テキストのみならず、ヴィジュアルテキストの読み解きも求められる。さらに学習者は、テキストを読み解き思考した結果を、言語テキストやヴィジュアルテキストにして表現しなければならない。

浜本はさらに、次のような主張もしている。これも、国語教育の課題としては新鮮なものである。「これからの国際化社会は、異民族・異文化間の交流がいっそう繁くなる。異なった価値観を許容し、多元的な文化の交流に発展の契機を見出していくことが必要である。」このような、異文化理解力の育成も国語教育の課題となって

くる。

言語テキスト及びヴィジュアルテキストを読み解き考える。その結果を、言語的かつヴィジュアルなオルターナティブテキストにまとめて発信する。さらにこのプロセスが、異文化理解や、異文化統合による発展につながっていく。以上のことをすべて包含した「学び」を未来の国語教育の、ひとつのありかたとしてイメージすることができる。本論では、このような授業が実現可能であるということを例証する。そのために、私自身が「未来の国語」の学習者となってみる。そして、その学びのプロセスをレポートしていく。

二　プルシアンブルー

これからの国語教育では「見る」活動を取り入れなければならない。そのためには、何かヴィジュアルテキストを選ぶ必要がある。ここでは、よく知られた葛飾北斎の「神奈川沖浪裏」（図1）を取り上げる。私はこれまで、この絵を何度も見てきた。しかし私は最近、何度も見てきたこの絵の「見方が一変してしまう」経験をした。

私は、神戸市立博物館の「西洋の青」という特別展（二〇〇七）を見に行った。そこで「プルシアンブルー」に出会った。プルシアンブルーは、一七〇四年に初めて作られた化学合成顔料である。当時のプロイセン王国で作られたことから、プルシアンブルーあるいはベルリンブルーとよばれている。

プルシアンブルーに関するひととおりの知識を持ってから、私は「神奈川沖浪裏」の前に立った。その時私は、「神奈川沖浪裏」をより深く読み解けるようになっていた。まず「神奈川沖浪裏」という題を、言語テキストとして読み解けるようになっていた。この絵は、大きな「浪」を描いている。だから絵の題は「神奈川沖大浪」でよかったはずである。実際にこの絵は、英語では「ザ・グレート・ウエーヴ」とよばれている。にもかかわらず北斎は、この絵の題を「大浪」ではなく「浪裏」としている。なぜなのだろうか。このようなことを思いながら、せりあがる大浪の「浪裏」を眺めていて私は、大きな発見をすることができた。それまで私は、この大浪が「青一色で描かれている」と思い込んでいた。ところがよく見ると、この「浪裏」は濃淡の異なる青を用いて「しましまし」に描かれていたのである。このことに気づいたとき私は、カーブしながらせりあがる、この「青のしましま」が、この絵の圧倒的な力強さやボリューム感をうみだしているのだということを、初めて体感することができた。

また、この「青のしましま」は、すべてプルシアンブルーを使って塗られたものだったのである。日本を代表する名画「神奈川沖浪裏」は、北斎が「プルシアンブルー」という異文化に出会い、それを取り入れることによって初めてうまれることができた作品なのである。北斎はプルシアンブルーという異国の青を使いこなして、見事な「浪裏」を描ききった。彼はそこを見て欲しかったのである。だからこそ、この絵の題を「浪裏」にしたのである。

私は「神奈川沖浪裏」をこのように読み解いた。「神奈川沖浪裏」は、題名も絵も読み解きの対象となる、複合的なテキストなのである。またこの絵は、異文化を取り入れることの大切さを教えてくれる絵でもある。プルシアンブルーについての説明文を「読む」こと。読んだ知識を基にしてヴィジュアルテキストを「見る」こと。そのプロセスを前述のような文章に「書く」こと。これらはすべて、国語の授業として成立しうるものである。

三　イセポ・テレケ

北斎の絵には時々、「ここを見て欲しい」というメッセージが隠されている。図2もそのひとつである。この構図は「神奈川沖浪裏」に似ている。しかしこの作品では「浪裏」ではなく「波頭」に工夫が凝らされている。波頭を千鳥に見立てる。そういう「見方」を誘う構成になっている。波頭を何かの動物に見立てるという「見方」はアイヌ民族も持っている。「一般にアイヌは、海上に白波が立つのを『イセポ・テレケ』（兎が・とぶ）」と言う。さらに、次のような歌謡も伝承されている（知里一九八一）。

例示文1

オタカ　タ　　海辺　で
イセポ　　　　うさちゃん
ポン　テレケ　ぴょんと　とぶ
ポン　テレケ　ぴょんと　とぶ

浜本（二〇〇七）は、「世界人類の構成員」という立場から学習材を選ぶべきであると主張している。このような考え方をとれば、右にあげたようなアイヌ文学が、国語の学習材となる可能性も開けてくる。「海辺で／うさちゃん／ぴょんととぶ／ぴょんととぶ」という、わずか四行の歌謡も学習材となる。では、この歌謡をどのように読み解いていったらよいのだろうか。次に、この歌謡の読み解きの方法を例示していく。

四　創造的読み

例示文1の日本語訳には難しい言葉は一つも含まれていない。すべての単語を私たちは理解できる。しかし、この歌謡を全体として読むと、何のことを言っているのかまったく理解できない。鹿内（一九八九）は、このようなテキストを創造的に読み解き、新しい意味を創り出していく方法を提案している。そのひとつが「物語法」である。

物語は一定の構造を持っている。物語構造は私たちが物語を読み解いていくためのコードにもなる。そのため、物語が本来持っている構造を欠いたテキストに出会うと、私たちはそれを理解することができなくなる。そのようなテキストを読むときは、物語が備えているべき情報を読者が補完していけばよい。そうすることにより、意味のわかりにくかったテキストも理解可能になる。これが、鹿内の提案する「物語法」による創造的読みの概略である。

物語は基本的な構造を持っている。また、物語構造に含まれる要素はいろいろある。しかし、その中で絶対に欠かせない要素が二つある。それは「問題」と「解決」である。「問題―解決」という構造を含んでいないと、理解可能な物語にはならないのである。例示文1は明らかにこの構造を欠いている。そのために、全体的な意味を理解することができないのである。もしこのテキストを「問題―解決」構造を持つ文章に書きなおすことができれば、これは意味のあるテキストになる。幸いなことに、例示文1であげたテキストを物語に書き換えていくための手掛かりが、アイヌ伝承の中に残されている。その概略は、次のようなものである。

昔、トンケシというコタンに六人の首領が住んでいた。ある時、トヌウオウシという人がここを通ったら、丘の上に兎が一匹立っていて、沖のほうに手をつき出して、しきりに何かを招きよせるような身振りをしていた。そこで彼は、トンケシのコタンに向かって「津波が来る。早く逃げろ。」と叫んだ。しかし、首領たちは酒を飲んでおり、彼の言うことを聞かなかった。そのためまもなく、コタンは津波に襲われ滅びてしまった（知里一九八一参照）。

これは、「津波から逃げる」という問題を、うまく解決できなかったために起こった悲劇を伝える話である。この伝承を参考にすれば、例示文1のテキストを「問題―解決」構造を持つ物語に創りなおすことができる。また、アイヌ文学には「ポンウパシクマ」とよばれるジャンルがある。これは、一種の「なぜなぜ話」である。わたしたちの身の回りには、たくさんの疑問があふれている。たとえば「なぜ、フクジュソウは、雪の消え間からこっそりと顔をだすのだろう。」また「山に行けば、なぜあんなにたくさんの兎がいるのだろう。」このような、目の前にある疑問に答えるために創られた物語がポンウパシクマである。ポンウパシクマは「なぜ」という問題を解決する説明によって構成されている。ポンウパシクマも「問題―解決」構造を潜在的に持っている物語なのである。例示文1テキストの創造的読みに、ポンウパシクマの要素も取り入れることができたら、より面白い物語を創造できるはずである。以上の考察に基づいて、例示文1の創造的読みを進めていく。読み解きの手順は、次のようになる。

例示文1テキストを「問題―解決」型の文章に書き換える。また、その中にポンウパシクマの要素も取り入れる。例示文1テキストは歌謡として伝承されているものである。そのため語調が整っている。そこで、ここで試みる創造的読みでも、語調を整えた文章づくりをしていく。このような手順で、例示文1テキストを読み解くと、次のようなオルターナティブテキストができあがる。

例示文2

沖で白波たちあがる。まるで、うさぎがとぶように。沖で白波たちあがる。／海辺で見ていたうさちゃんは、津波が来ると気がついた。／急いで村にかけもどり、津波が来ると教えてあげた。／「津波が来るよ、あぶないよ。」／「早く逃げてよ、あぶないよ。」うさちゃん、必死によびかけた。／それでも誰も気がつかない。／こまったうさちゃんポンテレケ（ぴょんととぶ）。海辺に走ってポンテレケ。波のまねしてポンテレケ。／それを見ていた村人は、やっとのことで気がついた。津波が来ると　気がついた。それから急いで逃げ出した。／高いおやまにかけあがり、ホッと一息ついたとき、大きな津波がやってきた。／村は見る間に流された。あとかたもなく流された。けれども村の人たちは、みんなが逃げ出し助かった。／それから村の人たちは、「うさちゃんは、村の神だ」とうやまった。／神様とあがめられたうさちゃんは／うれしくなって、ぴょんととぶ。／それからいつでも、うさちゃんは／どこへいっても、ぴょんととぶ。

この読み解きは、「村人を逃げさせなければならない―逃げさせる」という「問題―解決」構造を持っている。さらに「兎がいつもぴょんととぶのはなぜか」を説明するポンウパシクマにもなっている。このような創造的な読み解きをヴィジュアルテキストにできれば、さらに発信力のあるオルターナティブテキストになる。そこで、若手のアーティストとコラボレートして、これをピクチャーストーリーにする作業を行った。その成果である「うさちゃんポンテレケ」という作品を掲載しておく。ただし、エンドクレジット等の画像は省略してある。この作品の絵はすべて「石田ゆき」が制作したものである。ここでは静止画になっているが、実際には、編集ソフトを使って動きのあるピクチャーストーリーにしてある。各画面では、ズームイン・クロスフェード・ホワイトフレーム等のエフェクトを用いている。さらに、全画面にBGMもつけたDVD版を完成作品にした。BGMにはアイヌ民族の伝統楽器「トンコリ」演奏を用いた。ヴィジュアルテキストにBGMを付けるためにもアプリケーションソフトを用いている。これからも、メッセージの発信に役立つ様々なソフトが開発されてくるであろう。自己表現に活用可能なソフトの使用方法の学習も、これからの国語教育では必要になってくる。

国語の授業で育成していくべき創造的思考力とは、私がここで試みたような、一連の学びを遂行できる総合的なリテラシーではないだろうか。

図１　神奈川沖浪裏

図２　海上の不二

うさちゃんポンテレケ

1

沖で白波たちあがる。
まるで、うさぎがとぶように。
沖で白波たちあがる。

2

海辺で見ていたうさちゃんは、
津波が来ると気がついた。

3

急いで村にかけもどり、
津波が来ると教えてあげた。

4

「津波が来るよ、あぶないよ。」

5

「早く逃げてよ、あぶないよ。」
うさちゃん、必死によびかけた。

6

それでも誰も気がつかない。

7

困ったうさちゃん　ポンテレケ(ぴょんととぶ)
海辺に走って　ポンテレケ
波のまねして　ポンテレケ

8

それを見ていた村人は、
やっとのことで気がついた。
津波が来ると気がついた。
それから急いで逃げ出した。

9

高いお山にかけあがり、
ホッと一息ついたとき、
大きな津波がやってきた。

10

村は見る間に流された。
あとかたもなく流された。
けれども村の人たちは、
みんなが逃げ出し助かった。

11

それから村の人たちは、
「うさちゃんは、村の神だ」とうやまった。

12

神様とあがめられたうさちゃんは、

13

うれしくなって、ぴょんととぶ。

14

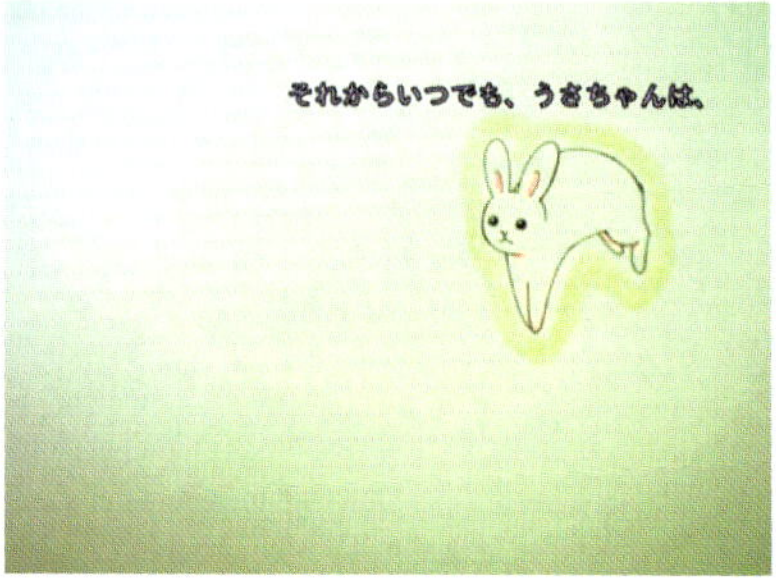
それからいつでも、うさちゃんは、

15

どこへ行っても、ぴょんととぶ。

16

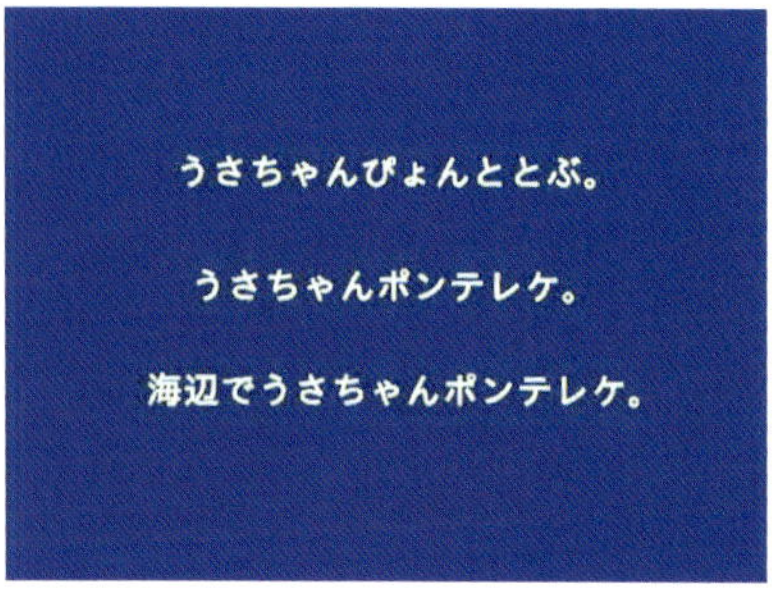
うさちゃんぴょんととぶ。
うさちゃんポンテレケ。
海辺でうさちゃんポンテレケ。

17

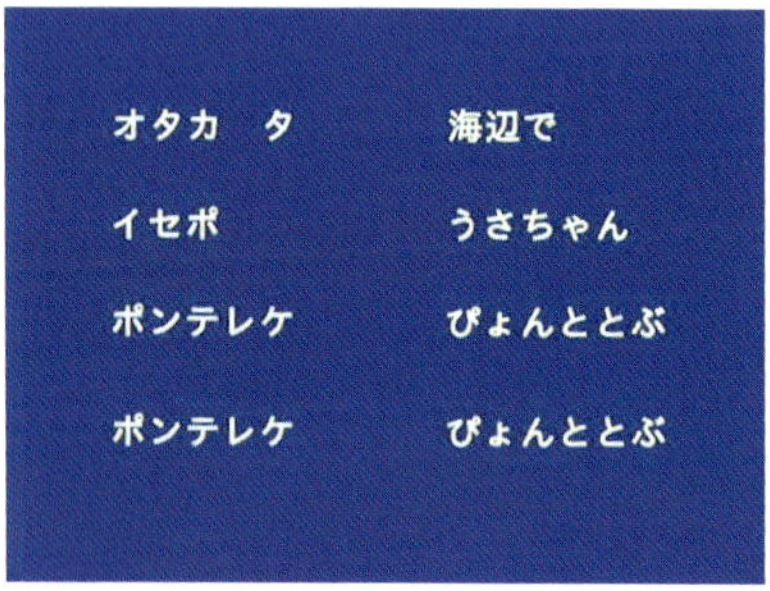
オタカ　タ
イセポ
ポンテレケ
ポンテレケ
海辺で
うさちゃん
ぴょんととぶ
ぴょんととぶ

18

引用・参考文献

知里真志保編訳『アイヌ民譚集』岩波書店、一九八一年
浜本純逸「国語教育の課題・二〇〇七年」『国語の授業』二〇〇号、二〇〇七年、四六―五一頁
神戸市立博物館編『西洋の青』神戸市立博物館、二〇〇七年
鹿内信善『〈創造的読み〉への手引』勁草書房、一九八九年
鹿内信善「『アイヌ文学』の教材化に関する研究」『年報いわみざわ』十二号、一九九一年、七三―八八頁
辻惟雄『奇想の図譜』筑摩書房、二〇〇五年

付記

本稿に載せた作品「うさちゃんポンテレケ」は、北海道放送テレビ開局五〇周年記念「北海道ピクチャーストーリーコンテスト」で「北海道新聞社賞」を受賞した。

言語教育とメディアリテラシー

言語発達研究から学ぶ国語教育への示唆

難波博孝

はじめに

国語教育の実践者・研究者がどのような言語発達観を持っているかは、その実践・研究において決定的に重要である。人間が母語をどのように獲得・習得・浸潤するか（これらのどの用語を使うか自体がその人の言語発達観を反映している）ということに対する見方は、そのまま人間がどのように母語を教育・学習されるかという見方につながっていくからである。例えば、人間が機械論的に母語を獲得すると考える見方を採る人は、国語科の授業構築についても同じような考えを採る可能性が高くなる、ということである。

しかし、国語教育の実践者・研究者は、自分がどのような言語発達観を持っているかをなかなか問い直すことはない。あたかも自分の持つ言語発達観を他の研究者や実践者も共有しているかのごとく前提にし、その先の話（例えば、どのように授業すればいいか、や、どのように国語教育が実践されてきたか、など）をしていることがあるのである。その結果、互いに話はすれども、なかなかかみ合わないということがある。

国語教育の理論にしろ、歴史にしろ、実践にしろ、その根底には、言語発達観が必ずあるはずである。国語教育の実践や研究の事実があれば、そこにはかならず国語教育観が存在し、その基盤には言語発達観があるはずであるということである。言語発達観を無視しては国語教育の実践・研究はできないだろう。

私を含めた国語教育の関係者は、自分自身の言語発達観を意識しておく必要があるだろう。自分の言語発達観が、自分の研究や実践に、表層的にも深層的にも影響を与えているからである。

この小論では、国語教育の関係者が自分の言語発達観をふりかえるために、言語発達についてどのような考えが存在しているかを見取り図的に示すことを目的としている。

一 ピアジェ派とチョムスキー派の対立

言語発達に関しては、さまざまな立場の対立があるが、その中でもとりわけ重要なのはピアジェとチョムスキーの対立である。ピアジェは、以下のように生得的な言語能力を否定している。

「五十年にわたる経験が教えてくれたところによれば、主体の活動性に帰すべきある構造化を欠いた、単純な観察の記録に由来する認識は実在しない。しかしアプリオリな、もしくは生得的な認知構造も、やはり（人間の場合）存在しない。ただ知能の機能だけが遺伝性のものであり、それが諸対象に向けて行使される継続的活動のある組織化を通じて、諸構造を生成するにほかならないのである。（ピアジェ：p.33）」

さらに、言語能力だけの独自の発達や、その内部がモジュール化して発達するという領域固有の発達を否定し、知能一般の発達様式のみがあると考えた。

ピアジェは、「有機体としての学習者（幼児）は周囲の環境との「相互作用」によって先ず、具体的知覚経験を有機体内に「同化」（assimilation）、「再構造化」（reorganization）、「調節」（accommodation）の過程を経て内面構造化し、年齢が進むにつれて、抽象的思考ができる形式操作期に入り、より高い次元での「内省的抽象化」（reflective abstraction）が行われ、具体的事象から抽象的表象への昇華が行われる（伊藤p.258）」と考えたのである。

一方、チョムスキーは人間の言語能力は生得的であると考えている。

「人間のことばを研究してみると、私はまさしく遺伝的に決定されたある言語能力を考えざるをえなくなるのだが、その能力とは人間精神の一構成要素であり、「人間として使用可能な文法」のあるクラスを明確に示す（チョムスキー 1980.p.315）」

と考え、

「普遍文法は遺伝的に決定されている初期状態の体系であり、経験によって規定された条件下で具体化、精細化、分節化され、洗練されたものとなり、やがて、達成された安定状態に表示される個々の言語の文法をもたらすのである。」（チョムスキー 1980.p.315））

としている。

この、チョムスキーの言語獲得説は、およそ次のような図で表すことができる。

言語資料　→　普遍文法（生得的）　→　個別文法

人間が生得的に持っている、普遍文法（UG、言語獲得装置＝LADともいう）に、外部からある言語の資料が入力されると、普遍文法内部のパラメーターの値が決定し、普遍文法が持っている数少ない原理とともに、その言語の個別文法を出力する。この段階ではその言語の中心的な規則で構成された核文法であるが、成長とともに周辺文法を付加し、次第に大人の文法に近づいていくのである。

しかし、この普遍文法から個別文法への移行には、可能な時期（臨界期）があり、それを過ぎると、困難になる。

「六歳までは確実に言語が獲得できるが、それ以後は確実性が徐々に薄れ、思春期を過ぎると完璧にマスターする例はごくまれになる。学齢に達するころから脳の代謝活動やニューロンの数が衰退するとか、代謝活動やシナプスの数が思春期前後に最低レベルに達して以後横ばいになるとかいった成熟に伴う変化が、原因として考えられる。（ピンカー下巻p.98）」

さらにチョムスキーは、言語だけでなく、人間の認知一般は、モジュール化しており、その発達（学習）の諸相は、それぞれ異なっていることを示している。チョムスキー派のピンカーは次のように述べる。

「人間の経験のさまざまな分野—言語、道徳、食べ物、社会的関係、物質世界、等々—についての、それぞれの学習メカニズムは、目的に食い違いを生ずることが多い。ある分野について、これが正しいということを学ぶためのメカニズムが、べつの分野に適用されたら、正反対のことを学ぶメカニズムになってしまうことがある。このことから見て、学習を支えるのは単一の汎用メカニズムではなく、ある特定分野独自の論理や法則に則ったモジュールがいくつもあると考えられる。人間に柔軟性があるのは、たまたま置かれた環境が心を形成するからではなく、心的モジュールが多数あって、それぞれが独自のやり方で学習する枠組みを作っている（ピンカー下巻p.266）」

以上のように両者は鋭く対立している。

二　フォーダーの三項構造論

この、モジュール論をさらに押し進め、現在の発達研究を方向付けたのは、フォーダーである。

フォーダーは、認知のシステムを、変換器、入力系、そして中央処理装置の三つに分けている。そして、「入力情報はほぼこの順序に沿って流れ、これらの機構に適した形につぎつぎ処理されて（フォーダー p.70）」いくとするのである。

変換器とは、外界の情報を脳で処理できるように信号化するところであるから、ここで特に重要なのは、入力系、すなわち、自動的無意識的に認知処理を行う部分と、中央処理装置、すなわち、信念や既有知識により影響される認知処理を行う部分、の二つを設定したことである。そして、これらはチョムスキーに倣い、「生得的に確定されたものと考えて自然であろう。（フォーダー p.17）」と考えている。

この二つの区別により、次のような現象が説明できることになる。ミュラー＝リエルの錯視（二つの図形「」「」で下の直線が上より長く見える錯視）という有名な錯視現象がある。この錯視では、下の方が長く見えるわけだが、私たちは、このような錯視の現象があるということを知っており、かつ二つの矢が同じ長さであることを知識として知っており、さらに、実際それらが同じ長さであることを測定されるのを見たとしても、なお一方が他方より長く見えてしまうのである。つまり、この錯視は私たちの知識や意識と無関係に起こってしまう現象なのである。

つまり、中央処理装置では、既有知識に基づいてそれら二つの矢が同じ長さであるという認知を行っているにもかかわらず、入力系による錯視が行われてしまうわけで、私たちの認知システムには明らかに二つの異なった系があることがわかる。

「このような事例では、被験者の自由になる背景情報のうち少なくともあるものは、かれの知覚機構のうち少なくともあるものにとって、呼び出すことができないのだと考えざるをえない（フォーダー p.110）」のである。

彼は、このような三項構造を措定することで、「知覚的分析が背景信念や構え（set）の影響から一定程度隔離されていることが示唆される（フォーダー p.72）」としている。

さらに、この入力系はその内部でモジュールを成しており、例えば、視覚と聴覚はそれぞれ独自に機能する。そのほかの入力系の特徴としては、入力系の作動は強制的であること、入力系は処理が速いこと、入力系は一定の神経機構と結びついていること、入力系の発達はそれぞれ独自の進行・順序を示すことなどを彼は指摘している。

しかし、注意しなければならないのは、フォーダーは、中央処理装置（中央系）がモジュール化していないと考えていることである。中央系では、高度な認知、例えば「思考、問題解決といった心的過程を語るとき念頭に置いているのが、この種の系の作用であると仮定（フォーダー p.167）」しているのであり、ここには後天的な学習の影響を大きく受けるものと考えているのである。

つまり、フォーダーは、三つの部分からなる認知システムの存在自体や入力系の機能の部分は生得的であると考えているのに対し、中央系の機能は後天的と考えているのであり、チョムスキーとピアジェの対立から一歩前に進み出た考えになっているのである。

三　ピアジェとヴィゴツキー・ワロン

ピアジェとの対立は、生得主義者だけでなく、状況主義者ともあった。その中で、ヴィゴツキーとワロンを取り上げ、その共通点と対立点を見たい。

チョムスキーらの生得主義者が、周囲の環境を、普遍文法を駆動させるための動力程度としてその機能を低く見積もっているのに対し、ピアジェと状況主義者の両者は、子どもの言語発達において、周囲の環境が大きな影

響を与えると考える点では、共通している。しかし、

「ピアジェは「幼児と環境との相互作用を基本原理としているが、それはあくまでも個人が現実世界に適応して行くことによって、自己の認知構造を徐々に「脱自己中心化」(decentering)して行く過程を重要視している」のに対し、ヴィゴツキーは、「状況に依存した(context-dependent)社会的言語、つまり、コミュニケーション、語用論(pragmatics)機能主義を尊重する立場で(伊藤pp.262-3)」ある。つまり、ピアジェが、個人→社会という発達の方向を考えているのに対し、ヴィゴツキーは、社会→個人という方向を考えていることになる。だから、

「ピアジェの中には歴史的、社会・文化的な過程といった文脈の中で発達を描くという視点はないのである。子ども一人一人が認識対象に単独で対峙し、認知的葛藤と自己の既有知識の吟味を繰り返していく(佐藤p.227)」ことになる。これが、ピアジェの考える発達である。一方、ヴィゴツキーは、「相互作用は認識形成に直接的な影響を与えるものと位置づけられている。相互作用という状況は単に認知的葛藤を個人の内部に発生させるだけでなく、新しい知識の形成の場そのものでもあると考える。(佐藤p.228)」とするのである。

ヴィゴツキーの発達の最近接領域論は、この相互作用性を論理構築したものである。この論は、「はじめは外部にあった大人の助言・教育的はたらきかけが子どもの内部に取り込まれ、自己のものに内化していく過程」をいうものである。ヴィゴツキー自身の例に従えば、

「指示身振りはもともとは、乳児が外にあるものをつかもうとした単純な把握運動にその起源があるが、母親がこの運動を指示として意味づけ、その物を渡してあげると状況は一変する。ここで、把握という運動は物を指し示すという機能に変化するのである。大事なのは、この指さしが自分の中にはじめからあるのでもなく、また母親の動作の単なる摸倣なのでもない。まわりの人にそれが指示として理解されることから始まり、母親も指示

機能に反応した行動（指示されたものを渡す）をとるようになる。そして子どもは最後には自分の指さしを自覚するようになる。（佐藤p.228）」

というものである。

また、高木によれば、最近接発達領域の最近の研究では、ただ、公共的な社会化を指し示すだけでなく、「人々が自分たちの共同的活動を媒介している言語的記号を再吟味し、それによって共同的活動そのもののあり方を変革していく過程として理解しようとする傾向が強くなってきている（p.52）」という。

このように、ヴィゴツキーの発達論は、社会との相互行為を通じて状況に埋め込まれた「構造」を自己に内化させるだけでなく、その過程で社会そのものも変革させうる存在として、個人及び個人の発達というものを捉えたのである。

ワロンも、ヴィゴツキーと同様、発達における社会と個人との相互作用を重要視した。

「子どもの発達を見るとき社会的・生物学的存在としてその人格全体の発達をとらえようとした。子どもが個体から出発して社会化されていくのではなく、子どもはもともと社会的な存在であり、しだいに個性化されていくものと見た。（加藤他p.5）」

さらに、彼は状況への情動、周囲への姿勢を重視した。

「子どもが対象の世界を知りはじめるとき、なによりも他者との関係が重要であり、あらゆる関係性の中心には子どもの「情動」の働きがあることを強調した。そして、表象の形成はたんに運動的行為が内面化するのではなく、子どもが世界に向き合う全身体的な「構え・姿勢」が大きな役割を果たすと考えた。（加藤他p.5）」

加藤らによれば、ピアジェとワロンは次の点で共通するという（pp.178-9）。一つは、両者が一般的発達論（発達段階論）を提起したことである。二つ目は、デカルト二元論以来の合理論が前提とした主体―客体間の乖離に反対したことである。ピアジェは、主体の側を拡張することにより克服しようとし、「ワロンは、そもそもの初めから主体―主体間・主体―客体間の切断を認めなかった。」のである。この2点に関しては、チョムスキーらのモジュール論やデカルト的合理論への回帰志向とは鋭く対立している。

三つ目は、子どもを、大人の操作の対象として見なかったことである。「両者はともに、子どもの自発性・能動性を尊重し、子どもを外的な目的のための手段としては見なかった。」と、加藤らはしている。

一方で、対立もあった。一つ目は、ヴィゴツキーとピアジェの対立でもあった、個人↓社会とみるか、社会↓個人と見るかの対立である。ワロンは、状況主義者であるから、この点ではヴィゴツキーと同方向の考えを持っている。ワロンとピアジェに見られる特有の対立点の一つは、

「子ども・人間の発達をとらえるとき、行為の構造としての認識構造の発達をみるか、それとも情動をふくむ人格全体の発達をみるか。（加藤他p.179）」の対立がある。

さらに、発達のあり方を二分法で考えるか三分法で考えるかの対立がある。「ワロンは、主要著作の一つに「行為から思考へ」というタイトルを付したことからも知られるように、基本的には二分法で考え、行為（運動的知能）から思考（理性的思考）への、飛躍をともなう移行を考えていた。（加藤他p.180-1）」

これにたいしてピアジェは、

「自己中心的思考の段階というものを、一方では論理的（操作的）思考をさまたげる妨害条件となり、他方では論理的思考の仕上げをたすける促進要因となるものとして構想した。つまり、対立する契機をふくむ媒介項を考えたのであった。（加藤他p.180-1）」

それはちょうど、ヴィゴツキーが最近接発達領域と呼ぶ中間項を設定したのに似ているといえる。

このように、ピアジェとヴィゴツキー・ワロンとは、共通点と相違点を複雑に持つ関係性にあるのである。

四　従来の研究の論点から得られる示唆

以上、簡単であるが、言語発達に関するいくつかの立場の先行研究を見てきた。現在の言語発達の研究では、生得的な能力があることはすでに前提なのであり、それは普遍文法なのか、それとも一般的な生物学的基盤に属する能力なのか、そして、言語に関する生得的な能力は言語以外の能力とは独立のモジュールかどうかといったことが議論されるようなっている。

このこともふまえて、現在の論点をまとめると次のようになる。

（1）一般的発達（発達段階）の存在有無―領域一般か領域固有か
（2）生得的能力をどこまで大きく見積もるか
（3）認識構造だけを見るか、情動も含めて人格全体を考えるか
（4）個人→社会か、社会→個人か
（5）学習をどう考えるか

（1）に関しては、加藤らも述べるように、未だ決着していない（pp.191）。しかしここで注意すべきは、領域というものの考え方である。稲垣は、領域というものの概念について、「領域という語の用いられ方は、これまで研究者ごとにかなり異なっており、この用語に多少とも一般的な定義を与えることは容易ではない。（p.61）」

と述べている。また、フォーダーのように、領域固有の部分（入力系）と、そうでない中央系とを分けて考える論者もいる。具体的な事例に即し、何を領域と呼ぶか明確にしながら、発達における領域固有―一般の問題を考える必要がある。

（2）に関しては、文法しかも文文法に限れば、生得的な部分が中心を占めていると私も考えるが、それは言語活動のほんの一部分であって、文を超えた部分（談話・テクスト）についての能力や読む・聞くなどのコミュニケーション能力については、どのぐらい生得性があるのか明確ではない。フォーダーのいう入力系と中央系では、生得性に違いがあるはずである。

（3）に関しては、この発達における情動・構えの重視は、言語発達研究だけでなく国語教育の実践・研究においても重要であると考える。特に、周囲に対してどのような構えでいるかということは重要であると考える。

（4）に関しては、個人→社会か、社会→個人かのどちらかという二者択一ではないと考える。稲垣によれば、制約には内的なものも外的なものもあり、「内的な（認知的）制約としては、生得的な構造と先行経験を通じて獲得された領域固有の知識が、外的な制約としては、社会的および文化的制約が考えられる（p.61-2）」としている。つまり、制約理論によれば、制約という概念を設定することで、先ほどの生得か後天かという二者択一的な問が無意味であり、両者が制約という概念に統合される。さらに、社会との関係も制約概念に包含されるのである。

また、後天的に学習した知識も認知的制約になるという。稲垣・波多野（1989）は、この内的な制約と外的な制約としての社会・文化的制約の両方を考慮しながら発達を考えていこうとしている。この方向は、発達に関する様々な立場を統合しようとする試みである。

しかし、制約という概念は、広すぎる概念であり、制約理論は発達を説明するにはあまりに強すぎる理論であることは否めない。つまり、生得的能力も学習も文化状況もなんでも制約という名のもとで片づけられてしまうのである。たしかに、それらは認知過程や認知発達に制約的に働く側面は持っているだろうが、それぞれの制約の仕方は異なるはずである。生得的制約が言語活動や発達にどう関わるかと言うことと、学習がどう関わるかはそのあり方が異なるはずであり、そのあり方自体を明らかにしなければ、少なくとも国語教育に利するところは少ないだろう。

以上のことは、(5) とも関わるが、学習は発達のひとつの条件として考えるのではなく、言語活動主体にとって意味ある学習とはなにかということを、主体自身の言語活動過程と言語発達過程のありようから明らかにしなければならないだろう。

五　おわりに

この小論で見た言語発達研究は、国語教育の実践・研究においても重要な示唆を与えるものである。まずは、人間の言語発達をどのように見ているか、自分自身の立ち位置を意識化させることが必要だろう。

ここで一つ具体的な事例に触れることでこの小論を終えたい。それは、現在増加しているといわれている、「軽度発達障害」といわれる子どもたちへの国語教育へのありようである。

これらの子どもたちの増加をどのように受け止めるのかということがまずは問われている。それは、これらの子どもたちが増加したと考えるか以前も存在したが表面化しただけととらえるか、ということであり、また、増加したと考える場合でも、それが生得的な要因か環境的要因によるのかということである。また表面化しただけと捉える場合はなぜそうなったかということでもある。これらのことを国語教育関係者は考えて行かなくてはならない。そうでなければ、これらの子どもたちにどのような国語科授業を行っていけばいいか見えてこないはずだからである。

これらの子どもたちのありようをどのように受け止めるかを考えることは、そのまま、この子どもたちの「ことばのありよう」をどう考えるかということであり、そのときに問われているのは、教師や研究者の「言語発達観」であることは疑いないことである。大人たちの立ち位置が変われば、子どもを見る見方も変わる。だからこそ、大人たちの「観」が問われているのである。私自身も、言語発達研究の成果をふまえ、自分自身の取り組みを意識的に行うようにしていきたい。

参考文献

伊藤克敏『こどものことば―習得と創造』勁草書房、一九九〇年
稲垣佳代子「概念的発達と変化」波多野誼余夫編『認知心理学5』東京大学出版会、一九九六年
今井邦彦編『チョムスキー小事典』大修館書店、一九八六年
岩田純一「補論」山梨正明著『比喩と理解』東京大学出版会、一九八八年
大浦容子「熟達化」『認知心理学5』東京大学出版会、一九九六年
柏原恵龍「認知と脳の仕組み」坂野登編『脳と教育―心理学的アプローチ』朝倉書店、一九九七年
加藤義信他『ピアジェ―ワロン論争』ミネルヴァ書房、一九九六年
カミロフ＝スミス、A.（1992）小島康次他監訳『人間発達の認知科学』ミネルヴァ書房、一九九七年
河原哲雄「認知過程のコネクショニスト・モデル」『東京大学大学院教育学研究科紀要』第36巻、一九九六年
楠見孝「帰納的推論と批判思考」『認知心理学4』東京大学出版会、一九九六年
久野暲「機能的構文分析のすすめ」『月刊言語』4月号、一九九〇年
クラール、A.（1989）佐藤英明他訳『認知の微視的構造―哲学、認知科学、ＰＤＰモデル―』産業図書、一九九七年

小林春美「言語獲得理論の動き―生得性をめぐって―」小林春美他編『子どもたちの言語獲得』大修館書店、一九九七年
酒井邦嘉『心にいどむ認知脳科学　記憶と意識の統一論』岩波科学ライブラリー48　岩波書店、一九九七年
坂野登「脳・心理・教育」坂野登編『脳と教育―心理学的アプローチ』朝倉書店、一九九七年
高木光太郎「実践の認知的所産」『認知心理学5』東京大学出版会、一九九六年
チョムスキー、N.（1980a）井上和子他訳『ことばと認識』大修館書店、一九八四年
（1980b）「認知構造とその発達」藤野邦夫訳『ことばの理論学習の理論（上）』思索社、一九八六年
難波博孝・牧戸章「「言語活動の心内プロセスモデル」の検討―国語学力形成の科学的根拠の追究―」『国語科教育』第44集、一九九七年
日本認知科学会編『認知科学の発展』VOL.3　講談社サイエンティフィク、一九九〇年
波多野誼余夫・三宅なほみ「社会的認知」『認知心理学5』東京大学出版会、一九九六年
波多野誼余夫編『認知心理学5』東京大学出版会、一九九六年
ピアジェ、J.「認識の心理発生とその認識論的意味」『ことばの理論　学習の理論（上）』思索社、一九八〇年
ピンカー、S.（1994）椋田直子訳『言語を生み出す本能』日本放送出版協会、一九九五年
フォーダー、K.（1983）伊藤笏康他訳『精神のモジュール形式―人工知能と心の哲学』産業図書、一九八五年
宮田義郎「コネクションとしての学習」波多野誼余夫編『認知心理学5』東京大学出版会、一九九六年

カナダにおけるメディアリテラシーの発祥
――マクルーハンのアイデンティティー形成思想――

近藤　聡

はじめに――問題の所在

カナダのメディアリテラシー教育は、思想的基盤が整うのにともない、あるいは思想形成と並行して、教育課程などの教育施策や実際の授業実践が具体的に発展していった。本稿では、ハーバート・マーシャル・マクルーハン（Herbert Marshall McLuhan 1911-1980）が与えた影響を考察して、カナダのメディアリテラシーの思想的基盤の特質を明らかにする。おわりに、彼の思想がカナダ・オンタリオ州教育省の「メディア領域」導入（一九八七年）に与えた影響を述べる。

一　カナダの原点的土壌『マッセイ報告書』[1]（一九五一）
――アメリカ文化に依存せず、カナダ文化を発展させる――

『マッセイ報告書』は、カナダの現在までの文化政策を方向づけた報告書である。[2]一九四九年に、ヴィンセント・マッセイ（Vincent Massey）を委員長とした芸術・文学・科学に関する政府調査委員会が設立された。設立の目的はカナダ独自の文化を奨励・発展させる方法を研究することにあり、一九五一年に『マッセイ報告書』を提出した。

報告書は、隣の大国・アメリカの文化上の影響が、カナダ独自の成長にとって最大の障害だとした。しかし、一方で、アメリカの「文化侵略」を排除するより、カナダのアイデンティティー育成の必要性を訴えたのが特徴である。同書は、特に、アメリカ製メディアの影響をあげて、アメリカ文化に依存しすぎることを警告した。ここに、カナダのメディアリテラシー教育研究の萌芽がある。

『マッセイ報告書』からみる限り、このころからカナダのアイデンティティー形成を深く憂慮していたことがうかがえる(3)。これは、マクルーハンと共通する問題意識であり、カナダの同時代的思想ということができる。アイデンティティーを形成するという同時代的思想を研究の側面でリードしたのがマクルーハンであり、メディアリテラシー教育の側面でリードしたのもマクルーハンであった。

二　マクルーハン思想の深化の三段階

マクルーハンの思想は、一九五〇年代～一九七〇年代にかけて、次のように三つの段階を追って深化した。

一九五一年　マクルーハンは最初の著書『機会の花嫁』を刊行し、アメリカ製のメディアからアメリカ文明批評をおこなった。その後、五三～五九年の雑誌『エクスプロレーションズ』発行を経て、アメリカとカナダを二項対立的に対置するだけではなく、アメリカとカナダが作るメディア環境を全体としてとらえるようになっていった。

一九六〇年代　マクルーハンは、アメリカを鏡（mirror）としてカナダ自体をとらえるところに焦点を移した。この点での六〇年代後半のマクルーハンの特徴は著作から指摘できる。たとえば、『機械の花嫁』一九六七年版に、マクルーハンは一九五一年の初版にはなかった「序文」[4]を書いた。この序文は、ポー（Edgar Allan Poe）の一八四一年の短編小説『メールストロムの渦巻（*"A Decent into the Maelstrom"*）』を引用し、超然とした態度によって電子メディアの混沌から生き残ることを主張している。カナダ人として、超然としてアメリカに対する姿勢を示したのである。マクルーハンはカナダをどのように位置づけるか、カナダ人がどうしていくかを重視するようになった。

一九七七年　マクルーハンは論文 *"Canada: The Borderline Case"*[5] を著し、アメリカとカナダは相互作用を起こし、両者の間には互いに影響を及ぼす境界があるとした。マクルーハンは、異なる文化の接触から二通りのアイデンティティーが存在することを見いだした。すなわち、フレキシブル・アイデンティティーの代表がカナダであり、ストロング・アイデンティティーの代表がアメリカだとしたのである。マクルーハンはメディアを言語だとし、メディアリテラシーによってカナダ独自のアイデンティティーを位置づけるに至った。

1　マクルーハンの提起：『機械の花嫁』[6]（一九五一）―アメリカ製メディアからアメリカ文化をとらえる―

『機械の花嫁』には、アメリカ文化の均一性を読みとれる広告が多数掲載されている。

最初の著書『機械の花嫁』は、マクルーハンが本格的なメディア研究を展開する以前に著したものである。副題に産業社会人の民俗学（*Folklore of Industrial Man*）とある通り、文化人類学者が風習を解剖するように、五九例のアメリカ製広告を素材にした斬新な手法で現代の文明批評をおこなった。

同書の四九章「アメリカ的自由（Freedom-American Style）」は、マクルーハンがアメリカ的自由を批判した章である。同章は、モーター・オイルの企業の広告を俎上に載せたものである。広告は、自家用車で郊外に出てピクニックを楽しむ家族のイラストと広告本文でできており、マクルーハンはユーモアと皮肉を込めて次のように述べた。

〇この家族の規格化された装備と規格化された暮らしぶりを見て、彼らが人間としてどれだけ自由といえるのか論じてみなさい。画一的な教育制度が自由に資するかどうか考えてください。「自由」とは他の人と変わったところがなく、全く同じ事をする権利を意味するのか？[7]……

マクルーハンが『機械の花嫁』で重視したのは、メディアの背景にあるイデオロギーや価値観を読みとることであった。四九章でマクルーハンが広告から読みとったのは「アメリカ的自由」という価値観である。この論旨から、『機械の花嫁』の本質は、広告から経済社会を批評することや、企業の販促システムを批評することではなく、広告を素材にして文明批評をすることにあったといえる。

アメリカ文化は均一的であるというマクルーハンの見方は、六〇年代の著書にも見られる。しかし、マクルーハンの六〇年代後半以降の著書はアメリカ文化を批評することよりも、それを鏡とし、カナダ自体をとらえることに主眼があり、『機械の花嫁』や主著『メディアの理解[8]』（一九六四）との違いがある。

2　マクルーハンの進展：一九五〇～六〇年代のメディア理論

（1）『エクスプロレーション』（一九五三～五九）―メディアという新しい言語で、社会を全体的に認識する―

一九五三年にマクルーハンの研究グループは『エクスプロレーション（原題："*Explorations*"＝探求）』（Vol.1～9 1953-59）という雑誌を発行した。マクルーハンは、一九四〇年代にトロント大学で出会った人類学者エドマンド・カーペンター（Edmund Carpenter）や政治学者のハロルド・イニス（Harold Innis）の理論をもとに、新しい境界領域の研究をおこなおうと考えるようになったのである。雑誌『エクスプロレーション』の主要な文献は、一九六〇年にマクルーハンとカーペンターが編集し刊行した書『エクスプロレーション』[9]に収められている。

本稿では、同書からマクルーハンの論文「壁のない教室」と「言語に与えた、十六世紀の印刷物の影響」の二編を取りあげる。「壁のない教室」はメディアリテラシー教育についての意識の進展を示す論文である。マスメディアを「新しい言語（new language）」[10]とし、この新しい言語を楽しく学ぶことが必要だと論じている。一方、「言語に与えた、十六世紀の印刷物の影響」はメディア理論の進展を示す論文である。英語を例にして、印刷物ができてから言語がどのように変わり、人間の認識の仕方をどのように変えたかを探求している。

「壁のない教室」は、もともと言語や書籍は多くの人に情報を大量生産して伝えるマスメディアであるとした。言語や書籍で学ぶように、新しいメディア（新聞、ラジオ、テレビ）を新しい言語として学ぶ必要があると論じた。「壁のない教室」の初出は、一九五七年の『エクスプロレーション　第7号』である。

○今日、都市においては、多くの学習は教室の外で行われている。印刷物、雑誌、映画、テレビ、ラジオで送られる情報量は学校の授業と教科書が送る情報量をはるかにしのいでいる。（中略）学生の関心がすでに焦点となっているところというのは、他の問題と関心事の解明に向かう自然な出発点である。教育の目的とは、認識の基礎的な手段を身につけさせるだけでなく、日常の社会体験についての判断力と識別力を育成させることなのである。（中略）日常的なことと情報について、判断力があり識別力がある存在であるのが、教育を受けた人間の証左である。[11]

○今日、我々は、新しいメディアは幻の世界を作り出す単なるトリックではなく、新しい独自の表現力をもった新しい言語であると気づき始めている。（中略）もし、これら「マスメディア」が、言語と視覚的文化のこれまで人間が獲得してきた水準を低くしたり破壊したりするのを助けるばかりなら、その原因はメディアに何か本質的な問題があるからではない。その原因は、我々がメディアを、すべての文化遺産の中にやがては統合していくための、新しい言語として咀嚼できていないからである。[12]（傍線は、筆者が付した。）

特に、傍線部から、教育によって認識力を育成するという、マクルーハンのメディアリテラシー観、言語教育観を読みとれる。メディアを言語として位置づけて、メディアという言語によって社会を認識しようとするのがメディアリテラシーの立場である。この立場には、新しい言語（メディア）とオールドランゲージ（文字文化）との間に区別はない。しかし、まだ一般にはマスメディアを「新しい言語として咀嚼できていない」[13]とある通り、オンタリオ州教育省でメディアを言語とする見方が芽生えたのは、一九八四年指導指針であった。[14]若い世代には学校とマスメディアという二通りの教育環境があるという主張も、同指導指針と一致している。[15]さらに、「学生の関心」を重視するのは、学習者発見の原則による教授行為を重視しているといえる。

メディアの発達により情報の獲得が瞬時にでき、学ぶべきは科目の学習でなく、生き方に生かす「生き方の学習」だという指摘は興味深い。マクルーハンは、主著『メディアの理解』の最終三三章「オートメーション　生き方の学習（*Automation: Lerning a Living*）」においても、「伝統的で専門主義的な教授法と教授内容は時代遅れで終わりを告げた」と同様の主張をした。マクルーハンは、ここでもマスメディアを新しい言語として学ぶことが必要であり、「一般教養教育（リベラル・エデュケーション）が必須のものとなる」と予見している[16]。マクルーハンの思想では、メディアリテラシー教育は、社会の変革に伴い、現代的課題に対応する教育として誕生したのである。

また、マクルーハンは「言語に与えた、十六世紀の印刷物の影響」で、印刷メディアは人間を論理的にしたが、線的、分節的にしたとした[17]。人間の全体的な感覚を縮小したとした。この主張は『グーテンベルクの銀河系』の主旨でもあり、その後の『メディアの理解』での電子メディアが新しいメディアとして人間の感覚を再び聴覚的なものに戻し拡張するという主張につながっていく。マクルーハンは、このようにメディア理論を進展させて、線的、分節的な認識の仕方ではなく、メディアによる全体的な認識を回復するよう主張した。

（2）DEWラインと大渦巻というメタファー（一九六五～一九六七）カナダは変化を超然とした態度でとらえる

マクルーハンはカナダの特性を明らかにするのに、カナダがアメリカによる変化の最前線にいることに注目した。ここから生じる特性を、マクルーハンは「DEWライン（デューライン）[18]」「大渦巻[19]」というメタファーで表した。DEWライン（The DEW Line "the Distant Early Warning radar system" ＝遠隔早期警報レーダーシステム）は、冷戦時代、アラスカからバフィン島にわたる北緯七〇度線に沿い、アメリカとカナダが共同で設置したレーダーである。マクルーハンは、カナダは既存の文化状況に適応しきっていない国だとし、それをカナダが早期警報システムになりえる根拠だとした。カナダは変化の最前線にあり、既存の文化状況に固定されない視点で変化を察知できる国だとした。

また、マクルーハンはポーの『メールストロムの渦巻』を好んで引用した。『メールストロムの渦巻』では、大渦巻に巻き込まれた漁師が冷静な態度で脱出する。マクルーハンは、大渦巻によってアメリカの及ぼす激しい変化をたとえ、漁師が眼前の大渦巻に対してとった態度をカナダがアメリカに対してとるべき姿勢だとした。カナダはアメリカによる変化に直面しているが、変化に対し超然とした態度（デタッチメント＝detachment）でいるのがカナダの特性であるとした。マクルーハンは、カナダはアメリカに対して、超然とした態度で臨むのがよいとした。

（3）マクルーハンのメディアリテラシー教育施策への影響

一九六〇年代に、マクルーハンは教育界で積極的に発言し、六〇年には、全米教育放送局協会（NAEB）へ「新しいメディアの理解に関するプロジェクト報告」を提出した。報告書では、高校生はテレビを始め多大なメディア経験があるにもかかわらず、本人も教育者も無自覚であるとし、メディアの性質や生活への影響を教える重要性を指摘した[20]。これをもとに執筆したのが主著『メディアの理解』（一九六四）である。カナダの教育界では、六七年にオンタリオ州「学校教育目標調査委員会」の専門委員に就任し、六八年に報告書『生活と学習』によって、メディアを介した情報や考え方、議論などの伝えられ方を学習内容とするよう提言している[21]。

また、「メディア領域」の導入は、一九七八年に結成された教員組織「AML（Association for Media Literacy）＝メディアリテラシー協会」が中心となったロビー活動の成果だとする指摘がある[22]。このAMLの創立者バリー・ダンカン氏らはトロント大学でマクルーハンから学んだ英文学の学生であった。さらに、マクルーハンやマクルーハンの理論は「メディア領域」導入以降の教師用指導資料集や教科書に引用されている。六〇年代終わりにマクルーハン旋風を起こしたマクルーハンの影響があったと言えよう[23]。

3　マクルーハン思想の深化（一九七七）―カナダ独自のフレキシブル・アイデンティティーをとらえる―

マクルーハンが一九五〇～六〇年代を経て、晩年の一九七七年にカナディアンアイデンティーを位置づけた集大成の論文が、*“Canada: The Borderline Case”* である。同論文は、マクルーハンの死後にブルース・パワーズ

(Bruce R. Powers) が生前のマクルーハンからの聞き書きおよび残存原稿をまとめた『グローバル・ビレッジ』[24] (一九八九) に「エピローグ　対抗環境としてのカナダ[25]」と改題し再録された。

(1) 「境界」

本論文 *"Canada: The Borderline Case"* では、「境界」、「境界領域」、境界との「間隙」を独特の意味で用いている。境界の概念およびカナディアンアイデンティティーは次のように論じられている。

> ○「境界」とは、物理的な線ではなく、共鳴をたたえた間隙であり、そうした隔たりは、DEWの前哨となっている地域ではいっぱいに満ちている。(中略) それは、カナダが二〇世紀にはたしてきた主要な役割を浮き彫りにしている。すなわち、巨大権力の隠された「地」としての役割がそれである。アメリカが一つの世界的な環境 (a world environment) となったので、世界の多くの小国がアメリカを好ましく思うようになると、カナダはその対抗環境 (anti-environment) となったのだ。対抗環境は、ある環境を理解可能なものにするにあたって欠くことができない。
>
> 　カナダは目標も方向性もない。しかし、アメリカ人の国民性とアメリカ的な経験の実に多くの部分を共有しているので、カナダ人がいかなる場所にいようとも、対話と連携の役割を果たすことは全く自然なことになる。[26]

「境界」は、境界線や国境という仕切り線ではないし、単なる間《ま》やすき間、空白でもない。文化などが接触しあう「境の世界」とでもいうべき意味を与えられている。二つの対象が接して生じる相互作用は、境界において顕在化する。本論文の他の箇所では、境界は「エネルギーと力の大渦巻」ともいいかえられている。

(2) フレキシブル・アイデンティティー

本論文で、マクルーハンは、カナダをフレキシブル・アイデンティティー＝脱中心的で柔らかくぼやけたアイデンティティーの国だとし、アメリカをストロング・アイデンティティーの国であると明確に位置づけた。このアイデンティティーとは、国民的または私的なアイデンティティー（national or private identity）すべてをさす。フレキシブル・アイデンティティーは、本稿で述べてきた、アメリカによる変化を察知するが超然として影響を受けないというカナダの特性と合致する。マクルーハンは、この特性がメディアによって促進され、カナダのフレキシブル・アイデンティティーを形成したとして、次のように論じている。

○五千マイルにわたるカナダの国境は固く閉ざされてはおらず、強烈な傾倒や特定の目標をもたずに柔軟な態度を育む哲学的ムードを、つねにカナダ人の中に維持する効果をもっている。それとは対照的に、断固たる国家への傾倒と明確に限定された目的をもっているアメリカは、哲学的な態度や冷静な態度や柔軟な態度をとるのに適した位置にあるとはいえない。カナダの境界領域は、軍備や国防のために使われる費用をコミュニケーションに支出することをうながす。CBCとNFBは、国防ではなく、全国的にコミュニケーションを後援している実例である。同時にまた、カナダ人はアメリカのあらゆるラジオとテレビにたやすく接することができ、それが、カナダの異質な環境の中で経験されると、比較と対照と批判的判断という哲学的態度をもたらすことになる。(27)

カナダ人の批評的な態度は、国境を接するアメリカ製メディアへの態度によって醸成される。カナダでは国境に国民の九割が住んでいる。マクルーハンは、カナダの国境は開放的な性質があり、このことがカナダ人の柔軟な意識をもともと育むのだという。一方、カナダ人の接するメディアはアメリカ発であるものが多い。強烈な迫力をもつアメリカ製メディアに、カナダ特有の柔軟な意識で接すると、そこからカナダ人固有の態度が醸成されるという。冷静に比較と対照と批判をもって判断する固有の態度を、マクルーハンは「哲学的態度」と呼んだ。

マクルーハンはフレキシブル・アイデンティティーの利点を、次のように指摘した。カナダは、小国ではないが小国の傾向と気質に適合し、かつ大国に対する最前線にもいる。中心と周辺が明らかに区分されない時代には、もはや大国はかつてのようには絶対の中心となれず、小国だった第三世界はいつも周辺であるとは限らない。カナダは第一世界と第三世界の諸特徴のどちらも共有しており、いずれにも適合できる。[28]

マクルーハンのメディア理論では、電子メディアの情報環境の時代、電子技術の時代では、人間の思考そのものが全体的、聴覚的になる。また、社会システムとして、あらゆるサービスや情報がいたるところで利用できるため、明らかな中心と周辺はなくなり集権主義、集権化は不可能となる。[29] マクルーハンは、現在の電子的な情報環境の時代にストロング・アイデンティティーは廃れるとした。

また、メディアが及ぼす変化に対して、隔たりがあるのもカナダの特徴である。カナダは先端的技術の導入に慎重であり、先端的メディアにすぐには飛びつかない。一方、アメリカは先端的技術や先端的メディアの先駆である。この点でカナダは、アメリカのような国と比べ、メディアによる変化を静観し、変化を受けないという特徴をもつ。[30] フレキシブル・アイデンティティーはカナダのアイデンティティー形成にとって最適なものだとした。[31]

マクルーハンは、カナダのフレキシブル・アイデンティティーは次の三点によって形成されたとした。

（1）カナダの、アメリカ製メディアに対する哲学的態度とメディアの導入に積極的でない態度。

（2）カナダが、アメリカのおよぼす変化の最前線にある（DEWラインである）こと。

（3）カナダの、アメリカに対して近しくかつ距離を置く（detachement）態度。

三　まとめ――理論と実践――
マクルーハン思想の一九八七年教育課程「メディア領域」への影響

一九八七年にカナダ・オンタリオ州教育省は英語科学習指導要領を改訂し、七〜十二年生の「メディア領域」を設置した。[32] 翌一九八八年から「メディア領域」を実施し、公教育にはじめてメディアリテラシー教育を位置づけたのである。この「メディア領域」の教育内容と教育思想はマクルーハンの思想と次のように合致している。

1.「メディア領域」の教育内容　メディア言語をホリスティックリーディング（全体的理解）でとらえる

八七年学習指導要領は「英語あるいはその他の言語の学習内容とは、言語領域、文学領域、およびメディア領域である」とし、三つのカテゴリーを対等に扱い、区別しない。マクルーハンは「壁のない教室」（一九五七）で、メディアを新しい言語とし、この新しい言語を楽しく学ぶことが必要だと主張した。三十年後にカナダの言語教育は、ニューランゲージもオールドランゲージも同じ言語として、マクルーハンの主張通りに認知した。

また、ホリスティックリーディングという用語が「メディア領域」ではじめて登場し、メディア言語を全体的に理解するように提案している。これは、マクルーハンの「言語に与えた、十六世紀の印刷物の影響」の主張そのままである。

2.「メディア領域」の教育思想　言語で自己を形成し、アイデンティティーを形成する

八七年版には「情報時代において自己の人生管理を補助する技術と知識を養うことになる」「アイデンティティーと国家の統一について、文学領域とメディア領域の授業では（中略）文化を観察して理解する」などの記述がある。メディアリテラシー教育によってアイデンティティーを形成するという教育思想は、六九年版からはじまり七七年版で明確になった言語教育を継承し発展させたものであった。(33) カナダのメディアリテラシー教育の導入は、メディアという言語の領域において、社会認識、自己認識をし、カナディアンアイデンティティーを形成することを目的としていたのである。

以上、カナダのメディアリテラシー教育は、マクルーハンの思想をプログラムに具体化したものだったのである。

注

（1）*Royal Commission on National Development in the Arts 'Letters and Sciences' 1949-1951* Report. 1951 (often referred to as the "*Massey Commission*")

（2）宮澤淳一『グレン・グールド論』春秋社、二〇〇四年、四三九頁、国際交流基金『主要先進諸国における国際交流期間調査報告書』国際交流基金企画部、二〇〇三年三月、一一九—一二〇頁

（3）前掲 Massey Commission.pp.11-18「第I部　セクション1　導入　第2章　地理的要因」など

（4）Marshall McLuhan. *Mechanical Bride: Folklore of Industrial Man*. New York: The Vanguard Press. 1967 前掲 Mechanical Bride. 1967 pp.1-2

（5）Marshall McLuhan. "*Canada: The Borderline Case*" in *The Canadian Imagination: Dimensions of a Literary Culture*. edited by David Stains ambridge, Mass: Harvard University Press. pp.226-248

（6）Marshall McLuhan. *Mechanical Bride: Folklore of Industrial Man.* New York: The Vanguard Press. 1951

（7）前掲 *Mechanical Bride.* pp.117-118

（8）Marshall McLuhan. *Understanding Media: The Extensions of Man.* New York: McGraw-Hill and London: Routledge. 1964

（9）edited by Edmund Carpenter and Marshall McLuhan. *Exploration in Communication: An Anthology.* Boston: Beacon Press. 1960 邦訳は一九六七年一二月に、『マクルーハン入門』サイマル出版会、として出版された。一九八一年一二月には、大前正臣・後藤和彦『マクルーハン理論』新装版、サイマル出版会、として新装改訂された。

（10）前掲 *Explorations in Communication.* p2

（11）前掲 *Explorations in Communication.* p1

（12）前掲 *Explorations in Communication.* p2

（13）前掲 *Explorations in Communication.* p2

（14）Ontario Ministry of Education. *Basically Right: English Intermediate and Senior Divisions.* 1984 .pp. 50-60

（15）前掲 *Basically Right: English Intermediate and Senior Divisions.* p. 50

（16）前掲 *Understanding Media.* pp. 346-359

（17）前掲 *Explorations in Communication.* pp. 125-135

（18）Marshall McLuhan. *Understanding Media: The Extensions of Man.* New York: McGraw-Hill and London: Routledgeb. 1965. p.16・Marshall McLuhan. "Address at Vision 65." in The American Scholar 35. 1966. p. 219

（19）Marshall McLuhan & Quentin Fiore & Jerom Agel. *The Medium Is the Massage: An Inventory of Effects.* New York: Bantam Book. 1967. p.120・前掲 Mechanical Bride.1967. pp. 1-2

（20）McLuhan, H. M. *Report on Project in Understanding New Media.* The National Association of Educational Broadcasters. 1960. pp. 1-4

（21）Ontario Department of Education. *Living and Learning: he Report of the Provincial Committee on Aims and Objectives of Educationin the Schools of Ontario*. 1968. p. 92.

（22）菅谷明子『メディアリテラシー　―世界の現場から―』岩波新書、二〇〇〇年、八六頁によってこの指摘は広く受けいれられた。

（23）前掲『メディアリテラシー』八四―八五頁、小柳和喜雄・他「英国のメディア教育の枠組みに関する教育学的検討」『教育方法学研究』第28巻、二〇〇二年、二〇九頁など。

（24）Marshall McLuhan & Bruce R. Powers. *The Global Village: Transformations in World Life and Media in the 21st Century*. Oxford University Press (Txt). 1989

（25）Marshall McLuhan. *"10 Epilogue: Canada as Counter-Enviroment" in The Global Village*. pp. 147-166

（26）前掲 *The Global Village*. pp. 149-150

（27）前掲 *The Global Village*. pp. 165-166

（28）前掲 *The Global Village*. p. 150

（29）前掲 *The Global Village*. p. 166

（30）前掲 *The Global Village*. p. 149

（31）前掲 *The Global Village*. p. 150

（32）Ontario Ministry of Education. *English Curriculum Guideline: Intermediate and Senior Divisions (Grades 7-12)*. Toronto: Queen's Printer. 1987

（33）近藤聡「カナダにおけるメディアリテラシー教育の生成と展開―メディアリテラシー教育の動因としてのアイデンティティーの形成―」『早稲田大学大学院教育学研究科紀要』別冊15号-1、二〇〇七年九月、二八三―二九四頁

マルチリテラシーズ育成への試み

――オーストラリア連邦・Qld州ニューベーシックスプロジェクトのとり組み――

奥泉　香

一　問題の所在

文字や音声、映像が高度に複合化された情報が、速度を持って世界中を駆け巡る「高度情報化社会」。そこで生きて働くコミュニケーション能力をどう育てていくのかが、今問われている。（奥泉、二〇〇六）は、英語圏を中心にイギリスやカナダ・オンタリオ州、オーストラリア連邦・西オーストラリア州等五つの国や州の母語カリキュラムを調査し、これまでの文字テクスト中心の学習では充分扱い得ない類の情報の学習について、これらのとり組みから見える方向性を概観した。これらのとり組みから共通して見えてくるのは、言語の学習とりわけ母語学習においては、各国や州が次の点に力を入れとり組んでいることである。

① 通信機器の発達に対応し、様々な種類のメディアを、その特性を活かして場に応じて使い分ける能力。
② それに伴い、国や地域、人種、世代を超えた広い範囲の人々とコミュニケーションできる能力。
③ 文字や音声、映像が多層的に高度に複合化された情報を、読み解き・発信する能力。

本小論では、右の三点へのとり組みとして内外の言語教育学者から注目を集めている、オーストラリア連邦クィーンズランド州（以下Ｑｌｄ州）のニューベーシックスプロジェクト（New Basics Project　以下ＮＢＰ）を取り上げ、その学習の組み方や学習材作りの方向性を検討する。ＮＢＰは、次節で言及するマルチリテラシーズ研究を理論的基盤とし、その実践を州を挙げて長期的に試みているプロジェクトである。

二　マルチリテラシーズ研究から得られる示唆

新たなリテラシー研究に影響力を持つニューロンドングループ（New London Group）は、一九九六年のマニフェストや二〇〇〇年の著書『マルチリテラシーズ（Multiliteracies）』において、右の問題に言及している。マルチリテラシーズに関しては、先駆的に足立（二〇〇五、二〇〇六）や入部（二〇〇五）に、また奥泉（二〇〇六）においても紹介・言及されているので、重複を最小限にする形で、本小論に必要な情報を以下にまとめる。

イギリス、アメリカ、オーストラリア、南アフリカの言語教育に携わる研究者グループ、ニューロンドングループは、次のような背景によってもたらされる多様なコミュニケーション様式に対応すべく、「デザイン」という語をキーワードに新たなパラダイムを提案している。背景として分析しているのは、政治的な権力関係や、雇用、経済といった社会構造の変化。それに伴う人々の価値、文化的な認識の変化。そして技術革新によってもたらされたコミュニケーション様式の変化である。これらの状況の変化に対応し、新旧様々なコミュニケーション様式を、場に応じてメタ的にクリティカルに学び使いこなせるよう、教育内容と教育方法二方面からの提案を行っている。

具体的には、次の二点と、その後に紹介する教育学的な提案が、本小論と特に関連する。一点目は、コミュニケーションにおける「意味生成モード」を構成する要素として、次の五種類の「デザイン（design）」を提示している点である。「言語的デザイン」、「視覚的デザイン」、「音声的デザイン」、「身ぶり的デザイン」、「空間的デザイン」。つまり、コミュニケーションの学習において常に右の5要素を意識し、必要に応じてこれらを選択・組み合わせた学習を、系統的・体系的にデザインするという枠組みを示している。そして二点目は、学習者が自分にとって意味あることとして、学習内容をデザインし・デザインし直し続けるという過程を含んでいる点である。これは、各学習者が学校や学級に持ち込む学習の動機や目的の多様性を、積極的に柔軟に活かす方向の提案と捉えることができる。同グループは、均質な市民の産出を指向してきたこれまでの公教育に、新たな役割の転換を提起している。

以上の二点に加え、次の教育学的な提案も、授業を構想する際に示唆を与えてくれる。①学習者が各人の経験から出発する（状況に埋め込まれた実践）こと。②学習者も教師も共に吟味し合えるメタ言語によって、学習の意味を明示しながら学習活動を行うこと。③その学習内容が存在する枠組みを吟味し、批判的に構成すること。④その学習内容を、他の文脈に転移・変換させる学習活動を含めること。

マルチリテラシーズ、及びNBPを先駆的に紹介し検討してきた足立（二〇〇六）は、このようなマルチリテラシーズの理論的枠組みはPISA型「読解力」と類似しており、こういった理論的研究が浸透し基になって、PISAは展開されてきたと言えると述べている。現実社会における学習者の読むことを想定したテクストの選定。読むことを構成的にとらえ、学習者のクリティカルな吟味過程までをも含めた「読解力」のとらえ方。こういった点が共通していると足立は分析している。

三　Ｑｌｄ州の教育政策の方向性とＮＢＰ

右に紹介したニューロンドングループのマルチリテラシーズ研究を、州政府や州教育省がバックアップして実験的に実践しているのが、オーストラリア連邦・Ｑｌｄ州のニューベーシックスプロジェクト（ＮＢＰ）である。オーストラリア連邦では、一九九四年、全州共通のナショナルカリキュラムを策定している。しかし、これは指針的な性格のもので、実際にはこれを基に各州独自のカリキュラムを策定している。このような中、Ｑｌｄ州では、二〇〇五年の教育課程改訂に向け、参加希望の学校を募って、ＮＢＰを実験的に展開してきた。今後の教育改革の方向性を探り研究するためである。

Ｑｌｄ州では、今後の教育施策を見通すため『二〇一〇クイーンズランド州の教育』、通称「Document 2010」というレポートが発表されている。そこでは、「クイーンズランドの学校教育が今後直面する問題を、急激に変化を遂げる外部環境に起因する」としてその要因を分析し、従来の学習のアプローチ方法や、学校の運営の仕方をも見直す必要性を唱えている。そしてその記述との関連において、引き続きこのＮＢＰを実施し、その問題点を教師や保護者らと共に解決しながら、今後に向けた教育の方向性を検討していく必要が述べられている。同レポートには、次のような記述が記載されている。「進展し続ける社会の情報化に合わせて、教育への新しいアプローチ方法を編み出すためには、次の十年に何をなすべきなのだろうか。……（略）……学校教育で重要なポイントは、学校が地域ごとに異なる柔軟なやり方で（ただし体系的に）カリキュラムを策定したり、指導を行ったりできる余地を残したり、学習者がそれぞれのペースで成長できるような余地を確保することである。……（略）……合格や不合格ではなく、個人がベストを尽くせるかどうかに重きをおくことで、より効果が上がることだろう。(訳は奥泉)」

この思想を受け、NBPでは、各学年や各教科といった枠組みによらないリッチタスクス(以下RT)と呼ばれるカリキュラムプランの概要が、三学年を通した括りで設けられている。これは、「学習者がこれからの新たな人生に挑戦していけるよう備える」ため、カリキュラムの到達点(outcome)を、理解・知識・技術の観点から評価・レポート可能な形に「再概念化」したものである。例えば現在、同州では一〜四学年に六つのRT、四〜七学年に八つのRT、七〜十学年に十のRTが提案されている。足立(二〇〇六)の調査では、二〇〇一年〜二〇〇三年のNBP第一期においては、ほとんどの学校が州教育省が提案したRTをそのまま遂行していたのに対して、二〇〇二年からの第二期では、これらのタスクを学校の地域性や独自性によって発展させたスクール・タスクスを行っている学校が増加したという。この点は、右に述べた「Document 2010」に記述されている、学校の地域性や独自性を反映させる「余地」の実現が遂行されていると見ることができよう。

さらに、NBPでは、以上示した学習の枠組みと対応させて、評価ツールとしてのグレーディング・マスター(grading master 以下GM)の開発も行ってきた。GMとは、RTを構成する重要な要素(主に活動)を数種類挙げ、それぞれに学習者の学習の様子を、見取りの基準となるよう示したものであるが、これに関しても足立(二〇〇六)は、「ルーブリックに比べて、より自由で柔軟な能力の提示がなされている」と評価している。

四　Ｑｌｄ州の教育課程と言語教育

同州では、NBPとは別に、州内の他の全ての学校で参照するキーラーニングエリア(以下KLA)と呼ばれる教育課程が存在する。教科別に整然と体系的に、それぞれの学習内容が記述されている。州内の教育関係者にインタビューすると、このＫＬＡは従来型の記述内容として、ＮＢＰの学習内容とは対比的に語られることが多いが、我々から見ると、ＫＬＡの内容自体が、現実社会における社会的実践を意識したものとなっている。例えば英語科のＫＬＡの冒頭部には、ニューロンドングループのメンバーであるアラン・ルーク（Allan Luke）やピーター・フリーボディー（Peter Freebody）の論文からの引用がなされており、「社会的実践としての有効なリテラシー育成のために、英語科は、どのような役割を果たすべきか」といった、英語科学習の枠組みが提示されている。

具体的に英語科のＫＬＡを詳述することは、この小論の目的には合わないので他の機会に譲ることとし、英語科がどのような枠組みで記述されているのかを紹介しておきたい。いわゆる領域（STRAND）としては、次の三つの領域が設定されている。

① 文化的領域（Cultural）
② 操作的領域（Operational）
③ 批判的領域（Critical）

特に②の操作的領域では、「急速に変化する現代社会において、生涯を通して積極的に、情報とマルチリテレイトに上手く付き合っていける市民」を目指していることが述べられている。そして、「読むこと」や「書くこと」といった我が国で「領域」と呼んでいる内容は、右の「下位領域」として、次のように設定されている。「話すこと、聞くこと、読むこと、見ること、書くこと、形作ること」。最後の「形作ること（Shaping）」は、考えや伝えたいことを、展示という表現形式や様々な物を使ったポートフォリオ等、従来の表現形態を超えた形で表現するということも想定し、こういった学習を母語学習の範囲に含めようとしている点が興味深い。

五　ＮＢＰの学習プラン例

それでは、ＮＢＰやＱｌｄ州英語科の枠組みがおおよそ捉えられたところで、同州の公立学校ベルビューパーク小学校の、具体的なＮＢＰ学習プランを見てみよう。同校は、全校を挙げてＮＢＰにとり組んでいる学校である。紹介する例は、ＮＢＰのレベル１（低学年を中心とした一学年〜四学年）のスクール・タスクの学習プランであ る。州の教育省から提示されたリッチタスク（「お話を読んで対話する」）の一つを、同校の学習者に合わせて発展させたものである。学習活動の組み方や、そこに盛り込まれているＮＢＰの要素を確認・検討してみよう。

ＮＢＰでは、従来の指導案のような記述形式はとらず、学習活動の流れが図で描かれている場合が多い。まずその図で学習プランの流れを示し、その後、そこに書き込まれているＮＢＰ学習の要点や注意点を紹介する（実際には、学習プランの流れ図とＮＢＰ学習の要点や注意点は、一枚の紙に配置を工夫して複雑に書き込まれているが、ここでは要素毎に説明する便宜上、（１）〜（４）に分けて紹介する）。

スクール・タスクの学習プラン例

（１）スクール・タスク名：むかしむかし

（２）学習活動全体の見通し：学習者は、様々に異なるメディアの形で表現された古典的な物語を、見たり、読んだり、聞いたりする。学習者は、登場人物やセッティングについて分析し、違う物語と比較してみる。そして、選んだ同じ物語を、口頭で読んだり、人形劇で演じてみせたりする。

（３）学習活動の流れ：左図

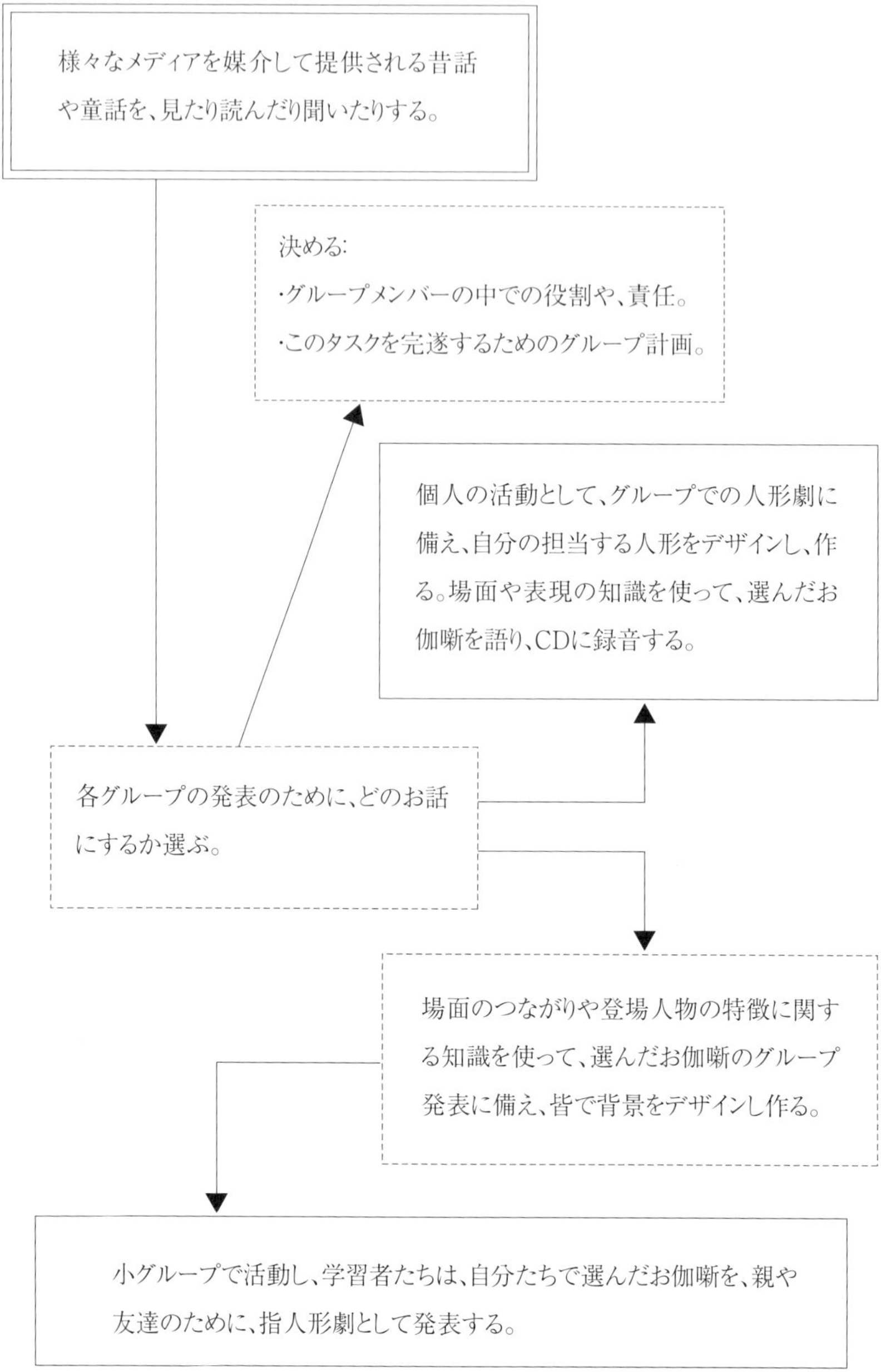
様々なメディアを媒介して提供される昔話や童話を、見たり読んだり聞いたりする。

決める:

･グループメンバーの中での役割や、責任。

･このタスクを完遂するためのグループ計画。

個人の活動として、グループでの人形劇に備え、自分の担当する人形をデザインし、作る。場面や表現の知識を使って、選んだお伽噺を語り、CDに録音する。

各グループの発表のために、どのお話にするか選ぶ。

場面のつながりや登場人物の特徴に関する知識を使って、選んだお伽噺のグループ発表に備え、皆で背景をデザインし作る。

小グループで活動し、学習者たちは、自分たちで選んだお伽噺を、親や友達のために、指人形劇として発表する。

（4）学習活動の要点や注意点

上記のスクールタスクには、4種類の活動の要点や注意点が書かれている。その4種類の項目は、次の通りである。①ニューベーシックスの観点からの参照内容、②焦点を当てて行う練習のレパートリー、③アイディア・ヒント・注意点、④課題活動の要素。これらの項目が、上記図の両端にレイアウトを考えて記述されている。

右の項目の内容を、④〜①の順に見ていこう。④には、その名のとおり、学習者個人が行う活動と、グループ全体で行う活動が書かれている。次に③には、グループを構成する時には、必ず両方の性別が入るようにといった注意点や、なるべく異なった能力を持った子が一つのグループになるようにといった内容が書かれている。また、個人のとり組みや小グループの活動が、クラス全体のとり組みに統合されていくよう、教師は方向付ける必要があることも書かれている。②は、上図で示した活動の中で、「比較したり、対比したりする」練習や、グループメンバーとの「交渉」の練習に焦点を当てて行う必要があることが書かれている。また、身ぶりとことば、その他のリテラシーとの相互関連付けについて練習すること、また、「書かれたことばをストーリー性を備えたパフォーマンスに変換する」練習の重要性が記述されている。最後に①の「ニューベーシックスの観点からの参照内容」を見てみよう。①は左上に、しかもさらに四つの下位項目に分けて記述されている。その下位項目とは、生涯の道すじと未来社会、㋑マルチリテラシーズとコミュニケーション・メディア、㋒能動的なシチズンシップ、㋓環境とテクノロジー。例えば、㋐には、仲間や他の人たちと協同する、が、㋑には、伝統的なコミュニケーション・メディアと新しいコミュニケーション・メディアを融合する、発表に熱心にとり組み、創造的な評価をする、などの内容が書かれている。また、㋒では文化的アイデンティティーの転換、㋓では、テクノロジーを用いた活動などが記述されている。

六　ベルビューパーク小学校の活動例の検討

以上、Ｑｌｄ州の公立学校ベルビューパーク小学校の、スクール・タスクを例に、ＮＢＰのとり組みを見てきた。こう見てくると、例が低学年対象ということもあり、一つ一つの学習活動は、特に目新しいものが入っているというよりも、我々日本の授業でも馴染みのある活動が、組み合わされ組み込まれているということに気づく。（３）の学習活動の流れ図などを見ても、ある種の単元学習と見ることもできよう。

しかし、教科の枠組みを越えたこの新しいとり組みには、我々が今、日本の国語科の学習を考える際にも有益な幾つかの要点が含まれている。例えば、絶えず伝統的なコミュニケーション・メディアと新しいコミュニケーション・メディアの融合を念頭において学習活動を組んでいる点である。参観させていただいたクラスでは、様々なメディアを通して「三匹の子ぶた」や「ヘンゼルとグレーテル」、「シャーロットの贈りもの」等九つの物語について、テーマや物語の基になっている思想やモラル等を検討し話し合っていた。また、同じ作品でも、文字テクストから他様式のテクストに変換したりされたりといった、モードやテクノロジーの変換も、系統的に学習者に体験させ考えさせようとしていた。そのため、二で紹介した「意味生成モード」を構成する5種類の要素を、どのタスクでも相互連関を意識させながら選択・組み合わせて学習させている。右の学習では、様々なメディアで物語を体験する中で、背景となる音楽や効果音からのイメージの検討等も行っていた。しかも、これらの活動を通して対応させたグレーディング・マスターという評価ツールも整っている。

さらに、次の二点も、重要な要素として注目することができる。一つは、従来から行われてきた基礎的な学習内容との融合である。例えば（４）で見たように、ＮＢＰの中には、その活動をするために習得することが必要な基盤的「リテラシーや数学的知識」が明示されている。例えばベルビューパーク小学校の例で示すと、「物語とは、ふさわしい時間の順番に場面や出来事が配列されている」といったことや、「登場人物は、物語との関係で適する特徴や性格を有している」ということ、あるいは会話の「 」の役割や、音読の技術等が基盤的な内容として示されている。実際に参観させていただいたクラスの時間割も、ほぼ毎日、午前中は「リテラシー」と「数学」のキーラーニングエリアの学習が入っており、午後NBPを行う時間割が組まれていた。

最後に二点目の要素も挙げておきたい。NBPでは、学習者の将来を見据えた「交渉」能力や、他種類の人々と協同できる力を、一貫してタスクに盛り込んでいる。他種類の人々との協同、これはOECDがキーコンピテンシーズにおいても重視している、現代社会で生きていくための重要な力である。こういった協同を可能にする「交渉」能力やコミュニケーション能力を、マルチリテラシーズやNBPでは重視し、学習のグループ構成や「焦点を当てて練習する内容」として、系統的に配慮している。

七　まとめと今後の課題

以上マルチリテラシーズ育成に向けたNBPのとり組みを検討した。NBPでは、五で例示した「お話を読んで対話する」の他にも、「(自分や家族、地域の情報を集めて、質問にメールで答えてみる活動を含む) Webデザイン」、「絶滅の危機にさらされている動植物についての、マルチメディア・プレゼンテーション」等、五つのRTが提示されている。これらのRTを通して、同州は、新旧メディアの融合、新旧の学習内の統合、そして、その中で「身振り」や「視覚的表現」等をも含めた五つのモードを絶えず駆使して、コミュニケーション・交渉できる学習者の育成に乗り出している。そして、このとり組みを、マルチリテラシーズで提案されている教育学の枠組みが支えている。二で示した教育学の枠組みの中でも、特に「②学習者も教師も共に吟味し合えるメタ言語によって、学習の意味を明示しながら行うこと。③その学習内容が存在する枠組みを吟味し、批判的に構成すること。④その学習内容を、他の文脈に転移・変換させること。」は、今の我が国の国語科教育にとっても有効な示唆を与えてくれるはずである。6で例示したベルビューパーク小学校の九つの物語を検討した授業では、幼いながら学習者が物語の基に在る考え方やモラルについて検討し、その上にそれらの物語が成立することを学習していた。また、人形劇の背景画を協同で描く際には、幾度もお話の文章に立ち返って、お話のセッティングを検討し、それを背景画に表現していた。

現在、メディア教育を支える基礎理論やクリティカル・リテラシー研究が我が国の国語科教育にも取り入れられつつある。今後はこういった学問の持つ方法論を背景に、我が国の国語科に必要な教育学的枠組みの整備・構築に努力したい。

参考文献

国立教育政策研究所『生きるための知識と技能2—OECD生徒の学習到達度調査（PISA）2003年調査国際結果報告書—』ぎょうせい、二〇〇四年

足立幸子「マルチリテラシーから国語教育を考える」『月刊国語教育研究（通巻三九一号）』日本国語教育学会編、二〇〇五年二月

入部明子「マルチリテラシー」『月刊国語教育研究（通巻三九一号）』日本国語教育学会編、二〇〇五年二月

足立幸子「マルチリテラシーズ」『月刊国語教育研究（通巻三九五号）』日本国語教育学会編、二〇〇五年三月

足立幸子「オーストラリア・クィーンズランド州におけるリテラシーの評価」『新大国語31』、二〇〇六年五月

足立幸子「読解力を高める教育課程の創造的展開—オーストラリアの取組を中心に—」『初等教育資料』八〇九号、二

〇〇六年六月

奥泉　香「ビジュアルリテラシーの学習を、言語教育に組み込む可能性」『リテラシーズ』２、ひつじ書房、二〇〇六年

Cope, B., Kalantzis, M.& New London Group (Eds.) (2000). *Multiliteracies: Literacy Learning and the Design of Social Futures*.London: Routledge

Rychen, D. S., Salganik, L. H. (2003). *Key Competencies for a Successful Life and a Functioning Society*, NY: Hogrefe and Huber.

The State of Queensland (Department of Education) (2002) *English Years 1 to 10 Syllabus* : Queensland School Curriculum Council

The State of Queensland (Department of Education) (2005) *2010 Queensland state Education* : The State of Queensland (Department of Education)

コミュニケーションを耕す

多文化共生を切り拓く「ことばの学力」論

村上呂里

はじめに

教え子が東京都の小学校教員をしている。彼が、日本語指導が必要な子どもたちが多く通う新宿区立大久保小学校の研究発表会「みんなちがって　みんないい　心をつなぐ国際理解」（二〇〇七年一一月二二日）の案内を送ってくれた。その呼びかけ文には「皆さんの幼稚園・小学校はいかがですか。国際化の波はすぐそこまできていま す！」とある。「少子化問題」を、世界では「労働者問題」と表現するという。介護の場を思い浮かべれば「国際化の波はすぐそこまできています！」が切実な教育課題として迫ってくるだろう。

案内とともに送られてきたビデオには、ご両親が営むタイ料理屋を夜中まで手伝い、学校にはいつも遅刻してくるスポット君の姿が描かれていた。日本語にまだ慣れないスポット君は教室をすぐに抜けだしてしまい、なかなか落ち着かない。先生たちはどうしたらよいか頭を悩ませていた。そのスポット君が、目を輝かせた授業があった。それはゲストで招かれたタイ人教師による、タイ語の歌を学習材とした授業である。スポット君は見違えるように生き生きとし、手をあげて積極的に発言し、誇らしげであった。この授業を機にスポット君は、学校生活を落ち着いて送るようになり、大久保小学校の先生方は「スポット君の奇跡」と名づけているという。タイにも少数民族差別は存在し、一括りに論ずることはできないが、タイ人としての尊厳が彼の学びの意欲を掘り起こしたことは確かであろう。

「国語教育研究」が、母語の尊厳と文化的背景を踏まえた「日本語教育研究」あるいは「バイリンガル教育研究」であらねばならない地域は今後ますます増えるであろう。「国語教育研究」も、「日本社会の『アジア的地域として国際化』」(善元幸夫)の課題に向き合っていくことが切に求められている。本稿では、近代学校出立時から「国語教育」が「母語の教育」ではなかったがゆえに重ねられてきた沖縄地域の体験と議論に可能性を見出し、具体的な学習材・学習指導案の提案とともに、多文化共生を切り拓く「ことばの学力」論への視点を提起していきたい。

一　国際化時代=多言語社会における「ことばの学力」論への視点
――沖縄地域の体験から――

小学校「国語科」が成立する以前の沖縄地域において、「普通語なる一科目を設け」るという興味深い提案が見られる。[1] それをめぐる記述がさらに興味深い。「頗る高尚にして而も通例児童が使用せざる言語を教ふるは余の採らざる処なり」とある。未だ「国語」が教科名でなかった明治二〇年代後半、「国語」とほぼ同義として受けとめられた「普通語」は、「頗る高尚」で「通例児童が使用せざる言語」であった。そうであるがゆえに、第二言語として教えるべき言語であり、「頗る高尚」な「普通語」と児童の生活語との懸隔の間《はざま》で、第二言語としての「普通語」をいかに教えるか、そして「普通語」によって教授される他学科の学力をどのように保障していくかが、沖縄地域の小学校教員の頭を悩ます最大の課題であったのである。こうした課題があるがゆえに、一九〇二（明治三五）年文部省に国語調査委員会が設置されるのに先立つこと数年、沖縄県の現場教員（那覇小学校訓導）仲本政世は、「沖縄語を調査蒐集」した『沖縄語典』（一八九六（明治二九）年）を著し、沖縄県の「普通語普通文」学習に役立てようとした。

こうした課題は、沖縄地域で一九八〇年代に至るまで持ち越された。つぎは、一九八三年六月二八日付『琉球新報』に掲載された「共通語能力は学力に影響」という見出し記事である（東江成之を代表とするグループがまとめた『沖縄における言語生活および言語能力に関する比較・測定的研究』（一九八三年、昭和五三〜五七年度科学研究費補助金報告書）を紹介したもの）。

共通語の言語能力テストで高い子は、国語、算数などの学力、それに読解力もグンと高い。低い子は逆だった。知能の差はないが、共通語の言語能力の高い子は情報吸収能力が高いので、学力に反映する。共通語の言語能力は知的発達にプラスになる。沖縄のような二重言語社会では、教育言語はやはり日本語（共通語）にきちんと基軸をすえ、言語能力を高める施策がもっととられるべきだ。

この報告書を機に、沖縄では子どもたちの「方言」使用を否定し、日本語共通語単一言語生活へと移行させることによってこそ「学力」は向上するという議論が高まった。これに拮抗し、バイリンガル教育の方向性を示し、二重言語生活の積極的意義を説く論も現れた。以下は、沖縄地域の言語教育を探究してきた儀間進（高校教諭）によるものである。(2)

（注　沖縄の共通語のあり方について）つまり、生活語としての豊かさ、深さがない。だから一般にぼくたちの言葉は硬直した感じを与える。方言の持っている生活や感情のひだひだをすくいあげていたあの豊かな言葉は、どうして共通語のなかでは生きてこないのだろうか。不思議である。

でもよく考えてみると、方言を卑しみ、良くない言葉として切り捨て、そのかわりに外国語を教え込むような共通語（標準語）教育をした結果が、このような歪みとなってあらわれているのである。

そのことは、方法の問題としていうならば、生活語としての方言を大切にし、高めていくことを通じて、逆に共通語としての日本語をも高めていく方法を確立すべきであった。そうでなかったために、方言のもっている表現のふくらみを忘れ、同時にそれに対応する共通語のふくらみを理解するのに困難がともなう結果になった。

「生活語としての方言」の土壌を豊かにしなければ「共通語」も豊かにならないという指摘である。さらに儀間は、一九八五年の座談会で、「僕は二重言語生活というのは非常にいいものだと思っているんです。二重言語は学力が低下するとか、いろんなこと言う人が多いけれども、二重言語によって言葉というのを相対化して見ることができるし、よその言葉を馬鹿にしなくなると思うんです。[3]」、そして「その人たちにとって絶対に必要な言葉なんだということが分かってくると思います。」と述べている。

①自らの母語（生活語）の尊厳の上に他者の言語の尊厳を認めあうことを可能とすること、②自らの言語を相対化してとらえるメタ言語意識を高めること、の2点を理由に二重言語生活の積極的意義を提示している。儀間と同様の指摘を、実はベトナムの少数民族タイー族の長老も筆者のインタビューの中で行っている。[4]

（前略）第三者が言語学的に勉強する時、普通語というのはタイー語よりも易しいのです。タイー語というのは非常に深みのある言葉です。子どもたちはコミュニケーションとしてタイー語は使っているけれども、それはタイー語の中のごく一部の語彙を使ってコミュニケーションしているのであって、もっともっと豊かなタイー語の世界というところまで知らない。知らないまま、だんだん普通語の中に入ってしまう。これはやはりタイー族として悲しいと思います。だからタイー語の豊かさ、タイー語の広がり、ふくらみを、タイー族の子どもたちに知ってもらえるような、教育カリキュラムをベン先生（注　同行したタイグェン師範大学の言語教育研究者）がつくってくれると良いなと思っています。

この長老は教員でも言語学者でもないが、自ら習得した二つの言語を比較する位置から、比較言語学的視点がさりげなく語られている。母語（民族語）の土壌を深く豊かにすることによって、第二言語としての「普通語」学習が容易なものとなるという視点である。

基礎として母語（生活語）の土壌を豊かにし、その発展として第二言語を学び、二つの言語を比較することによってメタ言語意識が育まれる。基礎段階が貧しいものとなれば、当然発展段階も貧しいものとならざるをえない。メタ言語意識を身につければ第三の言語を学ぶ際にも活用することができる。多言語社会において必要とされる「ことばの学力」論への重要な視点を、ベトナム少数民族地域の長老、そして沖縄地域の教員の両者が図らずも共通して提示しているのである。国家において周縁に位置づけられた地域ゆえに見出された視点に、他者の言語の尊厳を位置づけた多言語社会における「ことばの学力」論への豊かな示唆が孕まれているといえよう。

他者の言語の尊厳を学び、メタ言語意識を育むささやかな学習プランとして、仲本政世『沖縄語典』を逆手に取った「縞帳」ならぬ「しまことば帳」作成をあげたい（「しま」とは、沖縄では地域共同体を指す）。「おじー・おばー語帳」「〇〇さん語帳」と名づけてもよい。自分の祖父母だけではなく、地域の人びとの生活史や交流史が感じられることばを採集する。『沖縄語典』は「普通語」普及のためのものであったが、「しまことば帳」は地域語の伝承を踏まえ自らの言語生活を豊かにするために作成する。心に残る地域の生活語を折りにふれて丹念に記録し、そこにこめられた意味や味わい、成り立ちを自分のことばで説明する帳面をつくるのである。

二　根源的な「ことばの力」を「ことばの学力」の根底に据える

1　「ことば科」の構想と「ことばの力」

さて、筆者は多文化共生の関わりを切り拓く教科構造として、以下のような試案を構想している。

共通カリキュラム
(1)　ことばの力 (2)　ことばの尊厳と権利 (3)　共通語としての日本語（日本語体系・日本語による言語活動・日本語文化） (4)　日本国土で息づく諸言語文化への見識
地域固有のカリキュラム
地域に居住する民族の言語文化の学習 地域語文化の学習など

〈ことば科〉

この（1）は、浜本純逸による「言語化能力」にヒントを得たものである。[5] 浜本は、「国語科教育では、（中略）『人類的な文化遺産としての言語』という側面を大事に」すべきであり、国語教師は「日本語」という視野とともに、さらに「言語」へ拡大することが必要であると指摘している。ソシュールのランガージュ概念に基づき、「言語文化」・「言語生活」・「言語体系」の基盤にあってそれらを生み出し運用する「人間固有の潜在的な能力」である「言語化能力」を「国語科教育」の構造に組み込むべきであると主張している。

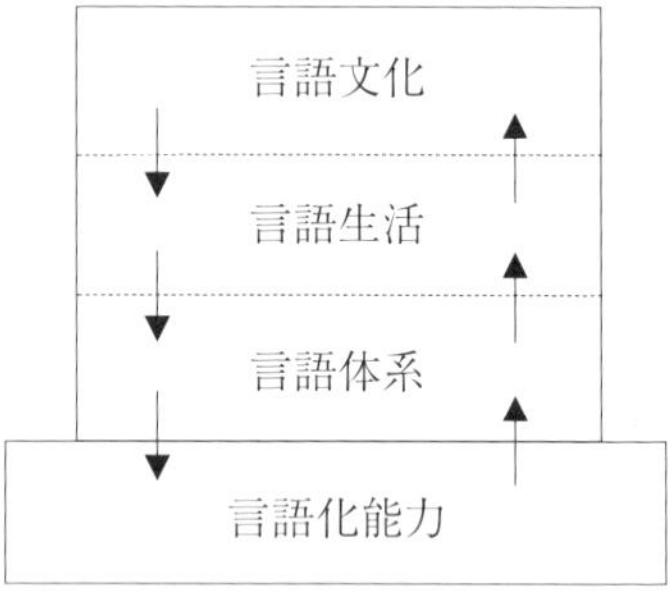

　その具体化のために、人間にとってことばが持つ意味を意識化させる「『言葉について考える』教授＝学習」を構想し、「記憶とことば」「想像とことば」「抽象的思考（記号）」「創造とことば」「象徴活動（芸術・宗教）」等の教材構造を提案している。こうした「『言葉について考える』教授＝学習」の構想は、谷川俊太郎・大岡信・安野光雅・松居直編集『にほんご』（福音館、一九七九年）の仕事とも深く響きあうものといえるだろう。

　こうした人間にとって根源的な「言語化能力」＝「ことばの力」を基底に据え、その上に各々固有の言語体系・言語生活・言語文化を位置づけることによって、各言語の尊厳を認識し、他者にひらかれたことばの教育を構想していくことが可能となるだろう。

2　単元　沖縄の古典「おもろ」の世界を楽しもう！～小学生による「おもろ」群読の試み～

　さて、本書の「趣旨」には、「国際的な共通教材」への提言を、教材価値や指導案を含めて行う旨述べられている。本稿では、〈ことば科〉の構想のもとに、「共通カリキュラム(1)ことばの力」に位置づく単元を構想してみたい。浜本の述べる「言語化能力」＝「ことばの力」を耕す単元構想である。その際、人間にとって神秘的ともいえる根源的な「ことばの力」を意識化させ、「国際的な共通教材」たりうる普遍性を持つものとして、沖縄古典文学『おもろさうし』を提案したい。沖縄の各地方に伝わる神歌の「うむい」を、首里王府が集めて冊子と成したのが『おもろさうし』である。「おもろ」とは、「うむい（思い）」を大和《やまと》的に表記したものである。一三世紀から一七世紀にかけて謡われた歌謡が収められ、「祈りから抒情へという文学の史的発展の姿を内包している」（外間守善）古典として位置づけられる。この『おもろさうし』からつぎの歌謡（巻七、三七九）を学習材とし、「単元　沖縄の古典『おもろ』の世界を楽しもう！～小学生による『おもろ』群読の試み～」を構想してみたい。

天に鳴響《とよ》む大主
明けもどろの花の
咲いわたり
あれよ　見れよ
清らやよ
又　地天鳴響む大主

（注　「又」は繰りかえし記号）

益田勝実は、「幻視―原始的想像力のゆくえ―」（『火山列島の思想』ちくま書房、一九六八年。『益田勝実の仕事2　火山列島の思想』ちくま文庫、二〇〇六年所収）の冒頭にこの歌謡を掲げている。「明けもどろの花の咲いわたり」の箇所をとりあげ、そこに「物を物そのものとしてみ、また、信仰の上でのイメージにおいてみる。二重構造の視覚」を見出し、「原始以来の眼」と名づけている。外なる世界にただ身を置き、「物」をあるがままに見ること＝出会うことが、すなわち瑞々しい〈生命《いのち》〉に満ちた象徴世界を創りだす（＝象《かたど》る）、そんな「眼」である。そこには「見る」→「眼に見えるもの以上」を「見る」＝「象《かたど》る」（名づける）という道筋をとらえることができる。しかしながら、おもろ歌謡にはこうした「眼」という概念では表されえない、「眼」を超えた「ことばの力」をもとらえることができると考えられる。

「おもろ」の語源「思ひ」説に立つ外間守善は、「私が『思ひ』の意味を深く考えだしたのは、おもろの研究を進めていくうちに、おもろは、『胸中の思いを韻律的に表現する』という説明だけでは、おもろのもつ文学性を的確には包み得ないということに気づきだしたからである。」と述べている。折口信夫が「『思ふ』は、思案するなどという意味より深」く、古代語では神言を「口にかけて唱へる」という意味であると述べているのを踏まえ、「おもろ」とは「内側に向けられる内的思考の『思い』ではなく、外に対する『宣る』であり、『唱える』である。」と結論づけている。おもろとは「神と人との緊張関係の中から発想されている文学」（外間）であり、「外」＝混沌とした生命界に対して発せられる声（ことば）そのもの＝「思ひ」なのである。

本単元で学習材とした日の出を謡ったおもろは、沖縄の自然・風土に根ざした太陽礼賛の歌謡として、『おもろさうし』の中でも最も有名な歌謡の一つである。

まず、「鳴響《とよ》む」ということばに注目したい。『日本語大辞典』（小学館）においては、「どよむ」の項につぎのように説明されている。

「とよむ」が「どよむ」に変わったのは平安中期以後と思われる。古くは人の声よりはむしろ、鳥や獣の声や、波や地震の鳴動など自然現象が中心であったのに対して、濁音化してからは、主として人の声の騒がしく鳴り響くのに用いられるようになった。

天地を揺るがす底鳴りの荘厳な響きを、古代の人びとはたしかに自らのからだに響かせ、このように表現したのであろう。益田はこの部分を「光と音のカオス」ととらえ、西郷信綱は「とよむ」を万葉に比べて「比喩的」な用法としている。だが、このオモロにおいては「音」の響きというより、古代の人びととの「見ること」に頼らない繊細な身体的感受性＝「体性感覚」（中村雄二郎『共通感覚論』岩波選書、一九七九年参照。共通感覚と深くかかわる）がとらえた響きそのものをとらえることができるのではないだろうか。

その荘厳な響きを背景に、「明けもどろの花　咲い渡り」という視覚的なイメージが鮮やかに映しだされてくる。「明けもどろ」は沖縄固有の表現。「あけ」は「明け、あるいは赤、転じて美しいの意、『もどろ』は眼がちらあつき形象がまだらではっきりしない状態をいう。「もどろ」は「まだら」に通ずる」（前掲『沖縄古語大辞典』）とある。「地天」を荘厳に鳴響ませながら登場する〈光〉実体のない波動のきらめく混沌とした渦が「花」と名づけられ、「咲いわたり」とことばにされることで表象世界にくっきりとその〈生命《いのち》〉を表す。その上で、はじめて「あれよ、見れよ」という感嘆・呼びかけの声が発せられることになるのである。

「見る」ことから出発しない、全身的感受からイメージへ、そして声へ、という跡を、この歌にとらえることができる。からだに備わった原初的な感覚（「体性感覚」）をひらき、人智を超えて存在する外界との神秘的な出会いに身を晒し、あらためてその〈生命《いのち》〉を人間の意識世界にまざまざと現前させる「ことばの力」を体験させる学習材としての価値を持つといえるだろう。

ちなみに西郷信綱は、つぎのようにこの歌を評している。(6)

> 人びとのこうした経験（注　壮大な日出の光景を目のあたりにすること）に詩的表現を直接あたえたかにもっぱら見えるこの歌が同時に国王礼賛のオモロである点に、この歌の特色がうかがえる。（中略）ただ、日の出にたいする南島の人びとの経験が、この歌では国王礼賛という動機を詩的に超え出ていったまでのことである。

「王化、もしくは文化による意味づけは、感覚的に体験される自然との充足した交感を曇らせ、これを、ことごとく不協和音のざわめきに変調」（西条勉『古代の読み方　神話と声／文字』笠間書院、二〇〇三年）させるという。確かに「大主」との名づけにそうした「王化」への指向が見える。がこのオモロには、そうした「王化」を超え出て、「自然との充足した交感」を現代を生きる我々にも活き活きと現前させる力を持っているといえるだろう。西郷を受け、外間守善は「恐らくその通りであろう。」としつつ、

それにしても、このような美しい詞章に彩られた儀式とはなんであろうか。どこまでも蒼い海辺や、巨岩巨木のしずもる御嶽で演じられる壮大な古代歌劇をみる思いが私は、するのである。

と述べている。(7)「どこまでも蒼い海辺」で、このオモロを群読する試みをぜひ子どもたちと実践してみたいものである。「見る」ことに重きを置きすぎず、からだの原初的感覚を生命界にひらくことをめざして。ひとまず教室での群読を試みるために、古典文学担当の萩野敦子准教授にも共同研究者として加わっていただき、現場の先生方とともに本単元を具体化する学習指導案を作成した。論文末に掲げるので参照されたい。(8)

おわりに

二〇〇六年三月、沖縄県は毎年九月一八日を「しまくとぅばの日」とする条例を公布した（沖縄県条例第三八号）。この条例において、「しまくとぅば」は「本県文化の基層であり」、「次世代へ継承していくことが重要である」と記されている。「しま」とは各地域共同体を表し、「しまくとぅば（しまことば）」とは、各地域共同体のことばを序列化することなく、総称する概念としてある。伝統と未来とをつなぐ地域言語文化の創造的発展の担い

手を育むことを願う日として、「しまくとぅばの日」が制定されたといえる。

今年の「しまくとぅばの日」の前後（九月一八日、九月二一日）に、沖縄県伊波小学校6年3組（担任　成底真知子教諭）でこのおもろの授業を実際に試みた（第1時は、琉球大学教育学部古典文学担当萩野敦子准教授が、第2時は成底真知子教諭が授業者となった）。授業の最後には知念春美校長が、「あけもどろの花」を「しまくとぅば」で朗読してくださった。授業を参観していたベトナム民間伝承文学研究者のグェン　ハン　フォン先生（女性）が、感動して思わず今度はベトナムの韻文を朗々と披露し、まさに多言語の美しい響きが行き交い、各言語の尊厳を感じさせる教室となった。子どもたちの群読発表、校長先生の朗読、フォン先生の朗読に対する全員の大きな拍手に包まれて授業は終わった。

今後とも、（1）各言語の尊厳と伝統を学ぶこと、（2）共通語としての日本語力を豊かに学ぶこと、その相互的行き交いのもとに、活き活きとしたことばの文化を育む「ことばの学力」論を教室の場で探究していくことを以て、浜本純逸先生のご学恩に少しでも応えていきたい。

注

（1）高良隣徳「琉球教育に就て」（『大日本教育会雑誌』第一八〇号、第一八一号、第一八二号、一八九六（明治二九）年八月、九月、一〇月所収）。

（2）儀間進、『琉球孤　沖縄文化の模索』、群出版、一九七九年、五四頁。

（3）「座談会　うちなーぐちから豊かな言語生活を」、『国語通信7＋9』№二七七、筑摩書房、一九八五年、一〇頁。

（4）二〇〇四年九月一七日、ベトナム国バッカン省バーベー村ナムマオ小学校校区における地域の長老（七〇歳）へのインタビューより。このインタビューについては、拙著『日本・ベトナム比較言語教育史—沖縄から多言語地域をのぞむ—』（明石書店、二〇〇八年二月刊行予定）第9章を参照されたい。

（5）浜本純逸『国語科教育論・改訂版』溪水社、二〇〇六年、一八—三三頁、および同書二〇五—二一八頁を参照されたい。
（6）西郷信綱「オモロの世界」、外間守善・西郷信綱校注『おもろさうし』岩波書店、一九七二年。
（7）外間守善『おもろさうし』岩波書店、一九八五年。
（8）学習指導案については、原案を村上が作成し、本単元の共同研究者萩野敦子琉球大学教育学部古典文学担当准教授、伊波小学校成底真知子教諭との共同討議を経たものである。なお実際の授業は、伊波小学校知念春美校長からさまざまなご助言を受けて行った。

学習指導案

クラス　6年3組
授業者　成底真知子・萩野敦子
共同研究者　藏根美智子・豊里照代・村上呂里

1．単元名　沖縄の古典「おもろ」の世界を楽しもう！
～小学生による「おもろ」群読の試み～

2．学習材　「あけもどろの花」（『おもろさうし』巻七、三七九）

天にとよむ大主
あけもどろの花の
咲いわたり

あれよ　見れよ
きよらやよ
地天とよむ大主
あけもどろの花の
咲いわたり
あれよ　見れよ
きよらやよ
（くりかえし）

＊「あけもどろの花」とは、本単元で子どもたちにわかりやすいように名づけた題名である。

3．単元設定の趣旨

２００６年3月、沖縄県は毎年月18日を「しまくとぅばの日」とする条例を公布した（沖縄県条例第35号）。この条例において、「しまくとぅば」は「本県文化の基層であり」、「次世代へ継承していくことが重要である」と記されている。また「学校教育の指導の努力点」（沖縄県教育委員会、二〇〇六年）では、5つの重要項目の一つに「地域の自然・歴史・文化の重視」が掲げられている。「しまくとぅば」は、沖縄の自然・風土、歴史のなかで育まれてきたかけがえのない文化である。本単元は、こうした動向を踏まえ、地域語による古典文学を学ぶことによって、伝統と未来とをつなぐ地域言語文化のさらなる創造的発展を展望していくことを願い、設定している。

『おもろさうし』（歌謡「おもろ」が収められた草紙＝冊子）は、「沖縄の原典」（外間守善）と評される沖縄古典文学の代表的存在である。「おもろ」の語源については、「思ひ（思い）」の意が通説とされる。「おもろ」を読み味わうことによって、沖縄の古《いにしえ》の人びとの世界観・自然観・願いなどにふれることができ、日頃、自然の神秘を意識することがないいま生きている現代の私たちの世界観・自然観をも揺るがされる。この「おもろ」の中でも最も有名な日の出を表現した

「あけもどろの花」（『おもろさうし』巻七、三七九）を学習材とし、日の出の神秘を体験するとともに、その神秘を古《いにしえ》の人びとがいかに表現したかを味わい、「とよむ」や「あけもどろ」など沖縄固有の古《いにしえ》のことばの豊かさにふれたい。「おもろ」は、もともと朗唱される歌謡であった。この特徴を活かし、群読という形で、現代によみがえらせる。群読という方法論を用いることによって、学習者に沖縄古典文学の豊かさをからだ全体で味わわせ、親しませることができるだろう。

こうした授業を積み重ねることによって、共通語と地域語の各々の働きや良さを認識し、鋭敏な言語感覚を養うとともに、自らの言語生活を豊かに営む主体を育んでいきたい。

最終的には、伝統と未来とをつなぐ地域言語文化の創造的発展の担い手を育む帯単元（系統的カリキュラム）の開発を行っていくことを目標とする。

4．学習材観（略　本文を参照されたい。）

5．単元の目標

(1)自然（日の出）の神秘を感受し、ことばで表現する。
(2)沖縄の古《いにしえ》の人びとが日の出の神秘をどのように感受し、表現したか、「あけもどろの花」を読み、沖縄の古語の美しさ・豊かさを味わう。
(3)「あけもどろの花」を世界を群読という方法によって創造的に表現する。
(4)沖縄古典文学の豊かさにふれ、今後とも親しむ姿勢を育む。

6．授業のデザイン

事前学習および準備

①日の出を実際に見て感じたことを、ことばで表現してくる。

②子どもたちの作品および日の出の瞬間の写真を、教室に貼っておく。あらかじめ鑑賞しておくよう伝える。

③ことばあそびうたなどを用いて、群読の楽しさを体験しておく。

第1時

	学習活動	教師の支援	☆評価の観点 ＊留意事項
導入	(1)教室に貼ってある作品を鑑賞し、その表現の工夫を共有し合う。（比喩、呼びかけ、語彙の選び方など）	○あらかじめ、子どもたちの作品をよく味わい、その良さを引きだすよう、話し合いに参加する。	☆日の出を思いだしながら、その表現の工夫を互いに味わっているか。
展開	**「では、沖縄のむかしの人は、日の出をどのように表現しただろう？」** (2)「あけもどろの花」のワークシートの空欄にどんなことばが入るか想像しながら、黒板を見て写す。 (3)みなで、「あけもどろの花」を通して読み、わからないことばを出し合う。	○「あけもどろの花」を貼る（模造紙にあらかじめ書いておく。重要なことばについては空欄にしておく）。空欄に入ることばについて想像力を喚起させながら、空欄に書き込む。	＊単元名を黒板の右端に貼る。 ＊新鮮な気持ちで、「あけもどろの花」の表現にふれることができるようにする。 ＊ワークシートは、補助教員が配る。ワークシートにみな正しく書き込めているか、補助教員は確認していく。

展開		
学習活動	教師の支援	☆評価の観点 ＊留意事項
⑷「とよむ」「大主」「あけもどろ」「咲いわたり」「きよら」などのことばについて、意味の説明を聞き、歌われた日の出の情景を豊かにイメージ化する。 ①（「とよむ」の説明の後）日の出のときに響いて聞こえてくるとしたらどんな音楽や音だろうか。あるいは感じる響きの様子について、具体的に表現し、交流し合う。 （バッハの曲みたい、ぐらぐら、ドドド～ン、きらきら、ふつふつ、ピアノのきれいなメロディなど） ②「天」はどこ?「大主」とは何を指しているかな?など問い、イメージを広げていく。	○子どもたちにわかりやすいように、またイメージが豊かに湧くように工夫して、「とよむ」「大主」「あけもどろ」「咲いわたり」「きよら」の意味や語源について説明する。 ○一人ひとりの意見を受けとめ、共有させる。	＊教員自身が、十分に一つひとつの表現を味わい、イメージ豊かに説明できるようにする。 ☆一つひとつのことばの意味や味わいを理解できたか。 ☆豊かにイメージ化し、表現できているか。他の人の発表を聞いて、自分のイメージをさらに豊かにできているか。 ☆生命すべてを照らしだす太陽の存在について、歌の表現を通して感じさせる。

	展開
学習活動	③「あけもどろの花の／咲いわたり」について、一人ひとり静かにイメージを浮かべてみる。その上で、教室に貼ってある作品や写真の中で「あけもどろの花の／咲いわたり」にぴったりのものはどれか、理由をあげて交流し合う。 ④「あれよ　みれよ」について、どこで誰にどんなふうに呼びかけているか、想像してみる。（船の上でいっしょに船にのっている人に指をさして、砂浜で家族に両手を広げて、一人で、あまりの感動に誰ということなく呼びかけているなど）
教師の支援	
☆評価の観点 ＊留意事項	＊発表させなくてもよい。目をつむり、イメージを浮かべる時間をつくる。 ＊交流にあまり時間をかけすぎない。 ☆その作品が「あけもどろの花の／咲いわたり」という表現にぴったりだと思う理由をあげて、発表できているか。 ☆「あれよ　みれよ」について、想像できているか。

	学習活動	教師の支援	☆評価の観点 ＊留意事項
まとめと次回の予告	(5)最後に、もう一度、「あけもどろの花」をみなで読む。	○つぎの時間、「あけもどろの花」の歌を群読してもらうことを予告。どんなふうに読めば、生き生きと歌の世界を表現できるか、考えてくるように伝える。	☆最初の読みに比べて、イメージ豊かな読みになっているか。

（この間に、あらかじめグループ分けをしておき、群読のイメージを豊かに持つよう、働きかけ、話し合いに備えさせる。準備するものがあれば、持ってくるよう伝えておく。）

第2時

	学習活動	教師の支援	☆評価の観点 ＊留意事項
導　入	(1)『おもろそうし』について、基本的な知識を得る。	○「あけもどろの花」が『おもろそうし』という歌謡集に収められていることを説明する。	☆沖縄古典文学の原典といわれる『おもろそうし』について知ることができたか。

	導入	展開
学習活動		(2)6人ずつくらいのグループに分かれ、どんなふうに群読するか話し合い、練習する。ワークシートに、全体と自分の役割を書き込んでいく。 (3)群読を発表する。 　他のグループの群読を味わい、良いところ、工夫しているところを交流し合う。
教師の支援	↓「おもろそうし」と板書し、「おもろ」と「そうし」の横にそれぞれ、「思い」「本」と書く。「おもろ」とは「思い（ウムイ）」…沖縄に生きる人びとの思いが草紙＝冊子（文集のようなもの）にまとめられたものであることを説明する。	○群読について、確認する。全員で読むところ、男子女子で分担して読むところ、一人で読むところ、強弱をつけるところ、身振り手振りをつけるところ、バックグラウンドミュージックを流すところなど。どんな工夫をしてもよい。
☆評価の観点 ＊留意事項		＊補助教員が、各グループ一人ずつ入り、話し合いを支援する。 ＊練習する場所を確保する。 ＊子どもたちの日の出の作品で良いものがあれば、そのグループは、それを群読してよい。教師が、どの作品を選ぶか、あらかじめ判断しておく。 ☆「あけもどろの花」の世界にひたり、楽しんで話し合いに参加し、のびのびと群読できたか。

	学習活動	教師の支援	☆評価の観点 ＊留意事項
まとめと次回の予告	(4)もう一度聞いてみたいグループの群読をみなで一つ決め、もう一度発表してもらう。（全員で再現可能であれば、さらに全員で群読する。） (5)今日の授業、「あけもどろの花」についてや群読について感想を書く。（自分のグループ、他のグループ） (5)（宿題）「あけもどろの花」を自分のことばで訳す。	○宿題として、「あけもどろの花」の自分訳をつくってくるよう、伝える。	☆発表グループの群読の良さを味わうことができたか。 ☆「あけもどろの花」や群読の体験、鑑賞について、自分のことばで感想を書けたか。

インターナショナル校におけるコミュニケーションの回復

山本直子

一　はじめに

二〇〇三年から二〇〇五年の三年間シンガポール日本人学校に赴任した際、次女の真由はISS International School（高校）に入学した。インターナショナル校（通称：インター校）独自の教育に触れることになった真由は、日本との学び方の違いに戸惑い、一時的不登校になり、薬を服用し、その中で成長し、無事に卒業した。それは本人にとっても家族にとっても、苦しくつらい三年間であった。

しかし、ISSの卓越した教育は、日本では体験できない対話的学習を可能にし、新たなコミュニケーションの礎を築くことになった。本稿では、ISSにおいて真由が「どのようにコミュニケーションに困難をきたし、それを乗り越えていったか」を記すことにより、インター校教育に内包される「コミュニケーション回復」の可能性を考察したい。

二　コミュニケーションに困難をきたす過程

初めてインター校の門をくぐってから数ヶ月たった頃から、真由は毎日怖い夢を見ては金縛りにあうようになり、一時的不登校となった。学校に行けば自然に英語が理解できるようになるという例も耳にするが、全ての子が順調に適応できるわけではない。真由の場合、順応できない理由は大きく次の二つであった。

《求められているものがわからない》真由がハイスクールで自信を持って「できる」と言えるのは、アートだけだった。幼い頃から、暇さえあれば絵を描いていたためか、入学当初からかなり完成度の高い作品を創ることができた。先生は「才能がある」と絶賛してくれたが、成績は7点満点中4点。理由を質問しても、先生の言っていることが理解できない。英語がわからないというよりは、求められている事が理解できないという。

自信があった教科だけに、何が求められているのかがわからないことは大きな混乱へとつながった。先生には、「もっと、さまざまな模索や試行錯誤をしなさい」と言われるが、模索の方法も、その理由もわからない。「絵に思いを表しているのに、なぜ試行錯誤を見せ、コメントを書くのか」「試行錯誤と言われても、いったい何をやればよいのか。何を見せることが必要なのか」彼女は悩み、何からどう手を付けてよいかわからず、学校に行けない日が増えた。途方に暮れて相談に行くと、「深く考えることはない。あなたの思うとおりに描けばいい」と先生に言われる。しかし絵とコメントを持っていくと、「これではクライテリア（評価基準）にそぐわない。これは違う」と却下される。「絵に問題があるのか、コメントが不十分なのかさえもわからない。いくら聞いてもわからない。何を求められているのかわからない」そう言って涙する日々が続いた。アートに限らず、人文地理学、科学、英語等の他教科においても同様のことが起こりつつあった。「英語は、もちろんわからないのだけれど、それ以上に、求められている概念がわからない。先生の求めていることに意味があるのか、その先で何が得られるのか理解できない。それが何よりも辛い」と口癖のように言っていた。

《自分の言いたいことが言えない》ESL（English as a Second Language）という、英語を母語として持たない生徒を対象にしたクラスは、真由の文法と問題の理解力を高く評価した。ESLにおいて日本人は、文法的知識が正確で筆記試験でもよい点数をとるために「できる」と思われるが、それがそのまま「話せる」「聞ける」という実感にはつながらない。真由はプレゼンテーションと筆記の成績が良かったために、わずか二ヶ月でESLを出るようにと言われた。日本語能力にはある程度自信を持っていた真由だったが、英語だけの環境に置かれることになり、基本的生活言語から高い次元の思考に至るまで、何をどう話してよいのかがわからないという状況に陥った。「言葉ができる・できないという価値観で値踏みをされる世界に来た」と感じたと言う。

二人の男子生徒は、真由が教室に入っていくたびに「こいつ英語しゃべれないんだぜ」と言い、間違った表現をすると笑いながら真似をしたという。「英語が十分わからなくても、悪口だけはわかる」「彼らが怖い」と言い、「話してバカにされるぐらいなら、もう人前では英語は話さない」という思いを抱くことになった。その思いは、男子生徒二人がその後犯罪を起こし退学になった後も、引き続き真由の中に留まり続けた。

三　コミュニケーションを回復していく過程

真由はISS二年目から、国際バカロレア機構（International Baccalaureate Organization: BO）によるディプロマ・プログラム（Diploma Program: DP）、通称「IBディプロマ」を履修することになった。IBOが掲げる理念・プログラム等は他の論に譲ることとし（相良・岩崎、二〇〇七）、本稿ではIB教育の「異なる文化の理解と尊重を通じ、生涯にわたって学習しうる者を育てる」という理念がどう具現化されていたかを、「美術」「日本語」の授業を例に挙げ述べるとともに、真由のコミュニケーション回復の過程を記すこととする。

1　Visual Artsの授業によるコミュニケーションの回復

《オリジナリティをどう捉えるか》授業を見学した折、高校二年生の授業で「オリジナリティをどう捉えるか」に言及する場面があった。そのIB Visual Arts（美術）の授業は、アンジェリーナ・スーセイ先生と四人の生徒で行われていた。雑談のような授業の中で「どうしたら、オリジナリティが生まれるのか」という質問がスーセイ先生の口から自然に発せられた。生徒からは、"Thinking" "Practicing" "Asking" という反応があったが、「それ以外には？」と聞かれると、生徒は返答することができない。

そこでスーセイ先生は、「では、外を見て。何が見える？」という質問をし、一人一人に答えさせた。「木」「空」「光」という生徒の答えに対して、

「同じように外を見ても、一人一人受けとめ方が違う。その違いを自覚し外に出す訓練をすることが大切であり、それがオリジナリティにつながる」

「オリジナリィを探すことが難しくなっている現代では、個々の持つ解釈こそがオリジナリティにつながる。オリジナリティを獲得するには、すでにどのようなオリジナリティが発見されているかを、過去にさかのぼって知らなくてはならない。その過程で、自分に合うもの、合わないものを自然に見極め選択する。多くのものを知れば知るほど選択肢は逆にせばまり、具体性を帯びて自分に迫ってくる。その選択の果てにある具体的なものが、その人『個人』にしか所有できないものの手がかりとなって自分の前に現れてくる」

という教師の考えが、これも雑談のように述べられる。

話の中から伝わってきたのは、「IB Visual Artsで求められるオリジナリティは、他人との比較における客観的な独自性ではなく、個人の成長において自分自身を知る過程の中にある」ということである。他人が独自性の有無を判断するのではなく、自己の嗜好・傾向・趣向を自覚し、自分が何にこだわりを持ち、どのような選択・解釈をし、いかに成長しているのか、を考え感じることの総体をオリジナリティであると捉えているように思われた。オリジナリティの追究は他人に独自性を誇示するためではなく、自身を自身として認める行為なのである。

《プロセス重視》オリジナリティという言葉の漠然さを、どう具体的なものとして生徒に実感させるかということに関して、IB Visual Artsは一貫した態度を貫いている。それは、客観的に判断しうる「成果」である「リサーチ・ワーク・ブック（RWB）」に集約される。ただ作品を作ればよいというわけではなく、RWBにあらゆる軌跡を書きとめるのだが、その際、生徒たちに求められるのは次の六つの要素である。

①自己批評・自己分析を書くこと（写真1）

どのような思いで、何をどう描き、どのような工夫をしたのか、試行錯誤の全てにコメントを書かなくてはならない。失敗であっても、気に入らなくても、とにかく何でも記録する。失敗だと思ったら、「なぜ失敗だと思ったのか」という考察が求められる。アートの授業ではあるが、作品のみで表現するのではなく、言葉で分析することが必要である。

写真1

②Subjectを追究すること（写真2）

テーマに基づく描きたいものに固執し、多面的な見方を養う。「水の表面を描く」場合、水のさまざまな表情をスケッチし、水の写真を撮り、先人の描いた水を模写する。さまざまな角度から水をとらえ、水を飽きるほど描く。その結果、「水」の形状の本質を丸ごと自分のものにする。その過程でも克明な足跡のコメントが求められる。

③表現の選択肢を増やす（写真3）

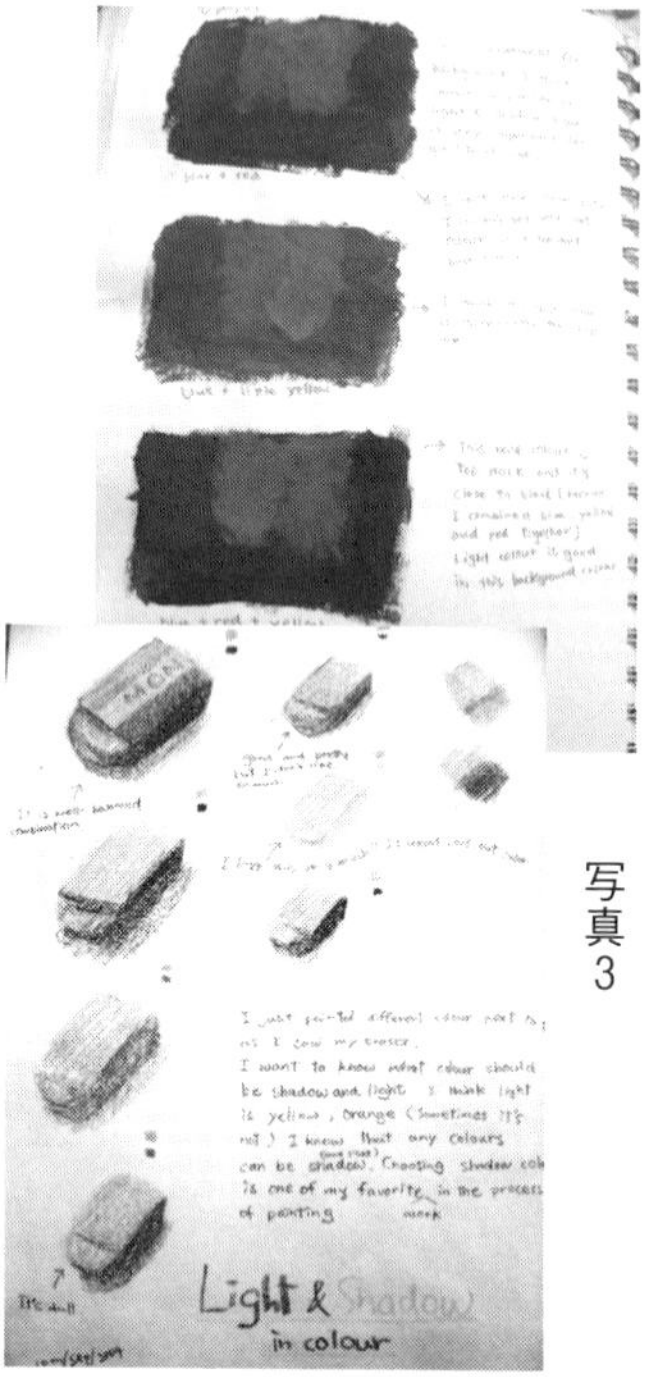

写真3

写真2

さまざまな画材を用い、それぞれの画材であらゆるスタイル・タッチ・配色を確かめる。それをExperiment（実験）と呼び、最終的には、自分の描く被写体に、どの画材・スタイル・タッチ・色が適しているのかを見極め、結論を出さなければならない。その試行錯誤全てを記録し、決定に至るまでの理由を説明する。

④思索（写真4）

一元的な思想を切り取るだけの作品では評価されない。そこには必ず多面的な思索や哲学的な思考を要求される。はじめに、「日本人」「国際社会とは」など漠然とした広いテーマを決めるが、前出の①～③の試行錯誤を続けるうちに、次第に自己の思索・思考が熟成・具体化されていく。描きたい絵を描くだけでは、評価されない。

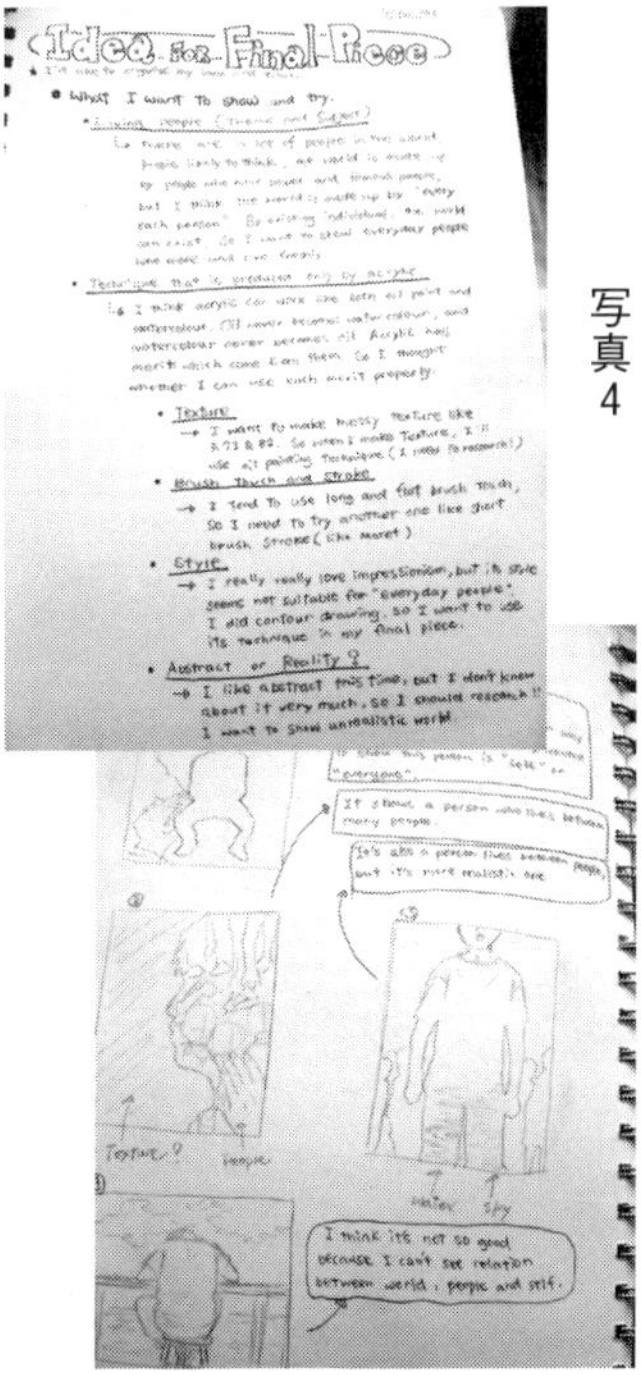

写真4

⑤前回よりも成長すること

前回の作品よりも、必ず改善・成長した点が認められなくてはならない。技能面でも、内容面でもよいが、何らかの成長が必要である。技能面と内容面は共に成長していくものであるが、教師はその両面から常に評価できるよう、生徒と対話し説明を求め、意見や考えを聞く。「自分の成長は、誰よりも一番先に先生がわかってくれる」と真由は言っていたが、教師の「対話能力」と「成長を見極める目」が必要である。

⑥リサーチをすること（写真5）

さらに、美術館への訪問、画集、インターネットなどを通して、画家をリサーチし、理解・分析・テーマとの関連付けなどの作業が必要である。どの画家でもよいのではなく、現在自分が取り組んでいるテーマに対して、そのリサーチがどのように生かされるのかも記録しなくてはならない。

時にはクラス全員で先生といっしょに美術館へ行き、さまざまな絵を、みんなで評論し合う。日本では生徒がなかなか口を開かないような場面でも、インター校の生徒は積極的に意見を出す。生徒から出なかった観点については先生が補足をするが、予想すらしていなかった教師の観点に全員から感嘆の声が漏れるそうである。

写真5

《スーセイ先生》プレゼンテーションの折には、次のようなやりとりが頻繁に行われたという。ムスリムの同級生がプレゼンをしたときの、スーセイ先生との会話である。

C「私は、ムスリムなので、アメリカのやり方に納得できません。それをアートでも表現することが必要なので、〝イスラムとテロリズム〟をテーマに今回の作品を作りたいと思っています」

T「ふうん、おもしろいね。それがあなたにとってなぜ大切なの？」

C「それは……私がムスリムだからです」

T「ふうん、どうしてムスリムだから、あなたにとってそのテーマが大切なの？」

その子は、それ以上何も言えず黙る。そのような質問が続き、泣き出してしまう生徒も少なくない。スーセイ先生に責められたからではなく、自分のふがいなさや不十分な思考を自覚し涙するのだという。

今でも真由が鮮明に思い出すスーセイ先生の言葉は、「あなたたちにわかってほしいのは、どう言うかではなく、何を言うか、である」「あなたの文化の立場ではどうなの?」「必要なことは、そのことについてどれだけ話せるかである」「問題は言語ではない、語ろうとする考えの深さだ」などがある。自国の文化について語らせた後、スーセイ先生は「それは、日本人だけなの?」と聞いて自国を相対化させる。その上で「自国にしかないもの、自分の民族、文化を知らずに、どうして他の国の文化を知ることができるのか」と問うという。

時には、哲学の授業TOK(Theory of Knowledge)の先生とスーセイ先生が、「自然物をアートと呼べるか」という論題で生徒の前で議論をすることもあった。「アートとは呼べない」という哲学の教師、「呼べる」という美術教師の議論は、対立こそしているものの、どちらも説得力がある。先生同士が、「一個人」として意見を戦わせるのを見るのは生徒にとっては楽しみの一つである。哲学の先生は弁護士の免許を持つ数学の教師であり、数学の時間に、数学と哲学の橋渡しをするような雑談を行ったりもするそうである。

《真由の成長》初めは混乱していた真由も、Visual Artsの先輩のRWBを見ることによって「こういうことか」と、おおよその理解ができた。克明に記録することが苦ではなくなり、満点に近い点数をとるようになってきた。さらにVisual Artsの先生と豊かに対話できるようになったことで、その先生を通じて他の生徒との対話も増えた。さらに、評価規準にMeaning and Function(意味と機能が両立しているか)という重要項目があり、内容と技能をリンクして語ることを要求されるため、これまで感性と技能にのみ頼っていた真由に新たな思考を促すことになった。

2 日本語の授業での文学の発見によるコミュニケーションの回復

《共同の問題探究者としての教師》真由のコミュニケーションの回復には、日本語の授業も別のベクトルで関わってきている。Visual Artsが「国際社会での自分」を自覚し見つめなおす作業と考えるならば、日本語の授業は「知的活動に携わる自分」を一段上へと押し上げる作業であったと言えるかもしれない。

IBの日本語は、課題や試験の方法に、主として小論文とプレゼンテーションを用いていた。津村美穂先生の定めたテーマに即して選ばれた本が数冊与えられ、生徒はそれを読み、小論文などの課題を段階的にこなしていく。それらの本は、IBの定める日本・世界文学リストの中から選ばれる。

討論したり、クラスの前でプレゼンテーションを行ったりと活動方法はバラエティに富むが、その中心となるのは分析や比較文学の小論文であり、生徒はそれぞれの課題にオリジナルな意見を持たなければならない。ここでも、先生と生徒の対話は濃密に行われ、いつ研究室を訪ねても、狭い部屋は生徒であふれている。「『こころ』は三部仕立てで書かれています。それはどうしてですか」「第四部のストーリーを書きなさい」のような課題に、生徒はどのような切り口で学習を進めればよいかがわからない。そのため、先生との対話に糸口を見つけようと研究室を訪れる。「求めて相談に来る生徒は本気で話を聞きに来るし、そのような時にこそ、その子に合ったアドバイスができる」という津村先生は、課題を媒介とした、生徒との「共同の問題探究者」（甲斐雄一郎、二〇〇三）であるように思われた。

《文学と自己の対話》真由はある時期から、「文学が面白くてたまらない」と言い始めたが、それはExtended Essayという卒業論文を書き終わった直後のことであった。テーマは「夏目漱石の『行人』に登場する長野一郎の抱く孤独の正体と原因」といったもので、彼女はそれを境に、突然「文学」が実感を伴って理解できるようになったのだという。その唐突な文学理解は、三年間の滞在のうちの、最後の半年に起こった。Visual Artsはすでに安定期に入っており、文学理解とVisual Artsとの直接的な関係を本人は否定しているが、Visual Artsで得た新たな観点と論じ方は、少なからず文学理解の礎になっていたと考えられる。

日本語の授業では、それまでに安部公房の『砂の女』で、「砂」という物質が抱く数々の象徴性を主として考察し、大江健三郎の『芽むしり仔撃ち』では人間の対立関係の描写と圧倒的な文体を学んでいた。漱石の『こころ』、太宰の『斜陽』、芭蕉の『奥の細道』、オースティンの『自負と偏見』、ジュースキントの『香水』、マルケスの『予告された殺人の記録』……数多くの世界文学と日本文学を読み、意見を持ち、プレゼンをし、小論文を書いた。

異国で日本文学を繰り返し読む。その作業は、日本においてもできたはずである。しかしVisual Artsや他の教科で「日本」や「日本人である自分」を相対化してきたからこそ、再び「異国にいる日本人」としての実感を持って日本文学に向き合うことができるようになった。ことあるごとに「この作家には負けた」と悔しがる真由は、作品や作家とのコミュニケーションが一冊ごとに深まっていくように思われた。

そうした読書体験の積み重ねによって、揺るがない「自分軸」を手にした真由は、実感の有無を確実に感知し判断するようになった。しかし、それは同時に現実世界のコミュニケーションを困難にさせるという一面も持っていた。実感のない言葉、感情的な言葉を話す人々との対話が困難になり、「外国人の中にも実感のない言葉をもつ人は多い」と意外そうに話すようになった。

《内容のあるコミュニケーションの実現》文学の面白さを知り、実感のある言葉にこだわり始めた真由は、津村先生と頻繁に会話するようになった。一日に数時間も、互いの読んだ本やIBの理念について考察したり分析したりすることもあった。そこでは、「作品とのコミュニケーション」と「人とのコミュニケーション」の融合を通して、豊かで濃密なコミュニケーションの関係が開かれたようであった。

また、自分だけでなく、周りの友人がともに成長していることを実感していた。それは、生徒間の新しいコミュニケーションを生み、互いの違いを認め成長し合う集団として新たな関係を築いていった。一人一人の生徒と忍耐強く付き合い、対話を重視し、人間としての成長を目指す津村先生は、ISSのカウンセラーの教師でもあった。

真由は、授業によって日本語でのコミュニケーションを回復していった。IB教育は母語教育を重視する。母語が伸びない子どもは、英語も伸びないという。それは、「第二言語の発達段階が貧弱な状態で教室に参加すると、複雑な教材から学ぶ内容や話しことばや書きことばは、量的にも質的にも劣って不十分になる」という考え方からである（コリン・ベーカー 一九九六、一六四頁）。実際、真由が日本人の友人に「客観的に考えると……」と言ったところ、「客観的って何？」と聞き返されたことがあった。その子は幼い頃から海外に住み英語の中だけで生活していたために「客観的」という言葉を知らなかったのである。そこで英英辞典で「objective」を示したところ「objectiveという言葉を知らない」と言われたという。どちらの言語でも「客観的」という言葉に触れないということは、その概念がわからないままに成長してしまう可能性があるのかもしれない。

四 終わりに

現在、早稲田大学文学部に通う真由は、学校が楽しくてたまらないという。IBと同次元の教育が大学で展開され、「学問」とのコミュニケーションを楽しんでいる。しかし同時に、日本の受験を潜り抜けてきた学生とは、説明のしようのない溝のようなものを感じることも多いという。真由の英語の発音はそれらしく聞こえ、簡単な文章なら考えずに口をついて出るが、しかしそれは、彼女が「英語で本当に言いたいこと」ではない。そしてその感覚が友人には理解されない。「多くの日本人が『帰国子女』というだけで一目置き、英語が話せさえすれば国際社会では問題がないと思っている。同年代の友達は、圧倒的に知的活動で懊悩した経験がなく、どこか実感に乏しいように思える」という。

三年間を振り返る真由は、「自分が助けられたのは、教育ではないのかもしれない。豊かな人間に真っ向から付き合ってもらった、そのことに助けられたように思う。日本にいたときには、あんなに熱くレスポンスをしてもらったことはなかったし、あんなに正当に否定されたことがなかった。『あなたの論理はおかしいよ、筋が通っていなくて、話が浅い』とミス・スーセイに言われて、『なんだよ、こんなに一生懸命考えたのに』と思っていたけれど、先生に『今は、私が正しいと思って、私のことを信じてごらん』と言われた。三年たった今は、ミス・スーセイは、正しかった、腹の立つこともあったけど、やはり正しかった、と思う。絶対的な否定しようのない正当性の前に、やり込められて気持ちがよかった」と話す。

スーセイ先生・津村先生に共通していたのは、個との対話を通して一人一人の特性を見極め、進むべき道を示唆するとともに、その示唆を含む各々の「作品」をプレゼンテーションさせることによって、全員の成長へとつなげていた点である。それは、他教科の授業においても同様に行われたが、ひとクラス四十人の日本において同様な取り組みは困難である。しかし、量ではなく質に視点を置くならば、真由の感じたものと同様の「コミュニケーションへの信頼感」を獲得できるよう、日本の教室においても何らかの方法がないかを模索していきたいと考えている。

真由は結局、自分の話したいことを十分に話すほどの英語力を身に付けることはできなかった。同時に、日本に帰ってみると母語集団にも違和感を抱くことになった。国際社会の中に否応なく放り出され、さまざまな次元の「宙吊り感」を感じる子どもは、今後も確実に生み出され続けるであろう。インター校における学習は、「知」を伴うコミュニケーションへの信頼を回復する「個」と、どの集団にも属すことのできない「孤」を生み出す可能性を内包しているように思われる。

参考文献

甲斐雄一郎「共同の問題探究者」として育てる『月刊国語教育研究』№三七四、二〇〇三年
コリン・ベーカー『バイリンガル教育と第二言語習得』大修館書店、一九九六年
相良憲昭・岩崎久美子編著『国際バカロレア―世界が認める卓越した教育プログラム』明石書店、二〇〇七年

柳田国男のコミュニケーション観とその特質

──「あたらしい国語」（東京書籍　昭和二五年、二六年度本）を中心に──

渡辺通子

一　はじめに

柳田のコミュニケーション観は、自ら編集に携わった国語教科書にどのように具現化されているのだろうか。コミュニケーション教育の観点からその特質を明らかにしたい。柳田は、話し言葉教育を重視し、戦後はいち早く敗戦国家の再建と国語教育の結びつきを言い、母語教育としての国語教育論を唱えた。その考え方の根底には、他人の言動に惑わされず自分の意見が言える健全な選挙民の育成という遠大な願望がこめられていたとされる(1)。この分析を通して、国際化の中での母語の教育とはいかなるものであるか、そしてその具体的な教科書はどうあるべきかという二点を考える拠り所としたい。

二　柳田の国語教育観の現れとしての編集方針「柳田三原則」

柳田は、小学校、中学校、高等学校の各校種にわたって一貫した編集方針のもと教科書監修に着手している。

本稿では、昭和二二年度版学習指導要領に基づき昭和二五年から二六年にかけて編集された小学校教科書第一次本を主たる分析の対象とする。教科書編集に当たって監修者としての柳田が示した編集方針は、いわゆる柳田三原則と呼ばれる次の三点で、後々まで引き継がれる。

1　児童の大半を占める中以下の子どもを対象とする。

2　文芸に片寄らない。

3　聞く、話す、読む、書くの全体にわたる教育。

三点には、これまで柳田が繰り返し述べてきた大衆のための国語教育志向、実用的な国語教育の重視、話し言葉教育の重視が端的に示されている。一年上の巻末には、「先生方へ」と題した解説があり、対象（中以下の子ども）、配慮事項（児童の生活経験と言語発達の段階に応じる）と同時に、国語教室開きは「話す」「聞く」の言語活動を楽しく展開する話し言葉の学習から始まることが示されている。

①大衆の国語教育志向　柳田は、戦前より教育の対象が上流少数者に限られたエリート育成のための傾向にあることを指摘し(2)、庶民のための普通教育であるべきと主張した。児童生徒の大半を占める中以下の者を対象とする大衆のための国語教育の推進を図った。

②文芸・文学偏向の是正　これは中学校の編集方針にもなっているが、文芸・文学教育を否定するものではない。文学は大人のものであり、子どもには何よりもまず社会人として生活に役立つ内容を重視すべきとする柳田国語教育観の現れと見ることができる。

③話し言葉教育の重視　従来の国語教育が読み書き教育を重視してきたのに対し、話し言葉が「考えること（思考）」と密接にかかわることに注目し、話し言葉教育を重視して、「聞く」、「話す」、「読む」、「書く」のそれぞれがバランスよく取り上げられることを図った。

三　柳田国男教科書「あたらしい国語」の目次

教科書は一年上中下巻、二年から六年は上下巻の計一三冊で、「目録」に示された教材配列は表1に示すとおりである。各教科書は、一年上はプレプリマ（入門以前）、一年中はプリマ（入門）、一年下はファーストリーダー（第一読本）として編集され、各単元は複数の小単元から成るものもある。構成を表2に示す。各巻は、各単元のほかに、「五十音」（一～三年のみ）、「勉強の手引き」、「新出語」、「新出漢字」、「先生方へ」（一年上のみ）で構成され、四年下より教材の原出を表示している。「勉強の手引き」は、問いの形式で各単元についての自習ができるようにしたものである。いずれも検定期教科書に共通の特徴である。教師用の指導書に『「新しい国語」学習指導の研究』（以下『研究』と表記）がある。(3)

コミュニケーション教育のための教材の配列として、以下の諸点が特色として挙げられる。

①コミュニケーション・スタイルを変化させるコミュニケーション・メディアの活用を意図する単元が配列されている。

②話し言葉教育を重視し、話すことと見ること、話すことと書くことを関連させた単元が配列されている。

③コミュニケーション能力の育成として、対話能力を主としながら自治能力の育成の実現を想定した配列となっている。

④コミュニケーションの際の片言をなくすための語彙指導（文字・語彙・文型）に関する単元が系統的に配列されている。

表1　「あたらしいこくご」教科書教材一覧（単元構成）

1年 上	1年 中	1年 下	2年 上	2年 下	3年 上	3年 下	4年 上	4年 下
1 いちねんせい（えの はなし）	1 あそびましょう	1 うんどうかい	1 ひよこ	1 さかなとり	1 花	1 空	1 春	1 運動会
2 よい こども（えの はなし）	2 よく みましょう	2 なかよし	2 えんそく	2 でんしゃと きしゃ	2 たんじょう日	2 ラジオ	2 明るい学校	2 秋の歌
3 いちにち（えの はなし）	3 あつめましょう	3 もみじ	3 いろいろな もの音	3 きれいに しましょう	3 つばめ	3 学級文庫	3 楽しい家庭	3 学級新聞を作ろう
あたらしく でた おもな ことば	4 はなしましょう	4 おつかい	4 いね	4 ことばあつめ	4 ゆきしかさん	4 ぼくは 電気だ	4 自然とともに	4 学芸会の日
せんせいがたへ	5 つくりましょう	5 正月	5 おはなしかい	5 しょうぼう				
	6 なんでしょう	6 おいしゃさん	6 水あそび	6 はしらどけい				
	7 おはなし	7 わたくしの うさぎ	7 えにっき	7 ゆき				
	五十おん	8 どうわ	8 町	8 ゆうびん				
	べんきょうの てびき	五十おん	9 どうわ	9 どうわ				
	あたらしく でた おもな ことば	べんきょうの てびき	五十おん	五十おん				
	あたらしく でた かんじ	あたらしく でた おもな ことば	べんきょうの てびき	べんきょうの てびき				
		あたらしく でた かんじ	あたらしく でた おもな ことば	あたらしく でた おもな ことば				
			あたらしく でた かんじ	あたらしく でた かんじ				

註　大単元のみ表示した。

5	ぼくの 作った おもちゃ
6	病気を ふせごう
7	作文
8	たてもの
9	水の 話
五十おん	
べんきょうの 手引	
あたらしく 出た おもな ことば	
あたらしく 出た かんじ	

5	山の 子ども
6	一つの ことばから
7	家ちく
8	着物
9	ふね
五十おん	
べんきょうの 手引	
あたらしく 出た おもな ことば	
あたらしく 出た かんじ	

5	時計
6	注意して見よう
7	夏の生活
8	むかし話
ふろく	新しく出た漢字 勉強の手引

5	汽車
6	放送を聞く
7	動物の話
8	ピノチオ
ふろく	新しく出た漢字 勉強の手引

5年 上	
1	小鳥
2	心の美しさ
3	よいからだに育てよう
4	ことばのいろいろ
5	私たちをつなぐもの
6	人の力
7	助け合い
ふろく	新しく出た漢字 勉強の手引

5年 下	
1	みんなそろって
2	みんなの橋
3	発表会
4	雪国
5	本ができるまで
6	ことばと文字
7	小人の国
ふろく	新しく出た漢字 勉強の手引

6年 上	
1	風土二題
2	土地を開く
3	スポーツ
4	海
5	めずらしい話
6	心をうつ人々
7	人間の尊さ
ふろく	新しく出た漢字 勉強の手引

6年 下	
1	ふるさとの秋
2	私たちの図書館
3	作られるまで
4	美しさを求めて
5	人間とことば
6	新しい世界
ふろく	新しく出た漢字 勉強の手引

①コミュニケーション・メディアとコミュニケーション・スタイル――郵便制度とラジオ

コミュニケーション・メディアの発達は国語教育のリテラシーの概念に変化をもたらす。メディアの活用を可能とすることでコミュニケーションが広がるからである。本書では、最も原初的なメディアである声、すなわち話し言葉教育を重視しながらも、文字によるコミュニケーションとして手紙や郵便制度を取り上げた教材が多く採択されている。マス・コミュニケーションとして新聞やラジオ放送の教材があるが、これらのうち話し言葉であるラジオ放送を中心に取り上げている。

・郵便を題材にした教材　二年下「8ゆうびん（1小づつみ 2ポストから手がみのとどくまで）」、五年上「5私たちをつなぐもの（1ゆう便の始まり 2子ども通信）」があり、郵便制度の理解と同時に、手紙の書き方の学習が意図されている。一年下「4おつかい」（はるおさんがおかあさんの手紙（はるおさんの誕生日の案内）をもっておばさんの家に届ける内容）と話の展開に連続性をもたせている。二年下では、おじさんから誕生祝いの小包が届くという内容である。

表2『「新しい国語」学習指導の研究』の構成

- 単元の意義
- 単元の組み立て
- 単元名
- 目標
- 予想される学習活動
  - 導入
  - 学習の展開
  - 例）通読、要点を書き抜く、・・・話し合うことがら、
- 通読
- 発展
- 評価
- ドリル学習

『研究』では、「手紙やはがきを書き、赤いポストに入れ、それが郵便屋さんによって運ばれるということは社会的な基礎知識として、どうしても子供たちに教えなければならないことであり、社会科の単元とは異なり、国語科が目的とする読解方法や学習そのものをとおして、子供たちに「読む、書く、話す、聞く」の態度を育てていかなければならない」と述べる。

・ラジオ放送を題材にした教材　三年下「2ラジオ」（国語の時間に作文のラジオ放送を聞く様子、帰宅したあきらさんとおじい

さんのラジオ放送についての対話、ラジオについての作文の三部構成）、四年上「2明るい学校」（作文朗読の学校放送を描いたもの）、四年下「6放送を聞く（1子牛（放送げき）2放送局の見学 3ことばの昔）」（ラジオ放送劇と実際に放送局を見学する内容）がある。『研究』では、「もっともっと、視野を社会にひろげ、社会の中でも教育を組織する法案がなければならない」と述べ、三年でラジオ放送の聞き方を、四年ではラジオ放送の仕方の修練と言葉に対する関心を深めることを意図している。

②話し言葉の重視――見ることから話すことへ、話すことから書くことへ

話すことを中心に扱った主な教材に、一年中「4はなしましょう（1このえをみてはなしましょう（1） 2このえをみてはなしましょう（2））」、「7おはなし（1とび 2ほし）」、二年上「5おはなしかい（1じゅんび 2おはなしかい 3みち子さんのしたおはなし 4うちにかえってから）」、三年下「3学級文庫（1自治会 2話し合い 3学級文庫）」がある。入門期は絵のみで、絵を見ながら話す学習活動を意図している。コミュニケーションの基本として、あいさつ（おはようさようなら ただいま おやすみなさい）から始まり、スピーチ、発表会、そして話し合いへと指導に段階をもたせた言語活動を取り入れた教材が配列されている。会話文を主とした教材は、記録文として分類されていて、「学習の手引き」には、話したことを書く課題が出されている。見たことを話す、話したことを書くというように、「見る―話す」、「話す―書く」の言語行為を関連づけることで、考えること（思考）を中核に据えながら、子供たちの話し言葉と書き言葉の表現（文体）を近づける工夫がなされている。

③コミュニケーション能力としての自治能力――話し合いの重視

自治会活動を題材とした教材に、三年下「学級文庫」（1自治会 2話し合い 3学級文庫）、六年下「2私たちの図

書館（1私たちの図書館 2書物の話）」がある。「学級文庫」は自治会の説明と話し合いの様子を描いた教材である。四年上「2明るい学校（1せんせいのおみやげ 2こういう友だちがいる）」の小単元「2こういう友だちがいる」には、「ほかの土地の人にはわからないような方言はやめて、よいことばを使いましょう」という転校生の提案が自治会を機能させて運動を推進した「方言をあらためた小学生」がある。教材は「友だちのはんたいをおしきったゆう気と、どこまでもあらためようとしたしんぼう強さが、このようなせいこうをおさめたのです。」で結ばれている。六年下「2私たちの図書館（1私たちの図書館 2書物の話）」は、自治委員が中心となって学級自治会、さらには学校自治会を機能させて、学校に図書館を作るための話し合いをするという話である。三年では司会を先生が務めていたが、六年では、話し合いは子どもたちで行われ、先生は助言のみとなっている。

④言語の教育の充実――片言を克服し、確かなコミュニケーションの基盤としての語彙指導

言語にかかわる教材として、二年下「3ことばあつめ（1なかよしのことば 2はんたいのことば）」、三年下「5一つのことばから」、五年上「4ことばのいろいろ」、五年下「6ことばと文字（1音声と文字 2漢字 3かな 4ローマ字）」、六年下「人間とことば（1方言と標準語 2新しいことばと外来語 3学生のことば）」がある。

生活の場で働く語彙を集めて整理するという帰納的な学習を通して、子どもの語彙力をつけることを意図した単元や、方言（地域の言葉）・標準語（共通の言葉）・外来語（外国の言葉）、話し言葉と書き言葉など、言葉について考える単元が系統的に組み立てられている。この点が本書の特徴として強調され、経験主義の強かった当時にあって、言語を重んじる異色の教科書とされるが[4]、コミュニケーションの量だけでなくその質をこそ重視した柳田にとって、豊かで、より確かなコミュニケーションを実現する、つまり内言として働く語彙の獲得と、話し言葉と内言との一致のためには、語彙習得の学習教材は欠かせないものであった。

四　教材の実際とその特色――話し合いの教材

「二　学級文庫（1自治会 2話し合い 3学級文庫）」（三年下）
「二　私たちの図書館」（1私たちの図書館 2書物の話）」（六年下）

単元「学級文庫」は三つの小単元から成る。『研究』では、「単元の意義」で「この課は実に新しい材料である。出色の材料である」とし、「学級文庫を作るまでの記録文を書きましょう」という単元を設定している。「社会科的であり生活勉強といえるが、これを言語活動の面から見ると集団の話し合いの記録文である」と解説し、社会科と国語科との関連と違いとが述べられている。国語科で行う言語活動とは、生活に結び付けた言語能力の習得であるととらえている。

三つの小単元は、（一）自治会がどういうものかを話し合い、その後、（二）話し合いによって、学級文庫を作る際のより良い方法を考え、（三）本を持ち寄ったり修理したりして学級文庫を作る、という流れになっており、学級という小集団の動きを記録したものである。国語の単元学習を「こういうまとまった仕事の中で、子供の言語活動をのばしていくこと」であるととらえ、「このように、三年生ぐらいから、自分のほかの他人ということにも目を開かせ、社会性を持った子供に育てるようにしたい。国語教育の持つ働きは、ただ単なる「聞く、話す、読む、書く」というばらばらの働きではない。それらが一つになり、人間を作るところにある。その点から考えて、ことばの働きは、常に人間形成にあるということを忘れてはならない。」とも述べる。子どもに対他意識をもたせ、総合的な言語活動を行うことで国語教育が人間形成に関わることを示している。

表3　三年下「三　学級文庫」単元解説

三　学級文庫

（一）　話し合い

目標

学級文庫を作るにはどうすればよいか、ということを、みんなで話し合って、作る方法が決まるまでのことを会話の形で表わした文であるが、これを読ませて、どんな意見が出て、どのようにまとめたかを読み取らせる。そして、話しのけいこをさせる。なお、発展的な作業として、会話だけで筋を運ぶ文を書くけいこをさせる。

表現

（略）

終戦後、いろいろな会議が行われ、さかんなディスカッションが行われているが、その時のことばのきたないのに驚くことがある。民主的な社会では、お互の人格を尊重するところに人間の尊さを認め合うところがあるのだから、まずことばで相手を尊重しなければならない。やがてそれが真に人権を尊重することにもなるのであり、やがて、平和な社会を作る元になるのである。この文は、話し合いのことばが、日常の生活言語であり、相手を尊重した言い方であるから、子供たちの今後の会合の時のことばのモデルともなるのである。

学習の展開

1「話のけいこをします。よく話しあいができるか、一度調べてみましょう。」といって、通読をさせる。

2話し合いのけいこ

（1）話し合いをする人を決める。

先生になる人・・・・・・・・・・○○くん
山田くんになる人・・・・・・・・○○くん
大川さんになる人・・・・・・・・○○さん
上野さんになる人・・・・・・・・○○さん
木村くんになる人・・・・・・・・○○くん
土屋さんになる人・・・・・・・・○○さん
まつもとさんになる人・・・・・・○○さん
地の文を読む人・・・・・・・・・○○くん

（2）会議式の席を作る。

（3）話し合いの実際

先生になった子供が、「きょうは学級文庫を作るにはどうすればよいか、みんなで話し合ってみましょう。山田くん、何かよい考えがありますか。」と問をかけて、話し合いが始まる。

イ　第一回目のグループでは、本を見ながら話しことばのけいこをさせる。第二回目でも第三回目でもやらせてみる。とにかく、はじめの目的は、本を見ながら、話し方のけいこをさせることにある。

ロ　次の段階では、自分で話すことばだけは覚えておいて、本を見ないで話し合いが進行するようにする。この練習をどのグループにもやらせてみて、先生はそれを批評しながらはげます。

ハ　話し合いの結果をまとめる仕事

（イ）先生になった子供が、三十ページから終りまでのことがらを抜き書きしてまとめさせる。

（ロ）まとめたことを、めいめいのノートに整理させる。

整理する時は、「きれいに書く」作業を実際にやらせる。

以上は話し方のけいこの中で、内容を十分つかませるのである。

「2話し合い」は、話し合いの内容を会話文で構成した教材である。表3の「目標」にあるように、話し合いで出た意見がどのようにまとめられていくのかを読み取る教材であると同時に、話し合いの仕方の教材にもなっている。「表現」にあるように、「話し合いのことば」を人権を尊重する民主的な社会の生活言語ととらえ、子供たちの会合の時の言葉のモデルと考えている。

「学習の展開」では、四時間扱いで、実際に割当てを決めて会議式の席を作り、教科書を台本として行う話し言葉の学習を意図している。発展的な作業として、「会話だけで筋を運ぶ文を書くけいこをさせる」ことが設定されており、書くことにつなげている。本単元の「学習の手引き」を表4に示した。これと同じテーマを六年生対象に発展させたのが「2私たちの図書館（1私たちの図書館 2書物の話）」である。『研究』では、この単元を「文化人としての資格を得るために、民主化された人間としての行動力を身につけるために、六年生として意義あるもの」と位置づけている。二つの小単元のねらいは、図書館の作り方と経営の仕方を覚えることと民主的な考え

表4　三年下「三学級文庫」の学習の手引き

「三　学級文庫」

(一)　自治会

1　自治会とは　どんな　ことをする　会か、みんなで　話し合って　みましょう。

2　自治会で　どんな　話し合いが　あったか、本を　見て　ちょうめんに　書いて　みましょう。

3　書き方の　けいこ
　黒板に　自治会と　書きました。
　みんなで　学級文庫の　ことを　考えました。

(二)　話し合い

1　学級文庫を　作る　ために　みんなは　どんな考えを　話したか、ちょうめんに　書き取ってみましょう。

2　先生は　学級文庫を　どう　して　作ったらよいと　おっしゃいましたか。ちょうめんに　書いて　みましょう。

3　書き方の　けいこ
　お金を出し合って　本を　買います。
　学用品を　買うのに　お金が　いります。

(三)　学級文庫　　略

方や行動の仕方を会得することの二つである。「1私たちの図書館」は、「児童の身内にひそむ「力」――実行力を掘り出そうとしたもので、その実行力は民主的な行動性を示唆し、「2書物の話」は文字を通して知識を得させようとしたもので、知識は文化人としての常識を示す」とある。本単元の言語活動の目標を「聞く・話す・読む・作る」の四点から次のように示している。これらはコミュニケーション能力の要素とその能力表してとらえることができる。

（1）聞く　イ．話を批判的に聞くことができる。ロ．要点をまとめ、必要によってはメモを取ることができる。ハ．言うべき時と聞くべき時とをよくわきまえて聞くことができる。ニ．聞きながら意見をまとめることができる。

（2）話す　イ．メモをもとにして話をすることができる。ロ．話題をじょうずに展開することができる。ハ．会議などの司会ができる。ニ．主題を決め、よく整理し、自信をもって話すことができる。

（3）読む　イ．六分ぐらいの時間で、文章を考えながら黙読することができる。ロ．文意を確かに早くとらえることができる。ハ．文の構想をとらえることができる。ニ．文の内容や表現について批評ができる。ホ．図書館を利用してたくさんの本を読むことができる。

（4）作る　イ．会議や読書発表会に参加するための原稿を書くことができる。ロ．自治委員会の報告、学級自治会の記録文を書くことができる。ハ．読んだ本についての内容を批評したり、紹介したりすることができる。ニ．図書の寄贈を願ったり、お礼をしたり、図書を借りたり、かえしたりするときの手紙を書くことができる。

以上のように、コミュニケーション能力を自治能力の要素として育てようとしていたのである。

五　まとめ――国際化の中での母語教育

(1) 柳田国語教科書の特質

編集は、「聞く」、「話す」、「読む」、「書く」の総合的な言語能力を基盤とした「行動する力」の育成までを配慮している。このことは、学校生活における自治を想定したものであり、民主的な考え方や行動力を付けるための編集の工夫として、次の三点が挙げられる。

①教材内容を読み取ることでコミュニケーションの方法を理解させる

②中学年までは、技能・方法を身につけさせるために言語活動の学習活動を行う

③発展的な学習として実際に教材の内容を学級や校内で行う

本書を使った実際の授業では、次の二点を意図した編集となっている。

①実際の授業の中では、話し合いを中心とした授業が展開されること

②実際の授業の中で話したことをノートに書くという活動が想定されており、話し言葉を書き言葉にする学習が行われること

(2) 柳田のコミュニケーション論から示唆されるもの

ＯＥＣＤのＰＩＳＡ調査（生徒の学習到達度調査）によって国際標準の学力が示された。十五歳までに、どのような学力をつければ世界規模の現代社会を市民としてより良く生きていけるのかというグローバルな視点を持つことが求められている。こうしたグローバリゼーションによる揺らぎのなかで、母語教育としての国語教育をどうとらえたらよいのだろうか。

柳田が教科書編集に乗り出した背景には、敗戦後の国家を民主主義を基盤とした独立国家として立て直そうとする考えがあった。柳田は、国家を敗戦に導いた原因の一端に教育がなかったかを問いかけ、教育、とりわけ言葉の教育である国語教育によって国作りをしようと考えたのである。(5)この視点は、国際社会における一国として立とうとするとき、近い将来に生ずるであろう言葉の問題に対して、国語教育にはどのようなアプローチが必要となり、また何が課題となるのか、我々に多くの示唆を与えてくれる。もちろん柳田のそれが卑小なナショナリズムでないことを断っておきたい。このことは柳田の話し言葉教育論が標準語教育を中心にした話し言葉教育に立ち向かうものであったことからも明らかである。

岡部によれば、コミュニケーションのレベルは、個人レベルと社会レベルに大別され、さらに後者は、集団、組織、国家、文化に細分化される。(6)柳田の教科書作りは、コミュニケーションのレベルを国家のレベルでとらえつつ、その実現のためのコミュニケーション教育の具体を示した。編集にあたって教科書に、話し合いを中心とする集団のレベルのコミュニケーションを多く取り入れた。また、絵を見て話す、挨拶をするといった一対一のコミュニケーションから話し合いや討論といった一対多のコミュニケーションへの教材配列がなされており、個人レベルから社会レベルのコミュニケーションへと発展的な指導が意図されている。自治能力を育てるためのコミュニケーション教育の方法を示したのである。

柳田が大切にした「教育は大衆のもの」とすることを踏まえるなら、これからの国語教育（この場合、この名称が適当がどうかは別問題とする）の目的は、将来の国際社会作りのできる国際人――柳田の言を借りるならば、「健全な国際人」――を作ることにある。国際人とは、その国の一部の代表でも、ある特定の国のみの国民でもなく、すべての国の大多数を占める一般大衆である。国際社会でのコミュニケーションを可能にするためには、かつての日本で政策的に進められた標準語に代わる何らかの言葉の統一が進むだろう。柳田が話し言葉教育を提唱しながらも標準語教育に反対だったのは、標準語教育の推進が二つの問題を生んだからと考えるからであった。一つは、方言（生活語）を標準語より一段低い言語であると認識することで、標準語と方言との二つの言語に格差が設けられ、それが言葉の問題を離れて標準語を話す人とそうでない人との社会における地位にも影響を及ぼしたことである。一つは、思考のための言語と表現のための言語との不統一を招いたことである。方言（生活語）を奪われることは、思考のための言語の不毛に結びつく。考えること（思考）から話すこと（表現）への接続が円滑でなければ、コミュニケーションは確かなものになり得ないばかりか、考えること（思考）それ自体の停止も招くからである。この点は、今後、国際社会に生きる言語の教育の方向性を探るとき忘れてはならない。

注

（1）東京書籍株式会社社史編集委員会『近代教科書の変遷―東京書籍七十年史―』東京書籍、一九八〇年、四二九―四三〇頁.

（2）柳田国男「昔の国語教育」『定本 柳田国男集第一九巻』筑摩書房、一九六三年、四四頁.

（3）柳田国男監修、編集者は、岩淵悦太郎（国立国語研究所員）、大藤時彦（民俗学研究所理事）、上飯坂好実（東京杉並第四小学校校長）、鳥山榛名（東京都立西高校教諭）、吉田瑞穂（東京杉並第七小学校校長）、東京書籍株式会社国語編集部であり、吉田を除き四人は教科書編集者を兼ねる。

（4）一に同じ．三九八頁.

（5）柳田国男「是からの国語教育」『定本 柳田国男集 第二九巻』筑摩書房、一九六四年、五四三頁.

（6）平井一弘「コミュニケーションのレベルとその理論的特徴」橋本・石井編著『コミュニケーション論入門』桐原書店、一九九三年、七六―七七頁.

参考文献

安居總子・東京都中学校青年国語研究会編　『聞き手話し手を育てる』東洋館出版、一九九四年
小山清　『柳田国男八十八年史』第一～五巻　三省堂　二〇〇一～二年
吉田裕久　『戦後初期国語教科書史研究』風間書房、二〇〇一年
飛田隆　『戦後国語教育史 上』教育出版センター、一九八三年

ひらかれる教師教育

大学の国語科教師教育を考える
――「国語科教育法」の効果的な扱い方――

町田守弘

一 「国語科教育法」を考える視座

大学で国語科教師教育を担当する立場として、魅力ある国語教師を養成したいという切実な目標がある。深刻な少子化の時代を迎えて、学習者の質的な変容が問題になりつつある現在、多様な学習者に対応することができるような柔軟な感性を持った教師を養成しなければならない。これからいっそう国際化が進む時代の中で、国語教師の在り方も大きく見直される必要がある。さらに教職大学院の設置も実現に至って、改めて大学における教師教育の重要性が問われるようになる。

わたくしは早稲田大学教育学部において一九九七年度から継続して「国語科教育法」を担当し、二〇〇二年度からは国語科教員免許取得希望者が履修を義務付けられた「国語表現論」も担当している。これらの担当科目の授業内容に関わる問題意識に関しては、いくつかの機会に公表してきた。(1) 加えて大学の授業改善に向けての提言もまとめてきた。(2) そこで本稿ではこれまでに論じてきた内容を踏まえながら、特に「国語科教育法」の授業の効果的な扱い方に焦点を絞って、国語科教師教育の課題に関して実践に即した提言をすることにしたい。

早稲田大学を二〇〇七年に卒業した学生の教員免許取得状況は、学部・大学院を合わせた卒業者一一六八五名中九八六名である。(3) また卒業後に教職に就いた学生の状況は、大学院修了者を含めて、二〇〇五年の卒業生が一二九名、二〇〇六年が一〇八名、二〇〇七年が一一八名となっている。(4) このように多くの学生が教員免許を取得し教職に就くという現状において、教職課程教育としての教師教育の在り方を検討するのはきわめて重要な課題であると認識しなければならない。さらに二〇〇八年度には教育学部教育学科に新しく初等教育専攻が設置され、小学校の教員免許も取得できるようになった。中等教育のみならず、初等教育をも含めた教員養成を考える必要が生じたことになる。

一九九〇年に設置された大学院教育学研究科では、現職の教員も在籍して研究に携わっている。大学院においては、現職教員の研修という意味での効果的な教師教育も展開される必要がある。二〇〇八年度からは新たに大学院教職研究科が開設されることになり、学部と大学院とが連携して効果的な教師教育の実現を目指すことも重要な課題になる。

現在、高等教育に関わる授業研究が盛んになり、大学の授業改善に向けて様々な方策を試みる必要性が問われている。言うまでもなく、大学は研究の場であると同時に高等教育の場でもある。大学教員が授業内容の充実を図るのは当然のことである。そこで本稿では、担当する「国語科教育法」を中心とした授業内容に即して、大学における授業改善に向けての実践的な提言という側面に配慮した論述を試みる。

二 「国語科教育法」の授業構想

大学の国語科教師教育について検討を加えるに当たって、「国語科教育法」という科目を取り上げてみたい。

早稲田大学の教職課程では、「国語科教育法1・2」を通年四単位の科目として、中学校・高等学校国語科の教員免許取得希望者全員の必履修科目としている。さらに「国語科教育法3」(半期二単位)は特に中学校の教員免許取得希望者全員を対象として、「国語科教育法4」(同前)はさらに充実した教職教養の習得を志す受講希望者を対象として、それぞれ設置されている。

「国語科教育法」は、受講者を「教育実習」へとつなぐ科目として位置付けられている。すなわち、教育実習における教壇実習で国語科の授業が展開できる力量を、すべての受講者が身に付けるような扱いを心がけなければならない。にもかかわらず、実習校の側からは毎年多くの問題点が指摘される。多くの実習校に共通する問題点は、担当するクラスに対して授業を展開するのに必要な基本的スキルの欠如ということである。特に問題になっているのは、学習者への配慮という点であろう。すなわち、実習生は一方向的な授業を展開することが多く、一人ひとりの学習者に対する対応が十分になされていない。大学の教師教育において、授業に際しての基本的なスキルの育成はきわめて重要な課題となる。

以上の問題を踏まえると、「国語科教育法」の目標は次の二点に絞って考えることができる。(5)

① 国語科教育に関する受講者の興味・関心を喚起し、教職に対する意識を高める。

② 国語科教育の今日的課題に関する認識を深め、受講者が自ら問題意識を持って授業を構想し、実践することができるようにする。

授業実践に関わる力量形成に関しては当然のことながら明確な目標になるわけだが、その前に興味・関心の喚起と現状の把握を主要な目標として掲げる必要がある。授業を担当する教師としてまず必要なことは、国語教育に自らが興味・関心を抱くことである。「国語科教育法」を通して、国語教育がいかに興味ある領域かということを受講者に実感させなければならない。国語教育に関する興味・関心を有することが、意欲的な授業実践を実現する源となる。「国語科教育法」の授業において、興味・関心の喚起という要素はきわめて重要な目標と考えられる。国語教育に対する興味・関心が育成されれば、教育実習という課題と向き合う姿勢にも自ずと意欲が出てくる。それは、実習の成功に直結する要素にほかならない。

前記の二点に絞って目標を設定したうえで、続いて「国語科教育法」の授業をどのように展開するかを検討する。基本的な授業の方向として特に配慮すべきは次の三項目である。

① 中学校・高等学校の教育現場との交流を重視する。
② 講義法による授業よりも受講者の研究発表および模擬授業を中心とした授業を展開する。
③ 「国語科教育法」の授業そのものをテクストとした入れ子構造型の授業を目指す。

以下の節において、この三項目の内容にそれぞれ具体的に言及する。

三　教育現場との連携をどのように推進するか

授業において教育現場との関連に配慮することは、最も重要な方向である。国語教育は単なる座学ではなく、教育実践を常に伴っている。そこで「国語科教育法」では、現場との交流が実現できるような工夫が必要である。受講者が大学の教室の中という空間で授業を受けるだけでなく、中学校・高等学校の現場と様々な形で結ばれるように配慮する。具体的には、次のような方法によって現場との交流を推進することができる。

① 中学校・高等学校の教師を大学の教室に招いて講話を依頼し、受講者からの質疑応答を通した交流をする。
② 中学校・高等学校の教師に協力を依頼し、教育現場での公開授業を企画して受講者に参加を促す。
③ 中学校・高等学校の生徒たちと、国語科の課題を通した交流をする。

第一の方法は、講話を依頼できる教師を確保することができれば、実現はさほど困難ではない。早稲田大学では通常授業における特別講師の招聘制度を用いて、正式に招聘することができる。中学校・高等学校の教育現場で国語科を担当する教師を招聘し、「国語科教育法」の授業時にいくつかのポイントを掲げて、それに即した講話を依頼する。なお講話の際の具体的なポイントは、次のような内容である。

① 教育実習時に特に心がけるべきこと。
② 教師になるための具体的な手順と留意事項。
③ いまの教育現場の実情とそれに即した指導の在り方。
④ 特に国語教育の現状と具体的な授業の工夫。

これらの点に関して五十分の講話を依頼し、その後引き続き受講者の学生からの質問に対応してもらうことにする。現場教師の招聘によって、受講者は教育現場に強い関心を寄せつつ、まさに教育現場の「いま、ここ」を理解することができる。わたくしが担当する「国語科教育法」では、毎年必ず複数の現場教師を招聘して授業時に講話を依頼している。複数の教師に依頼するのは、特に中学校担当者と高等学校担当者、男性教師と女性教師、教職経験が浅い若手教師と十分な経験を積んだベテラン教師という規準を設けて、それぞれの立場から講話を依頼するのが効果的という判断に基づく。

現場教師の講話に関しては、教育現場の状況および教師の仕事の実態がよく理解できるという評価が多くの受講者から寄せられた。さらに国語科の担当者ならではの、国語科の授業に関する問題に踏み込んだ講話も好評であった。この試みは「国語科教育法」の効果的な扱いを考える際に、ぜひ取り入れたい方向である。

現場教師を授業に招聘するのはすべての受講者に還元できる企画であるが、続けて希望者のみを対象とした計画を紹介する。それは受講者に直接教育現場に足を運んでもらうという方向である。教育実習に先立って教育現場を直接知ることはきわめて意義深いものであるが、この計画は中学校・高等学校側の事情から日時を設定する必要があるため、希望者のみを対象という形態にならざるをえない。

授業を担当する際の基本的なスキルは、直接授業に接するところから得られるものである。そこで現場教師による公開授業を企画し、希望する受講者を参加させることによって、実習の前に教育現場の授業の雰囲気を体験させるようにする。この企画には、公開授業を実施する現場教師のみならず、その学校側の全面的な協力が必要になる。早稲田大学には、附属・系属の学校があることから、わたくしの授業では大学の系列校に依頼して毎年公開授業を実施している。

そして第三の方法の具体例としては、「交流作文」と称して実施しているもの(6)がある。これはまず「国語科教育法」の授業で作文指導の問題を扱う際に、受講者に中学生・高校生を対象とした短作文の課題を工夫させることである。受講者の学生が作成した課題は、現場の学習者に届けて取り組ませる。学習者が書いた作文は、改めて出題者の学生にフィードバックして評価をさせる。評価の済んだ作文は、再度課題に取り組んだ学習者のもとに返却をする。課題作文の往復によって、大学生と現場の学習者との交流が実現する。この試みは、直接学生が現場の学習者の反応を知ることができることから、貴重な収穫となる。この方法は作文指導の課題に限定せず、例えば文章の読解指導における学習課題について次のように扱うこともできる。中学校・高等学校の授業で用いている教材を大学の授業で取り上げて、「学習の手引き」としてどのような課題がふさわしいのかを検討する。その結果個々の受講者（学生）が考案した学習課題を中学生・高校生に与えて取り組ませたうえで、その結果を学生に評価させる。さらにその結果を学習者にフィードバックすることによって、相互に学び合うことができる。ただしこのような試みの実現に際しては、「国語科教育法」担当者と現場教師および学校側との間で密接な連携が必要になる。

以上のような形態を通して、「国語科教育法」に中学校・高等学校の教育現場との連携という要素を取り入れることが、授業の成果を効果的なものにすることにつながる。日ごろから教育現場とのネットワークを確立して、本節で紹介したような方法を導入できるようにしておきたい。

四　模擬授業の導入

「国語科教育法」の授業では、担当者の講義よりも受講者との対話を中心とした展開を考えたい。授業展開のための基本的なスキルを習得するためには、受講者による模擬授業を積極的に導入する必要がある。授業時間の制約とクラスサイズの問題から、受講者全員に課することは困難ではあるが、教室での授業実践の体験から得るところは大きい。

原則として受講者全員が、模擬授業が実施できる場を設定できるようにする。クラスサイズの関係から全員の担当が困難な場合には、希望者を優先して実施する。各自の問題意識に即して、目標、教材、指導法、評価について検討したうえで学習指導案を考案してレジュメを作成する。模擬授業の時間は二十分を基準として、学習指導案の中の最も特徴的な箇所について教室で実際に授業を展開する。授業者以外の受講者は「生徒役」となって模擬授業に参加する。教材や補助資料を実際に作成して印刷・配布し、学習指導案も授業の前に配布する。視聴覚資料を用いた授業も実施可能にして、担当する学生には多様な可能性を追求させるようにする。

必ず模擬授業の後に研究協議の時間を設定して、発表内容に対する研究協議を実施する。担当者が司会と助言をしながら、質問・意見・感想などを引き出すようにする。さらに受講者にはレポートに授業のコメントを記入させ、受講者全員のコピーを授業者にフィードバックするという方法を通して、より多くの意見を吸収できるように配慮する。時間や設備面での余裕があれば、模擬授業の録画をしてそれを再生しながら検討することもできるが、事後の研究協議が充実したものであれば録画をしなくても十分な効果を挙げることができる。「国語科教育法」の中でこのような実践的な場を経験することは、受講者にとって教育実習に対する意欲を喚起することにもつながる。

五　「メタ授業」としての側面

「国語科教育法」で取り上げるべき最も主要な課題は、授業実践ができる基本的なスキルの育成である。そこで授業自体を研究対象に据えたうえで、国語科教育の様々な問題を受講者に提起することにしたい。受講者は単に受動的に授業を受けるだけではなく、授業を一つの研究対象として把握し、能動的に国語科教育の課題を引き出すべく努力することになる。この「メタ授業」とも称すべき構造を、「国語科教育法」に取り入れる必要がある(7)。

わたくしは学部のすべての授業において毎授業時間ごとに「研究の手引き」および「授業レポート」と称するプリントを作成し、それらを用いた扱いを工夫している。「研究の手引き」には、その日の授業の研究テーマと主な授業内容をあらかじめ分かりやすく整理しておく。「研究の手引き」に即して授業が進行し、受講者は授業展開に応じて「授業レポート」に聞いたことや考えたことを記入する。授業終了時に回収して点検すると、「授業レポート」には個々の受講者の状況が端的に表れる。最後に「ひとことメモ」の欄も設けてあるが、授業内容に対する受講者の反応を直接受け止めることができて有意義である。この方法は中学校・高等学校の教育現場で長く用いてきた指導法であるが、これをそのまま「国語科教育法」を含めた大学の授業に導入している。受講者は授業を受けながら、同時に授業を展開するための一つの方法論を知ることができる。

グループ学習という指導法について研究する際には、単に学習の進め方に関する講義をするだけではなく、実際に「国語科教育法」の中でグループ学習を実践し、その展開の中から受講者が様々な課題を抽出できるように配慮する。また国語科教師論について研究する際には、担当者自身が受講者に対して教師としての在るべき姿を示すべく努力しなければならない。すなわち、「国語科教育法」の授業自体を「テクスト」として受講者に提供することが、最も重要な授業の在り方になる。受講者は身近な「国語科教育法」の授業の中から、自らの独創的な授業を構想する際のヒントを得る。教育実習の際にそのヒントに基づく授業を実践し、結果を検証することができればさらに効果的である。

大学の授業はとかく担当者と受講者との間に距離が生じやすい。「国語科教育法」の授業は受講者の数が七十名前後であることから、一人ひとりの受講者との対話を可能な限り実現するべく努力する。毎時間提出させる「授業レポート」の「ひとことメモ」欄は、受講者との対話の場所として生かすことができる。さらに、氏名を覚える、質問や相談の時間を設ける、授業以外の場所での交流も積極的に実施する等の配慮によって、彼らとの対話を密にすることを担当者側の大きな目標とした。この点は「国語科教育法」にとどまらず、大学における授業改善のための重要な視点となる。

六　国際化の時代に向けて

「国語科教育法」の単位数およびカリキュラムの問題として、授業時間数の問題がある。教育実習の際に実際に役に立つ内容をすべて扱うようにすると、授業の時間は決して十分なものとはいえない。さらにクラスサイズの問題から、個々の受講者に対してきめ細かい配慮を徹底することが困難である。特に模擬授業に関しては、多くの受講者に体験させることに主眼を置くため、個々の授業に関する研究協議の時間が十分に確保できない場合が多い。研究協議のために満足な時間が取れないことから、前述のように、担当者の発表および授業に対する受講者のコメントを、「授業レポート」に毎回記入させることにしている。それをコピーしてまとめたうえで担当者へとフィードバックすると、研究協議と同様の効果が期待できる。時間数およびクラスサイズという制約を克服するために、授業には様々な工夫が必要となる。

さらにまた、今後の日本はいっそう国際化が進展すると思われることから、「国語科教育法」にも国際化に対応した授業内容を取り入れなければならない。この点に関しては、二〇〇六年度および二〇〇七年度には大学院に在籍する外国人留学生に授業への参加を要請して、出身国の「国語」教育の紹介を依頼している。諸外国の「国語」教育との比較を通して、日本の国語教育の課題を広い視野から検証することは、受講者の興味・関心を喚起できる意義ある試みとなる。

「国語科教育法」の授業に際して特に配慮すべき点は、授業の活性化という要素である。単なる資格取得のための科目という意識を払拭して、受講者がより積極的かつ主体的な姿勢で取り組むように導く必要がある。受講者と担当者とのコミュニケーションの確立は、授業の活性化に直結する。それは中学校・高等学校の授業とも何ら変わることはない普遍的な授業成立の条件でもある。担当者と受講者、および受講者相互のインタラクティブなコミュニケーションの実現によって、授業は活性化する。それがそのまま授業の理念として受講者の中に位置付けられるとき、「国語科教育法」と教育実習、さらに教育現場とは結ばれることになる。

管見によれば、大学における授業の在り方に関する先行研究は多くはない。教育現場と直結する教職課程教育の授業研究の活性化に、期待を寄せたいところである。(8) 教科教育法の担当者の間で連絡を密にして情報交換を実施し、より効果的な授業内容を構築する必要がある。

教育現場と切断したところで、国語教育の研究を進めるべきではない。教育という出来事は常に学校という現場で起きている。教育現場における国語教育、とりわけ授業の質的な向上のために有効な研究成果が求められている。そして国語教育に関する研究の成果は、現場の授業内容の質的な向上に生かされることが好ましい。なおここでいう「現場」には、大学も含まれる。大学の授業担当者は、国語教育の研究を展開しながら、同時にその研究成果を担当する授業にそのまま反映させるようにする必要があるのではないか。国語教育研究と実践をともに推進させることは、大学教員の重要な仕事である。

本稿では、教職課程教育としての「国語科教育法」の効果的な扱い方をめぐって、主として自らの大学での実践に基づいてまとめたものである。「国語科教育法」の授業内容を検討すると、国語教育の様々な課題と出会う。それらに対する研究を深めながら、同時に「国語科教育法」の授業内容の充実を求めるのは、決して無理なことではない。それどころか、研究と実践の両立はむしろ当然のことというべきであろう。単に国語教育研究を「研究」として深めるだけではなく、その成果を常に「実践」にフィードバックするように心がけなければならない。これからますます国際化が進むことが予測される現在、どのような国語の授業が求められているのかを明らかにしつつ、理想的な授業の在り方を提案することは、大学の国語教育担当者の重要な仕事ではないだろうか。大学における授業研究の活性化は、国語教育研究の活性化に直結すると考えている。特に国語科教師教育の研究の推進に向けて、「国語科教育法」の授業研究を深めることにしたい。

注

（1）拙稿「『国語科教育法』の授業論―大学の授業改善に向けて」（『早稲田大学大学院教育学研究科紀要・第十三号』早稲田

大学大学院教育学研究科、二〇〇三年・三月)、同「大学における『国語表現』の授業構想」(『早稲田大学大学院教育学研究科紀要・第十四号』早稲田大学大学院教育学研究科、二〇〇四年・三月)など。

(2) 拙稿「大学の授業改善への一視点―『国語』関連科目の場合」(『早稲田大学大学院教育学研究科紀要・第十五号』早稲田大学大学院教育学研究科、二〇〇五年・三月)など。

(3) 早稲田大学教職課程の調査による。

(4) 早稲田大学教職課程の調査により、文部科学省に報告された資料に基づく。年数は報告した年で、二〇〇七年に報告したデータは二〇〇七年七月二〇日の時点での予定数となっている。数値は学部・大学院の卒業生、および正規採用と期限付き採用の数を合計したものである。

(5)「国語科教育法」の授業の目標と方向性に関しては、すでに拙稿「現場と結ぶ教師教育―『国語科教育法』の授業論」(『月刊国語教育研究』二〇〇一年・一月)、同「『国語科教育法』の授業論―大学の授業改善に向けて」(注1に同じ)などで言及したが、本稿ではその内容を踏まえつつ要点を整理して論述した。

(6) 拙稿「『交流作文』の可能性を探る―大学での実践に即して」(『学術研究―国語・国文学編・第五十五号』早稲田大学教育学部、二〇〇七年・二月)において、具体的な取り組みを紹介した。

(7) 拙稿「『国語科教育法』をどのように扱うか―『メタ授業』としての要素を生かすために」(『学術研究―国語・国文学編・第五十六号』早稲田大学教育学部、二〇〇八年・二月)では、「メタ授業」という観点から、本稿で論じた内容に改めて言及した。

(8) 沖縄国際大学『国語科教職課程の展開―国語科教育実践力の探求』(溪水社、二〇〇六年・三月)、鶴田清司『国語科教師の専門的力量の形成―授業の質を高めるために』(溪水社、二〇〇七年・四月)などは、貴重な研究成果である。

カリキュラムづくりの力量形成の過程
――高等学校国語科教師の成長過程の事例研究――

松崎正治

一　カリキュラムづくりの力量形成――反省的実践家としての教師

今日、教師にはカリキュラムづくりの力量が求められている。政策的には、規制緩和や教育の地方分権を背景として、学校を基礎としたカリキュラムの創意工夫が推進されようとしている。アメリカでも、教育改革の焦点は、長年の間カリキュラム開発だったが、一九八〇年代以降、カリキュラムを創造する教師へと移行したと言われる（佐藤一九九六、二二〇頁）。

日本においても、学習者一人ひとりの成長を願ってきた教師たちは、独自のカリキュラムづくりを志してきた。戦後まもなくの単元学習隆盛期の教師（あるいはそれを引き継ぐ人々）や、民間教育研究運動における教材の自主編成運動などに関わっていた教師である。しかし、これまでの日本の多くの教師はカリキュラムを使用する側であっても、カリキュラムを作り出す側であることは少なかった。したがって、従来の教師教育研究においては、カリキュラムを使用する側としての教師を念頭に、教育実践は授業の科学的原理や技術の合理的適用であり、初心者を技術的熟達者へと育てることを想定してきた。すなわち、教科書と標準的な年間指導計画をもとに、授業の法則性に即していかにうまく教えるのかということに年々熟達していく直線的成長モデルとして、教師の力量形成は考えられてきたのである。そこでの教師は、公的な枠組みでのカリキュラムに即した《教材の伝達→知識の記憶→評価》というサイクルの授業を行うものとされてきた。これは、教える側にとっての制度的な構想として、カリキュラムをとらえる見方に立っている。

それに対して、カリキュラムを教師と子どもとの創造的な活動とともに生成発展するものであり、学習者の学びの履歴であるととらえ、教師をカリキュラム創造のデザイナーとして考える教師モデルの考え方も登場してきた（佐藤（一九九六））。このモデルは、学ぶ側にとっての意味を表現するものとしてカリキュラムをとらえる見方に立っている。その実践は、教材の伝達や知識の記憶を学びとするのではなく、人類の文化を自分なりに意味づけ、教師と共に探究し、新たな価値の創造へと飛躍していこうとする。そのために教師は、教育実践における複雑かつ複合的な問題を省察と熟考によって解決に導いていく専門的力量が必要とされる。教師は、変化する実践状況の中で、直面する状況に応じて行為しながら、次の行為への思考や判断を行っている。そういう「行為の中の省察」（reflection in action）を行い、実践的認識を深めていく教師をショーン（二〇〇一）は、反省的実践家（reflective practioner）と呼んだ。反省的実践家は、直線的に成長するのではなく、教師としてのライフコースで大小の成功や失敗を重ねつつ、いわば、らせん的に力量を形成していく。これからの教師は、反省的実践家としてカリキュラムをデザインし実践する力量が求められよう。

その力量形成の過程でひとつ大きな問題になるのは、教師と学習者との関係である。教師は、新たな学習者と出会うとき、それまでに学んできた教師によって形成された、学習者の持つ学習観と向き合わざるを得ない。小学校低学年から高校生に至る間に、学習者には学習とはどんなものであるか、またあるべきか、という信念が形成されていく。教師の意図せざる、隠れたカリキュラム（hidden curriculum）である。学習者は、新年度になって新しい教師の授業に参加するときに、その学びの目的や方法、授業スタイルに、自分の学習観と親和性があるかどうか、敏感に探っている。親和性が高いときには、その授業になじんでいくだろうし、あまり親和性が高くないときには自分の信念構造を微調整して自分を授業に適合させようと努力するかもしれない。しかし、親和性がかなり低い場合、その教師の授業を受け入れられないこともある。

とりわけ、反省的実践家としての教師の場合は、親和性が低い場合が想定される。というのも、反省的実践は、先に述べたように、大量の知識を画一的効率的に伝達し個人間の競争を組織して習得を促す勉強とは異なり、世界や自他の意味づけ・探究・創造を目指す学びだからである。こういった競争を用いた知識伝達型の学習観は、日本をはじめとして韓国・台湾・中国・シンガポールなど二〇世紀後半の東アジアに共通な、教育の「圧縮された近代化」だと言われる（佐藤　二〇〇〇、三〇頁）。したがって、日本の教師、とりわけ中学校・高校で受験を意識せざるを得ない学校の教師の場合、競争を用いた知識伝達型の学習観で授業に望むことが多い。そのために、勉強とは受験に必要な知識をたくさん競争的に覚えることだ、という学習観を持つ学習者が多く存在する。反省的実践家としての教師は、まずそのような学習者と向き合わねばならない。

これまでの反省的実践家としての教師教育研究は、佐藤・岩川・秋田（一九九〇）のように、反省的実践家の実践的思考様式の特徴（即興的な思考や文脈的な思考など）を明らかにしたり、藤澤（二〇〇四）のように、生徒制御技術（褒め方叱り方のコツなど）や生徒行動理解（人間関係）などの観点から反省的実践家の学習指導の力量形成過程を明らかにしようとする研究であった。しかし、反省的実践を行う反省的実践家は、実は学習観を異にする学習者（あるいは同僚や保護者）とぶつかり合うことがあり、学習者の学習観とどう関係を作っていくかということが重要になる。

本稿では、カリキュラムづくりとの関わりで、学習観をめぐる教師と学習者との動的な関係変化をとらえたい。

すなわち、反省的実践家としての教師が、自分とは異なる学習観を持つ学習者と出会い、葛藤する中で、どのように自分のカリキュラムづくりを更新し、力量形成をしていったか。その過程の特徴を探っていく。

二　事例研究

1　荻原伸の教職経験

本稿では高等学校国語科教師・荻原伸（おぎはら・しん）の場合を取り上げる。荻原は、一九九五年度に教職に就き、二〇〇七年度で教職生活一三年を数える中堅教師である。二年目から一二年目までの一〇年間は、いわゆる進学校で教えた。そして一三年間、学習者の自己を問い直し、自分と他者や世界との関係を考えさせるようなカリキュラムづくりと授業を一貫して行ってきた。学習者が、自分との関係で文化遺産を意味づけ、探究し、新たな価値の創造へと飛躍していこうとする、いわば反省的実践を志してきたのである。[1]

荻原の教職一三年間を①初任期（一～五年目）、②初任期から中堅期への移行の時期（六～七年目）、③中堅期（八年目～一三年目）の三つに分けることが可能である。初任期では、最初の二年間は実践的模索を重ね、三年目に手応えを感じる実践を作り出すことができた。四～五年目には自己の問い直しを主テーマとした、荻原にとって理想的な次のような実践を創造することができた。しかも、この四～五年目の学習者は、それを直接ねらったわけではないが、受験でも「本校では戦後最高の結果」（校長先生の言葉）を残すことになった。

教職四年目（一九九八年）は、二年生の現代文で「単元　テクストとテクストを結ぶ読み―自分のことばで語ること」を実施した（荻原　一九九九）。第一次では、視点をかえるというテーマで、荻原への自己紹介文を書き、相澤秀一「常識の虚をつく広告コピー」、尼ヶ崎彬「見立て―視点の変容」を読んで視点転換の実際を知った。

さらに、短歌をつくって、視点転換を経験してみた。第二次では、自己・他者というテクスト群を読むことから始めている。教科書の中島敦「山月記」から始まり、山田登世子「ファッションの技法」、中田英寿「中田語録」、村上龍「フィジカル・インテンシティ九八」を使って、自己の問い直しや受験第一の学校文化の相対化について考えている。さらに、創作「フィクションという自分―水の入ったコップ」をしている。

教職五年目（一九九九年度）には、前年度からそのまま持ち上がり、三年現代文の授業を担当することになった（荻原 二〇〇一）。学習者が自らのテーマを取材して、テーマの探究が自分自身にとってどんな価値を持つのかを発見することを目指すような学習を構成した。学習者たちも「おもしろいっすね、でかいことをやりましょう」などと大変な意気込みで調べていった。第一次＝テーマを決める、第二次＝テーマに関わる調査と表現方法の探究、第三次＝表現という流れだった。テーマを一部挙げると、「ニーチェで問う、本当の自分は誰？」、クローン、パラダイム、国家、意識と無意識、サッカー、古代建築の歴史、ヒッピィムーブメント」などである。

しかし、六年目には、教師と新たに受け持った二年生とのずれが顕在化してしまった。自己の問い直しを軸とした単元を展開しようとする荻原と、受験モードで固められた二年生の生徒たちの希望とが、ずれており、修復が不十分なまま一年を終えてしまったのである。教師生活で初めての蹉跌である。七年目は、三年生になった彼らとの関係を作り直そうとする日々が続く。八年目以降は、これまでの経験を踏まえて、生徒理解を生かした教育実践を展開するとともに、学校における校務分掌を中心になって担う年代になる中堅期である。

本稿では、二〇〇〇年度における実践の蹉跌経験と、二〇〇一年度以降の蹉跌を乗り越えようとする荻原実践を取り上げる。

2　荻原伸の蹉跌経験

前年度の実践で、生徒たちと共に理想とする実践を創り出すことに成功した荻原も、教職六年目（二〇〇〇年度）に新しく担当した二年生の授業で、教師生活で初めての大きなつまずきを経験する。荻原は、一九九八年度の二年生の時と同様に、現代文のテクストを読んで、自己の問い直しや受験第一の学校言説の相対化を考え、それを文章表現して級友と読み合い、さらに考えを深めていく授業を創造しようとしていたが、学習者たちはもっと直接受験に役立つ勉強をしたいと思い、荻原の授業になじまなかった。それは一言で言えば、自己の問い直しや受験第一の学校言説の相対化を共に考えようとする教師の志向性と、受験モードで固められた学習者側の志向性とがずれていたということである。その結果、意味づけ・探究・創造などを目指す教師の学習観と、受験に直接役立つ知識の大量取得を望む学習者の学習観が、ずれたまま一年間が過ぎてしまった。初めての実践上の蹉跌である。第四回インタビュー（二〇〇一年）で次のように荻原は述べている。

これもすごい戦い、……あからさまに僕に対してね、拒否をするような子もいるんですよ。……でもまあ、ウマが合わないと。……一人いると、やっぱり違うじゃないですか。（それに似た傾向の生徒が他にも多数）いたりしてですね。

これらの学習者は、それまで断片的知識の暗記や、問題集によって解き方を覚えたりする知識の蓄積を中心としてきた授業を受けてきた。勉強の時間量の多寡が問われ、試験結果が悪ければ、罰として同じ知識内容をノートに大量に書かされたり、宿題の問題集を期日までに出さない場合、最初の宿題の何倍もの量の問題をさらに解くことが罰として課される。また成績が低下すれば、点数別クラスで下のクラスへ移動させられるなど、試験と点検を繰り返し、競争と懲罰によって、勉強が制御されていた（二〇〇〇年の第三回インタビュー）。受験勉強という辛苦に耐えて、克己心を培うという精神主義も奨励されている。その結果、これらの学習者には、暗記型勉強が学習観の支配的な位置を占めていたのである。しかし、誤解を招かないように言っておきたいが、これらの学習者や教師を責めているのではない。こういった勉強の仕方は、先に述べたように、産業主義の発展を目指す二〇世紀の東アジア的学習観の典型なのだ。日本の学校文化においては、普通に見られる風景であろう。

したがって、教科書教材を使わず、受験とは一見関係ないようなテクストを読んで文集を作ったり、小試験によるこまめな点検もしないような教師は、受験第一の学習者にとって、全く異質な存在であった。学習者自身が、自分の支配的な学習観を変えられることを敏感に察知して、恐れ、荻原の実践を正面から受け止めなかったのである。ある意味、学習者は繊細で傷つきやすかったゆえに、変わることを恐れたともいえようか。

この年荻原も手をこまねいていたわけではないが、前年度までの全力疾走によって燃え尽き症候群になり、心身のゆとりを持ってカリキュラムづくりをしたり授業をしたりできなかった。荻原実践を拒否する生徒たちを、荻原が深く理解することも十分できないまま、信頼関係を築けずに一年は終わった。

3　蹉跌を乗り越えて

七年目（二〇〇一年度）は、前年につまずいた学年を持ち上がった。この年以降は、蹉跌経験を経て、荻原の実践は、変わっていく。

第一は、《教師の目指す学習観》を愚直ではあるが、はっきり示すことである。授業開きの日の学習の手引きの最初に、荻原は次のように宣言する。「昨年は、ダメなところがたくさんあった。今年は体力も気力もやる気も充実しつつあるので頑張る。……じぶんを高め、他者（ヒト・モノ）との協同的な学びをめざそう」さらに、手引きプリントには、表題として常に「『読む』ヴィジョン　世界観の転覆——世界を覆すために」と書かれている。自分は何のための国語科の授業をしようとしているのか、明確なメッセージ性を持っている。

第二は、生徒との距離が近い学習材を使いながら、小刻みに段階を上げていくという《教材構成上の方略》の採用である。例えば、最初は教科書教材の黒崎政男「チェスでヒトは敗れたのか」を読む。次に歌手・浜崎あゆみと宇多田ヒカルの「初週の売り上げ六〇〇万枚——アルバム対決相乗効果」(朝日新聞　二〇〇一年四月一〇日)という記事を読んで、「浜崎あゆみは敗れたのか」という文章に学習者が再構成する。その際、黒崎の文章の書き方(荻原は「世界へのアプローチ」という)を生かして、記事を書き換えるというものである。しかも、手引きでは書き方を段階的に丁寧に示している。例えば、浜崎は敗れたのかという問いに対して、「①まず記事の中から素材を探し出す」、「②説得性→具体例・対比などを使ってみる」という書くためのアイデアを出している。最終的には、この小刻みに段階を上げていくのをやめるが、当面の導入として採用しているのである。

第三は、もっとも大事なことであるが、《学習者の見方の変化と関係作り》である。荻原は、蹉跌経験のあった学年を卒業させると、二〇〇二年度の一年生を三年間担任しながら持ち上がっていく。学習者と担任として深い関わりを持ちながらカリキュラムづくりをしたのは初めてである。二〇〇三年度の第六回インタビューでは、学習者のことを語る語り口がこれまでと変わってきた。学習者の内面に寄り添うように温かい目で語っているのである。例えば、荻原はある学習者の作文について次のように語っている。

この子なんかね、成績悪くないのに……家バラバラで自分が家から出たら、つまり県外の大学に行ったら、もう家族がバラバラになる。……その中で自分の進路も見つけれなくて、模試も受けられないしっていうそういう子で、そういう文脈を持って僕は読んでみると、なんか自分の理解者を求めたいというか、なんか切

ないこと書いてるなとか思ったりして読んでるんですよ。（二〇〇三年度　第六回インタビュー）

いままでは、こういう語り口はほとんどなかった。学習場面に限定され、「〇〇君は、問題の切り口が鋭いんですよ。」というような語り口だったのが、担任として学習者の家庭のことも踏まえて作文を読むようになっている。こういう変わり方は、まんべんなくクラス全員と関わるというよりも、先のようなしんどい状況にある特定の生徒との深い関わりの中で生徒の見方が鍛えられ、それがクラス全員の見方を変えていくような転換点になっていったことを荻原は述べている。

でも、やっぱりA君、それからB君っていう、この二人をどう理解していくかっていうか、担任としてもね、そばにいる大人として。それが大きかったかもしれない。（二〇〇三年度　第六回インタビュー）

それまでは荻原は、自分の持つ学習観や反省的実践の世界に、学習者を引き込もうとする形であった。しかし、蹉跌経験を経て、学習者の世界に深く参入して、生徒教師共に自己を開きながら、ゆっくり自分の反省的実践を展開するようになっていったのである。

三　おわりに

反省的実践家たらんとしている教師としての荻原は、自分とは異なる学習観を持つ学習者と出会ったとき、自分の学習観に一方的に引き込もうとして失敗した。再びそうならないためには、時間をかけて学習者を理解しつつ、自己開示もして、関係性を作っていく必要があった（《学習者の見方の変化と関係作り》）。その上で、《教師の目指す学習観》を様々な形で学習者に浸透させ、《教材構成上の方略》の工夫も重ねることが重要であった。このようにして、萩原は反省的実践家としての力量形成をし、初任期から中堅期へと移行していったのである。

注

（1）筆者（松崎）は、藤原顕（兵庫県立大学）と萩原伸との三人で、インタビューや授業観察を重ねる共同研究を継続してきた。共同研究の成果には、以下の論文がある。まず、萩原が教師になるまでと初任期（一九九五〜九九年度）の力量形成過程を分析したものに松崎（二〇〇七a）が、初任期から中堅期への移行期における萩原の実践上の蹉跌経験の乗り越え（二〇〇〇〜〇一年度）を分析したものに松崎（二〇〇七b）が、一九九七年度から二〇〇一年度の萩原実践を教師としてのアイデンティティ形成を軸に分析したものに藤原・萩原・松崎（二〇〇四b）が、中堅期に入った萩原の二〇〇二年度の現代文の実践をカリキュラム経験による国語科教師の実践的知識の変容という観点から分析したものに藤原・萩原・松崎（二〇〇四a）が、同じく二〇〇二年度の古典の実践を教材研究から授業化への過程を分析したものに松崎（二〇〇七c）がある。本稿は、松崎（二〇〇七b）をもとに、実践上の蹉跌経験を反省的実践家としての教師と学習者との学習観の競合の観点から、分析したものである。

参考文献

萩原伸（一九九九）「自分のことばで語ること・生徒が読者になるとき—教科書「山月記」との格闘」『神戸大学国語教育学会・国語年誌』第一七号
萩原伸（二〇〇一）「自己増殖する学び—公共性と雑種性のある空間作り」・『国語教育の理論と実践・両輪』第三三号
藤澤伸介（二〇〇四）『「反省的実践家」としての教師の学習指導力の形成過程』風間書房

藤原顕・荻原伸・松崎正治（二〇〇四ａ）「カリキュラム経験による国語科教師の実践的知識の変容―ナラティブ・アプローチを軸に―」・『国語科教育』第五五集　全国大学国語教育学会
藤原顕・荻原伸・松崎正治（二〇〇四ｂ）「教師としてのアイデンティティを軸とした実践的知識に関する事例研究―ナラティブ・アプローチに基づいて―」・『教師学研究』五・六合併号　日本教師学学会
松崎正治（二〇〇七ａ）「初任期国語科教師の力量形成の過程―進学校の学校文化相対化を契機として」グループ・ディダクティカ編『学びのための教師論』勁草書房
松崎正治（二〇〇七ｂ）「教師が実践上の蹉跌を乗り越えるとき」・『月刊　国語教育研究』No.四二〇　日本国語教育学会　四月号
松崎正治（二〇〇七ｃ）「教材研究のひらめきと活性化」・『国語授業の改革⑦―教材研究を国語の授業づくりにどう生かすか』学文社
佐藤学・岩川直樹・秋田喜代美（一九九〇）「教師の実践的思考様式に関する研究（1）―熟練教師と初任教師のモニタリングの比較を中心に」・『東京大学教育学部紀要』第三〇号
佐藤学（一九九六）『カリキュラムの批評―公共性の再構築へ』世織書房
佐藤学（二〇〇〇）『「学び」から逃走する子どもたち』岩波書店
ショーン．Ｄ．　佐藤学・秋田喜代美訳（二〇〇一）『専門家の知恵―反省的実践家は行為しながら考える』ゆみる出版

※本稿は、藤原顕（兵庫県立大学教授）、荻原伸（鳥取県立鳥取商業高校教諭）との共同研究に多くを負っている。記して感謝したい。

教師教育としての言語の教育
――小学校教員養成課程における実践「インタビュー作文『ひと』」を中心に――

坂口京子

一　教師教育に求められる国語教育観の形成

現在、国際標準の学力育成は急務となっている。その内実を国語教育の視点から示せば、発想力、論理力、表現力、批判的思考力、コミュニケーション力といった情報の主体的な受容・発信に関わる言語能力となろう。基準となるのがＯＥＣＤ（経済協力開発機構）による報告書『キー・コンピンテンシー――国際標準の学力をめざして』である。同報告書は「学習への意欲や関心から行動や行為に至るまでの広く深い能力観、コンピテンシー（人の根源的な特性）に基礎づけられた学習の力」を目指し、三つの領域（相互作用的に道具を用いる／異質な集団で交流する／自律的に活動する）において把握している。[1]その「道具」に知識や情報、言語やシンボル、テクストがある。知識が高度化かつ複雑化し、常に更新される社会である二一世紀は、多元的な価値を理解しつつ共生する能力が求められる。その中で他者との関係性の構築、人間の自律性の根幹に「相互作用的に」言語を用いる能力が位置づけられていることに注目したい。

一方、小学校段階の国語教育において、読み書きの道具である文字や基本語彙の習得が不可欠であることは異存のないところであろう。国際標準の言語能力の育成が求められるとはいえ、その実践化は以上の基礎的な学習と連関し構造化して行われるべきであり、不易の学力と新しい学力との実践的な止揚が今改めて問われている。

その止揚をどのように実現していくか。この問題は、一人ひとりの教師が自身の教室をどのように構想していくかという個別的かつ実践的なレベルでとらえられなければならない。というのも、一時間一時間の授業、ノートや作品に記すコメントといった個々の指導は決して単独に行われるものではなく、教室経営や学習構想といった教師自身の思想に支えられて現象化するからである。また、求められる言語能力は、国語科という枠組みではなく、全教育活動を通して育成されるべき内実を有する。言葉に関わる全環境、例えば、全教科を通じての学習ルールやコミュニケーション・スタイルをどのように構想するかという点までが含まれよう。

ここで個々の教師を問題にするのは、「同僚性」や「メンタリング（先輩教師が後輩教師の学問的自立を見守り援助すること）」といった協同性を軽視するのではなく、教育実践における最終的な責任と裁量は個々に任されるべきだと考えるからである。目指すべきは、一人ひとりの教師が恒常的かつ継続的に、国語教育の不易と流行それぞれの意義と必要性を吟味し、子どもたちの実態に相応した形で、自律的に言語のカリキュラムを構想しデザインしていくことである。その力が国語学習構想力であり、その基盤に言語の本質、教育の本質に根ざした国語教育観が形成されていなければならない。またその内実は常に真摯に問い続けられなければならない。まさに自律し成長する教師、生涯にわたって学び続ける主体の形成が目指されている。

とするならば、学生への教師教育においても、国語学習構想力の基盤となる国語教育観の形成こそを最重要ととらえるべきであろう。それは国語科教師としての専門的力量である、学習内容に関する基礎素養、教科内容や授業実践に関する能力の礎となるものである。

二　言語（日本語）の本質を探る――インタビュー作文「ひと」の取り組み――

1　言語の限界性と批判的読み

それでは、その国語教育観はどのように形成していけばよいのだろうか。まずは国語教育という枠組みをいったん解き、言語そのものの機能や日本語のもつ特質という根幹的な把握に立ち返る作業が必要であろう。言語（日本語）の本質的機能から言葉の教育を自覚的にとらえ直す営みである。

道具である言語は、「もの」や「こと」そのものではないという点で、シンボルやテクスト（メディアを含む）と同種の限界性を有する。逆にいえば、言語はそれを使う主体の認識を直接に反映し、しかもその主体は「相互作用的」すなわち受容と発信それぞれのベクトルに存在する。受容主体は表現内容の適否や過不足を吟味し、状況での意味を問い、表現主体の意図を見極めなければならない。一方の表現主体は収集した情報を取捨選択し、何を誰にどう伝えるのか、形式やスタイル、語彙に至るまで表現内容を精査しなければならない。道具を「相互作用的」に用いるためには、コミュニケーション力のみならず発想力、論理力、批判的思考力を必然的に駆使することになる。

この点を体得するためには、学生自身が言語主体として情報の受容・発信に関わる場を設定することである。重要なのは情報の内実について学生自身が熟知していること、そうでないと言語の限界性は実感できまい。以上の問題意識に立って取り組んだのが、インタビュー作文「ひと」の実践(2)である。小学校教員免許選択科目（二〇〇六年度後期・科目「国語ＩＢ」）で行った学習の手順は以下のとおりである。

①　二人組となり、お互いにインタビューする（話題は「今熱中していること」または「継続してきたこと」）
②　インタビューの内容を整理して作文を書く（形式は朝日新聞の「ひと」欄を参考にして段落構成を示した(3)）
③　お互いの作文を読み合った後、学習についての感想を書く（代表者の作文・感想を印刷して交流した）

以下は学生の記した感想からの抜粋である。

・正直恥ずかしい。人物がまるで別人のように思える。しかし、それは間違いなく自分のことが書いてあった。上手くインタビューの内容がまとめられており、要点をつかみやすい。また自分のことながら考えさせる内容もあり、本当にそうなのかと思い悩んでしまった。事実は事実でも誇張された部分があると感じられ、だまされてしまいかねない……。自分のことだから気づけるが、他人のことが書かれた内容であったらたぶん気づきはしないであろう。（社会専攻一年男子）

・自分が口から発した何気ない言葉が、自分以外の誰かの中で消化され、吸収されていくことに不思議な気持ちになった。（引用者略）どの言葉に重点が置かれているかをみてみると、書いた人の人間性までも垣間見ることができると思う。きっと同じインタビューで、同じように答えても、インタビュアーによって全く異なった文章が出来るのだろう。それは少し怖いことのようにも思える。しかし同時におもしろさもある。発せられた言葉を吟味することで、自分の言葉も吟味されるからだ。（音楽専攻一年女子）

文章の内容は絶対であり、共感すべきものだとする認識は学生の中に根深い。義務教育や高校段階において批判的な読み、すなわち、①疑問や調べたい点を挙げる、②論の進め方について吟味する等の学習を経験していても、思考態度や行動習慣としての体得に至っていないのが実態である。しかし自分のこと、しかも自分の話した内容が他者の手を経て文章化されると、その内容と表現への違和感は実感として迫ってくる。「文章は批判的に読むべきものだと心から思った」と記した学生は、それまでの自分の読みは何だったのかとも書いている。

2　言語主体の形成とコミュニケーションにおける誠実性

言葉は伝わらない、それが言語の限界性である。しかし、だからこそ他者と「相互作用的」に交流を図るためには相手の真意を把握し、自分の真意を届けようとする関係性の構築が必要となる。そしてその土台となるのがコミュニケーションにおける誠実性である。

・まず、上手に自分のことを表現してくれていて、嬉しかったです。（引用者略）私が相手に伝えたかった思いや気持ちが表現されていて、逆に自分は相手の事をしっかり表現できていたのかが心配になりました。インタビューを通して相手を説明する文を書くときには、互いの相手に「信頼感」がなければ、最高の記事は書けないと思いました。（心理専攻二年女子）

・読んで、率直に感動した。いつも自分が取り組んでいるものを文章にしてもらうことで照れもあるが嬉しい気持ちになる。（引用者略）「ひと」という文章にまとめる段階で友達が自分のことをいろいろと考えてくれたのだと思うと、文章にプラスされた思いがわかってうれしく思う。もし学校で子どもたち同士がこういう活動をすると、たとえ嫌いだという子がいたとしてもそれは見える表面的なところだけで、深いところまで知ればその子に対する見方も変わってくるかもしれないと思った。（国語専攻一年女子）

実際のインタビューでは、学生の人間関係を尊重してペアを決定した。聞き手になる場合、①表情・あいづち、自分の感想を述べる等で話し手を受容しつつ、②その思いの背景や細部まで聴くことを指示した。したがって相互の信頼関係は活動の前提にあったのであるが、以上の感想はその点に言及し、さらにインタビュー自体が相手の気遣いに支えられたものであり、深い人間理解にもつながるという指摘がなされている。

ここで注目したいのは、言語と人間との関係性の問題である。岡本夏木が指摘するように、言葉は他者との相互交流によって獲得されるものであり、その習得は自己表現によってしか成立し得ない。そこでどのような言葉を取り入れるのか、その誠実性が人間形成の中核に深く影響を与えるという。ここでいう誠実性とは、言葉による思考活動を包摂し支える倫理的概念を含む。例えば幼児期の子どもは、しつけ場面で自己と他者の相互の観点を照らしあったり、自分に起こった出来事を解釈したり関係づけたりするが、その過程で折衝や説得、説明といった思考活動を言語化する。そこでどのような他者が対話の相手となるのかが重要だというのである[4]。

言葉を取り入れることは相手の人そのものを取り入れること、以上は言語と人間との関係性における普遍的な原理と位置づけてよいだろう。言語において誠実なる他者と接する機会をどれだけもつか、それは幼児期のみならず生涯においても重要となる[5]。問われているのはコミュニケーションにおける誠実性であり、何のためにどう言葉を用いるかという言語主体の倫理性である。

確認するまでもないが、批判とはクリティカルな思考であり、感情的な非難ではない。現在、ネット社会における誹謗・中傷は喫緊の課題であり、さらに進展が予想される高度情報化社会において、言語における誠実性はますます重要な態度となっている。また、諸外国で行われるショー・アンド・テルやプロジェクト学習の発表は「一人ひとりの学びを尊重して静かに聴いている子どもたちの反応[6]」があって始めて成立する。自分の意思を明確に伝えることが一般とされる社会において、相互尊重のコミュニケーション態度はその前段となっているのである。

三　言語（日本語）と国語教育を相対化する視点

1　日本語の内包する文化と「共感教育法」

言語主体の自律性と誠実性を言語の教育の両輪とすること、インタビュー作文「ひと」はそれを再考する実践である。[7]

この、自明ともいえる言語の本質的機能を相対比する営みを、なぜ教師教育の段階で行うのか。そこに、日本語の内包する文化と、国語教育の実態の問題がある。

興味深い調査結果がある。日本人とアメリカ人の敬語行動を「ペンを借りる表現の使い分け」で比較した結果、アメリカ人は「話し手の責任において自らの意思で話の場の諸要素を分析的に考えて表現をあれこれ考えて使っている」のに対し、日本人は「一人の相手に一つの表現を選んだらそれで済ましている」[8]という。なぜこういうことが起こるのだろうか。そこには「場のウチ・ソトの区別と表現の『です・ます』の有無さえ間違えなければ、あとはどの表現を選んでも構わない」という日本語の高コンテクスト文化が影響している。コンテクスト・場とは思考習慣あるいは行動習慣としての文化の要素であり、日本語の場合、場の中での自分の地位や役割を認識し、相手との関係を的確に把握し、それに対応する言語表現を選択することで敬意や気遣いを表す。選択した言語表現自体に相互尊重のコミュニケーション作用が含まれるため、個々の言語主体の責任を必須としない側面があるのである。

日本語の高コンテクスト文化が思考習慣や行動習慣、ひいてはコミュニケーション・スタイルそのものに影響を与えているという事実は重い。（＊相手を尊重して日本語を使うという行為が、場や相手への対応という枠組みに閉じられるということであり、それは教室においても例外ではない。）日米仏の国語教育を歴史社会学的視点から考察した渡辺雅子は、継続してきた授業観察をふまえ、わが国の国語教育の特徴を次のように分析する。(9)

・物語鑑賞の授業法は（引用者略）状況や情景から主人公や登場人物の「気持ち」を読み取り、登場人物へ共感することによって物語を理解するという「共感教育法」である。（引用者略）物語理解の最初のステップとして「自由にイメージを膨らませて」状況を想像することに多くの時間が費やされるが、児童に自由に発言させながらも、学級全体で共通のイメージを作り上げて行くことが授業のポイントとなる。

・西洋で個性のイメージと言えば、「社会と対峙する孤独な個人」が思い浮かぶが、日本の教育言説ではより拡大された個性の解釈が頻繁に用いられている。例えば、「集団の中でこそ生かされる個性」、あるいは「（個性とは）個人の個性のみならず、家庭、学校、地域、企業、国家、文化、時代の個性をも意味している」という言い方がなされる。日本の国語・作文教育の理論と実践には、この拡大された個人の解釈との一貫性が認められる。

全員で声を合わせて繰り返し教科書を読むこと、説明文において段落ごとに意味を見出しつつも、例えば環境問題では、自然を擬人化して児童の生活に引き寄せて考えさせることも「共感教育法」であるという。

共感とは、言うまでもなく作品理解の第一歩であり、コミュニケーション態度の基本でもある。また、わが国の国語教育実践において、言語生活を視野に入れた、批判的な思考態度を育成する様々な取り組みもなされてきた。しかしここでの問題は、わが国の国語教育の実態として、教室、子どもの生活、作品世界というコンテクスト・場への対応として言語行為が閉じられ、共感ひいては集団との融合を了解事項とする画一性が認められること、しかも、それがコンテクスト・場に対応する言語行為、「拡大された個人の解釈」といった点で、日本語や日本文化の問題と通底していることである。

先に述べたように、学生の言語実態として共感的態度は根深く、限定された場や人間関係を相対化できない傾向もある。実際、若者や子どもたちに表面的な「優しい関係」が広がっているという。[10] 自律性を確保できず、限定された人間関係にお互いに依存し合わなければ存在確認できないという状況の広がりである。一方、ここ十数年、特に若者を中心とした傾向として合いの手・あいづち・オウム返しといった日本語群が死滅しつつあるという指摘もある。[11] 小津安二郎や向田邦子のシナリオによくみられた振る舞いや態度、「ああ」「それで」といった類の言葉群である。現象化しているのは、①限定されたコンテクスト・場に強迫的に閉じられる言語行為の加速化の問題であり、②コンテクスト・場に対応して円滑な相互理解を進める、非言語コミュニケーションを含んだ日本語群の消滅の問題である。

日本語の内包する文化と通底する国語教育の実態、そして対極に引き裂かれるように変化しつつある若者の言語実態は、国際化・情報化の進展する社会において、言語（日本語）の教育がどのような方向性を目指すべきかを示唆していよう。それは、日本語のもつコンテクストや場への対応という共感的かつ協同的な特質をコミュニケーションにおける誠実性の観点から継承しつつも、自立した言語主体として情報真偽見極め力や批判的認識力を獲得する、以上を統合止揚する方向性である。[12]

2　言語（日本語）と国語教育を相対化する実践的視点

教師教育における言語の教育は、相対化をキーワードに実践内容を組み立てるべきだと考えている。それは言語（日本語）の相対化であり、国語教育の相対化である。特に、学生の国語学習の経験が、通史的かつ将来的な全体像の中でどのような位置にあるのか、厳しく問わなければならない。その作業を経ずして、国語教育観の形成は成し得ない。その際、目指すべき国語教育実践の学習スタイルを採用すること、内容学との有機的な関連・統合が必要となろう。以下、試案を含め、実践化への二つの視点を示す。

（1）日本語（文化）の特質を相対化する

日本語、特に日常的な生活語がどのような特質をもつか。文法・語彙、敬語、語用論等が学習対象となるが、中でも語彙を相対化する視点は重視したい。日本語が語彙の豊富さという点で、各言語に比較して抜きん出た特徴をもつからである。先に挙げたコンテクスト・場への対応という点も、例えば「われ」や「吾」といった言葉が一人称と二人称をともに示す相互性に象徴されていよう。演習等では、以上に代表される日本語の特質を、問題解決的な学習や実際の言語活動を通して検討させるべきである。一例として、言葉の使われる場の脚本化がある。類義語、例えば「怒る」「おかんむり」「ねじこむ」「へそを曲げる」「堪忍袋の緒が切れる」等を取り上げ、その言葉が使われる状況を創作し演じるのである。感情の微妙な差異を表現してきた日本の語彙文化を相対化した上で、文字・語彙学習においても、言葉を獲得し活用する段階の学習を尊重すべきことを体得させたい。[13]

以上は、内容学との有機的な関連・統合の提案でもある。古典・近代文学や児童文学を扱う内容学には独自の体系と目的があるが、逆に読書や鑑賞対象を拡大する好機としてとらえ、教材としての価値、教材化の視点を提示することが検討されてよいだろう。[14] 例えば卒業研究における題目の工夫、古典芸能（歌舞伎・能・狂言・文楽等）の鑑賞機会の活用等がある。直接の教材化には結実しなくとも、国語教育の学習内容を新たに開拓する能力の伸長は目指されなければならない。

（2）国語教育実践を相対化する

まず、歴史に学ぶ視点の獲得である。国語教育実践の蓄積に真摯に学ぶ態度を育成し、研究論文や実践報告を読み取る能力を体得させたい。それは学び続ける主体形成の基盤であり、国語教育実践の全体像を把握する一視点となる。例えば、現在の課題との類似性を有した戦後教育改革期、その実践の特徴は以下の二点に集約できる。

・論理的思考を感情と行動を伴ったものとして把握し、思考態度や思考表現のスタイルとして系統的に示し、読む・書く・聞く・話す・見る・調べるといった多角的総合的言語活動や日常生活を通して体験的に学習する。

・日本語やメディアの学習を学習対象として明示し、小学校低学年段階から系統的に位置づける。

教師（集団）が自律的にカリキュラムを編成、言語の教育を全教育活動に構造化する中で、場の閉鎖性、教科の閉鎖性の解放が目指された。思考態度と思考表現のスタイルは各々の系統化が帰納的に考案されたが、その中で学習展開に「内容追究の技術（skill）」を位置づける提案もなされている。[15]統合や比較、対照、分類といった思考を活動の型として具体化、観察、疑問と解決、実践、批判、分析、発表、照合、判断等が示されたのである。歴史的な認識は、国語教育観の形成という意味で学生指導においてこそ肝要であり、指導に携わるものは偏することなく適時性と重要性を考慮した提案を行っていかなければならない。自戒を込めて記しておく。

二つ目は、自身の歴史の相対化である。学生の実態から、建設的な批判態度と思考表現の育成は最大の課題である。その場合、テクスト（広告・記事・写真・映像等を含む）がリアルに直面する「場」とその全体性をみる体験、[16]すなわち、身近な問題に関する複数テクストを読んで考えたことを表現する学習は必須であろう。二〇〇七年、本学の系列校である常葉学園菊川高等学校野球部が甲子園大会に出場、成果をあげた。報道の中に野球以外の話題に焦点化した雑誌記事があった。それを中心に、学園内部で発信されたテクスト（広報誌や写真、お知らせ等）、他の各種メディアの情報等を含めて教材化した。テクストはだれが何の目的で、どのような媒体と表現スタイルを選び、誰を想定して発信しているのか、その背景に何が見えるのか。以上の課題が切実となる教材選択とその開発が、学習の成否を決定しよう。

注

（1）D・S・ライチェン、L・H・サルガニック著　監訳　立田慶裕　明石書店、二〇〇六年五月、二〇三・二〇八頁
（2）この学習は田中宏幸氏によって実践的な提案がされている。（日本国語教育学会二〇〇五年ワークショップ資料）
（3）第一段落　主題に対する関係やその人なりの見方／第二段落　主題に関する概要／第三段落～　主題との出会い・いきさつ・思い等／最終段落　別の視点からの情報を紹介して主題にひきつけて総括
（4）岡本夏木『幼児期』岩波新書、二〇〇五年
（5）学生の感想には「純粋に、自分の伝えたいことが相手に伝わっている、というたったひとつの事実だけでもうれしい」「この文を読ませてもらうことによって、もう一度自分はどのような存在になりたいのか、考えさせてもらう良い機会になりました」等があった。限られた場と形式ではあったが、誠実なる他者との対話から精神的な充足感を得、自己への内省が促されたことが伺われる。
（6）佐藤学『授業を創る 学びが変わる　教師たちの挑戦』小学館、二〇〇三年、一八九頁
（7）誠実性を確認し体得する学習として、これまでの自分の経験から自身を「奇跡のように甦らせ、向上させ、意欲を与えた」言葉と状況を文章化させている。（参考：三浦綾子「言葉の持つ力」教育出版『教科通信』第30巻第6号）
（8）井出祥子『「わきまえ」の語用論』大修館、二〇〇六年、一一三頁
（9）渡辺雅子「日・米・仏の国語教育を読み解く―『読み書き』の歴史社会学的考察」『日本研究第三五集』国際日本文化センター創立二十周年記念特集号、二〇〇七年　五七五・五八三・五九三頁
（10）土井隆義「『優しい関係』に窒息する子どもたち」『世界』七六〇号　岩波書店　二〇〇七年、六七～七四頁
（11）鴨下信一「人の話を聞かない症候群」『文芸春秋』三月号　文芸春秋　二〇〇七年　八五～八七頁

(12) フランスでは自己表現や批判的な態度は中等教育以上で導入されており、日本に適する具体化は課題としたい。
(13) フィンランドの国語教科書では、各部冒頭に、示された語句を使っての短作文学習がある。①自分の体験や身近な出来事に関連させ、②グループでの話し合いや説明に展開させ、③考える契機となる学習が重視されている。
(14) 本学では、文楽の年一回の鑑賞が大川信子教授によって継続されている。二〇〇七年の題目は「夏祭浪花鑑」、大阪の人情話が展開される中で生きる核は何にあるのか、「立てる」という語彙に注目した検討は、国語教育の課題となろう。
(15) 石橋は、親の権力で子どもの人間関係が固定化される状況を問題とし、多角的総合的学習方法を選択しつつ自分たちの生活や現実に対してどのように思考し認識するのか、方法・手順としての「内容追究の技術」を示した。その「疑問と解決」では国語教材について十二の発問・学習課題を設定、「この教材はほんとうかうそか、どんな点がうそか」「この教材にたいしてとくに自分の考えや、じぶんとの関係について」等により、科学的な思考態度と思考習慣の育成を志向している。一九四九年「人民のための学習技術（二）」『あかるい教育』一八号（引用は一九八四年『石橋勝治著作集七巻』あゆみ出版　二一二～二一三頁）
(16) 難波博孝「目指すべき読みの力とは何か―国際および日本の調査から考える―」『両輪』第四二号、両輪の会、二〇〇四年

国語科教員養成における到達目標の設定
——NBPTS（プロ教員検定）英語科検定基準の分析——

榎本隆之

一　国語科教員養成の「基準」——その最低限と究極と

名教師の名教師たる所以は何か。熟練教師にできることは、初任教師のそれと比較して何が違うのか。そうした観点からわが国の教員養成システムを眺めたとき、教員の資質にかかわる最低限の基準は設けられていても、究極の目標が不在であることに気づく。ここでいうところの最低限をさしあたり、教員免許交付の段階を指すものとしておこう。教員免許がはたして教員としての最低限の資質を保証しているか否かについては議論があろうが、いまは措く。では一方、究極の資質とはいったいどのようなものだろうか。古今の名教師の授業は悟りの境地にある名人芸であって、余人の及ばない領域なのか。ごくふつうの教師が、教育のプロとして目指すべき地点はどこにあるのか。

たしかに、実践例という意味でなら、優れた実践は枚挙に暇がなく、目指すべき目標は明確に存在する。教育施策にしても、二〇〇七年に成立した改正教員免許法(1)にせよ、教育公務員特例法(2)にせよ、いずれも最低限の資質能力を確保するための対策という意味合いが強く、究極の資質能力とは縁が遠い。民間・地方においては教員の能力を段階別に把握する試みもあるようだが[3]、いまのところわが国の教員の人材育成システムとしては、具体的な到達目標を科目別に設定しその基準に従って優秀な教員を認定するという発想はないといえる。最低限はあっても、究極はない。

では、真に「魅力ある優れた教員」[4]が備えるべき資質とは何か。わが国の教員が持つべき専門的能力の究極とは何か。とりわけ国語科のそれはどのようなものか。本稿では、アメリカの教員養成において支配的な影響力を持ちはじめたNBPTS[5]（プロ教員検定）[6]の英語科検定基準ならびに評価項目を紹介、分析することで、教員養成におけ る高度な到達目標について考察し、わが国の国語科教員養成にとって示唆的な要素を探ることにしたい。

二　NBPTS ―検定の概要

本章ではNBPTSの成立と普及、その効果について概観しておきたい。

まず、アメリカにおけるNBPTS成立の背景はおよそ次のとおりである。レーガン大統領の諮問委員会が一九八三年に「危機に立つ国家」[7]を発表し、教員の資質向上を核とした教育改革がスタートした。これは、教員の地位と待遇を改善することによって、「究極的には教職の専門職性確立を目標に掲げる」[8]ものであった。これを受けてカーネギー財団は一九八六年に「備えある国家―二十一世紀の教師」[9]を答申して、いくつかの勧告をおこなった。その勧告のなかには、学校の再構築、教員の専門職としての自立性といった項目に加えて、教員の高度な資質を測定する基準を設けること、さらにその基準に合致する教員を認定することが含まれていた。これが起源となって、翌一九八七年、財団としてNBPTSが設立されることになる。

NBPTS（プロ教員検定）とは、アメリカにおける「高度な資質を備えた教員」を認定するための検定である。これは非営利財団（非政党系・非政府系）によって運営され、近年とくにその影響力を増してきた検定である。最初の検定合格者を認定したのが一九九四年で、二〇〇六年までの一三年間に約五万五千人の合格者を認定している。当初は毎年数百人単位の合格者であったが、二〇〇二年以降は毎年およそ七千人～八千人の合格者を出している。

以下、この検定の目的・検定教科・受験資格・検定料・合格のメリット・普及とその効果について順次述べていくことにする。

目的は、まず難度が高く厳しい検定基準を設置すること、そしてそれに従った検定を実施すること、またそれによってきわめて高度な資質をもった教員を養成することである。さらにその先には、合格した教員が、現場での学習成果を高め、ひいては国家の教育レベルを高めることまでを視野に入れている。なお、NBPTSの検定は、各州の教員免許（アメリカでは教員免許は各州の専権事項）とは次元が異なる、全米共通の規格である。各州が発行する教員免許が教職への門戸であり最低限の水準であるのに対して、NBPTSの検定は専門職（プロ）に相応しい人材を認定する究極の水準といえる。

検定教科は現在一六教科。[10] 教科ごとに、小・中・高の段階別に検定基準が定められている。

受験資格は学士号を取得していること、州の教員免許状があること、最低三年以上の現場経験があること、の三点である。

検定料は二五〇〇ドル（約二九万円）、検定期間は標準で六ヵ月から九ヵ月間である。受験者にとって金銭的負担と時間的負担（約二〇〇時間～四〇〇時間の仕事量が要求される）がきわめて大きいのが、特徴の一つといえる。

検定内容は大きく分けて二つある。一つは検定試験で、もう一つは実践記録の提出である。検定試験は記述式の問題が六問あり、それぞれ三〇分間、合計三時間である。実践記録は、四ヵ月から九ヵ月間におよぶ指導の記録をポートフォリオ形式で提出するものであり、受験者は合計四種類のポートフォリオを用意しなければならない。ポートフォリオの中には、指導案や指導記録とともに、実践した授業の録画ビデオ、そしてその実践過程において生徒が作成した作品を含めることとなっている。このポートフォリオと検定試験が採点に回され、採点期間約半年を費やして合否が決定されるわけだが、これまでの合格率は約四〇％と低い。

では、それほどの金銭的・時間的負担をかけてこの検定に合格するメリットは何か。二点述べよう。まずは名誉がある。合格者には称号としてNBCT[11]が与えられ、実際にそのことを名刺に印刷したり、肩書きとして用いたりする場合が多い。転職の際にも有利となる。つぎに、報奨である。報奨は、NBPTSから直接出されるわけではなく、その合格者が在籍する州や学区域から出される。二〇〇四年以降、全五〇州においてNBPTSの合格者は報奨の対象となり、昇給、一時報奨金、あるいは検定料補助金のかたちで出されることになった。昇給幅は州や学区域によって異なるが、率で三％～二〇％、金額にして毎年約一五万～百万円の幅、一時金になると最高で二三〇万円というケースがある。[12]検定料の補助金は約一〇万円～全額（約二九万円）の幅、ただし不合格になると補助金が出ない場合もあるようだ。

こうした昇給制度は、受験者個人に対する褒賞という側面がある一方で、人事管理制度において能力別待遇を促進する一面をもっている。優秀な教員を厚遇する一方で、能力の低い教員はそれなりに処遇される、という状況が全米に広がりつつある。いわば教員個人においても、学校単位、学区域単位、州単位でも、成果主義的な評価体制が浸透しつつあるのが今日のアメリカの教育であり、NBPTSはその一翼を担っている仕組みだといえる。

では、この検定はどのように普及してきたのか。累積合格者数の増加に伴って、より多くの州においてNBPTSが認定されるようになり、合格者に対する報酬が出されるようになった。

一方、大学の教職課程では、NBPTSがインターネット上で提供しているビデオを教材として利用し始めている。またNCATE[13]（全米教職課程認定協会）は、修士課程レベルの教職課程基準に、NBPTSの検定基準要素を導入した。これは、全米の大学院教職課程が今後、その指導内容にNBPTSの検定基準を準用していくことになったことを意味している。本来NBPTSは、教職課程や初任教師[14]を対象として想定していないが、そうした層に対しても一定の影響力を持ち始めているといえよう。

普及の背景にあるのは、端的に言って、良い教師は良い学習効果をもたらす（現場教員の資質改善を最優先する）、という考え方が支持されていることにある。合格者を対象とした追跡調査の結果[15]は、この検定の効果を概ね肯定的に伝えている。例えば、合格者に教えられている生徒は、州標準テストにおいて七～一五％成績が良いとか、多くの合格者が合格後に学校内・学区域内で指導的な役割を果たすようになっている、というように。

そしてとくに教育困難校において合格者の能力を有効に活用しようとする動きが高まっている。一例として多くの低学力校を抱えているシカゴ市では、二〇一一年度までに市の全教員の一〇％をNBPTSの合格者にするという方針を掲げている。アメリカの低所得者層・マイノリティ層の教育改善と密接に結びつく形でNBPTSが作用しているといえる。

三　NBPTS ――英語科検定基準・評価項目

前章では検定の概要を紹介した。そこで本章では、英語科の検定基準・評価項目について分析したい。まず、全教科共通の五大理念があり、それを基盤として各教科の検定基準・評価項目が展開されている。

1　検定基準の五大理念

全教科共通　五大理念

一．教員は、生徒とその学習とに専念する。

二．教員は、教える教科の内容とその教え方に精通している。

三．教員は、生徒の学習活動の管理・監督に責任をもつ。

四．教員は、自身の実践について理論的に考え、経験から学ぶ。

五．教員は、学習集団の一員である。

一は、フィロソフィーとしての「学習者中心」を打ち出したものである。個々の学習者の違いに対応する指導をしていること、また学習者の発達段階への配慮がなされていること、学習者すべてを公平に扱うことなどが含まれている。一と二は対になっていて、それぞれ学習主体と学習内容に関わる項目である。三は指導法に関する項目であり、複数の指導法の使い分け、グループ学習の指導、柔軟な評価などが含まれる。四は、「反省的実践家」(16)を反映した項目で、プロ教師をたんに「技術的熟達者」としてではなく、自己研鑽能力を備えた人物として捉えることを示したもの。五は協調性に関する項目で、学校内での連携、家庭との連携、地域社会との連携が含まれている。

2　英語科検定基準

右のような理念の下に各教科の検定基準が設けられている。英語科の検定基準は一六項目からなっている。(17)出典は八八ページに及ぶ文書なので、ここでは見出しだけを抄訳しておく。

英語科　高校段階(18)のプロ教員　検定基準(19)

▽効果的な学習を準備する能力
一．生徒個々人についての予備知識
二．英語科教科内容についての豊富な知識
三．カリキュラム作成の能力
四．公平さ・公正さ・多様性の尊重
五．学習に最適な環境を整えること
六．指導資料を効果的に用いること

▽教室での学習効果を高める能力
七．統合した指導（六領域の統合・他教科との統合）
八．読むこと（文字テキストの理解）
九．書くこと（文字テキストの表現）
一〇．話すこと・聞くこと（音声テキストの表現と理解）
一一．観ること・描くこと（メディアテキストの理解と表現）
一二．言語学習（第二言語としての英語）の指導力
一三．多様な学習評価をする能力

▽間接的に学習効果を高める能力
一四．自己省察の能力
一五．教育関連機関への参加と寄与
一六．家庭・地域社会との連携

3　英語科評価項目

評価項目は、大きく二つの部門に分かれている。ポートフォリオと筆記試験とである。ポートフォリオは、約半年間の実践についてレポートするものであり、四項目に分かれている。筆記試験は記述式で全六問、各三〇分以内で解答するものである。

英語科　高校段階のプロ教員　評価項目

▽ポートフォリオ

一．読むこと・書くことにおける学習者の成長を分析したレポート
二．実践の分析〔クラス全体のディスカッション〕〔ビデオ記録の添付〕
三．実践の分析〔小グループのディスカッション〕〔ビデオ記録の添付〕
四．学習効果を分析したレポート

▽筆記試験

一．文学作品の分析力
二．読解力（文学作品以外）とメディアの駆使
三．読解指導力
四．第二言語としての英語の指導力
五．文章力
六．作文指導力

これらの評価項目の詳細を、まずポートフォリオから見ていこう。

第一ポートフォリオでは、二人の生徒による四作品を提出する。感想文二作品ならびに課題作文二作品である。それぞれの課題内容、評価基準も添える。併せて、提出する作品が学習者の問題点と成長とをどう反映しているかについて分析したレポートを添える。

第二・第三ポートフォリオでは十五分間のビデオ記録を二本添付して、クラス全体・小グループのディスカッションを指導する様子を報告し、英語科の指導能力を示す。併せてそのビデオと教材を分析したレポートを添える。

第四ポートフォリオでは生徒の家族や地域社会との連携を証明する書類、また同僚（学会などを含む）との情報交換によって受験者自身がどう成長しているかを示す書類を提出する。

つぎに筆記試験について。

一問目は文学作品の分析能力を問うもの。受験者は、詩を読んで、その主題を論じ、比喩表現を具体的に指摘してその効果を分析する。

二問目は現代文の読解能力と、その文章を音声言語・メディアテキストと関連づける能力を問うもの。ここではある文章が与えられ、その主題を分析するとともに、現実世界の事象に関連づけて解説する。さらに文章や主題と関連した音声言語・メディアテキスト[20]を受験者自身が採り上げて解説する。

三問目は読解指導の能力を問うもの。読解過程に関する知識と、学習者の読解を分析する能力が問われる。ある文章と設問、そしてそれに対する（一生徒の）解答例（誤答例）が示される。受験者は、誤答が生み出された理由を分析し、対策になる学習指導案とその理論的裏づけを答える。

四問目は、ESL[21]生徒への指導力を問う問題。英語を第二言語とする学習者による解答例（音声言語と文字言語の両方）（ビデオと手書きの解答）が示され、受験者はその解答例に含まれる間違いの傾向を探し、対策になる学習指導案とその理論的裏づけを答える。

五問目は書くことの分析力を問うもの。ノンフィクションの文章が提示される。受験者は、その文章の目的と対象（想定読者層）を答え、そこで用いられている文章技法について論じる。

六問目は「書くことの指導力」に関する問題。生徒が書いた答案例から文法的な問題点や内容上の問題点を具体的に指摘して分析する。さらに、それらの問題点を直すために適切な指導法を二つ挙げるというものである。

四　考察

以上、NBPTSの検定基準・評価項目について紹介してきた。本章では、これらがわが国の国語科教員養成に与える示唆について分析していきたい。取り上げるのは次の四点である。

一．「メディアテキスト」が含まれること（テキストの領域構成）

二．「反省的実践家」モデルの適用

三．さまざまな「外部」の活用

四．ESLの指導力が求められていること

一点目のメディアテキストについて、まず「テキスト」そのものの概念から明らかにしておきたい。検定基準における「テキスト」の領域構成は、「文字テキスト」「音声テキスト」「メディアテキスト」の三つが、それぞれ理解・表現の側面に分類され、合計六領域[22]で把握されている。

「メディアテキスト」はイラスト・画像・写真・テレビ、ニュース、広告、雑誌、新聞、映画、歌、スピーチ、ディベート、インターネット、マルチメディア作品、絵画などを指す。生徒に多様なメディアに触れさせること、それぞれのメディアの特徴を理解させ、活用させることが求められている。例えば「文字テキスト」作品（小説など）を読んで「メディアテキスト」作品のレポート（イラストやビデオ）を作成させるとか、「メディアテキスト」作品（映画や音楽など）を観て（聞いて）「文字テキスト」作品（感想文・批評など）を作成させるといった学習活動を指導できること、すなわち六領域を横断・統合する指導力である。

また、情報収集（インターネット検索）や情報発信（プレゼンソフトの活用）などは基本的なメディア技術とされていて、具体的には、単元学習のなかにマルチメディア形式での発表（パワーポイントやWindows Movie Makerなどを想定）を取り入れて指導できることが要求されている。

さらに、生徒が日頃親しんでいるメディア（テレビ番組・ビデオゲーム・映画・ウェブサイトなど）に対して関心をもつ態度がプロ教師には必要だとされている。そのことによって、生徒の親しんでいるメディアとそうでないメディアの双方に対する批判的視点を育てるためである。

総じて、NBPTSの英語科検定基準における「メディアテキスト」の扱いの特徴は、「メディアテキスト」を単独で指導しないというところと、「メディアテキスト」を指導することによって、読むこと・書くことの強化ならびに批判的思考(23)の強化に還元しているところにある。新しいリテラシー観の中に、伝統的なリテラシーをどう位置づけていくかという今日的な問いに、これがひとつの示唆を与えていると言っていいだろう。

二点目の「反省的実践家」モデルは、この検定の中心的な構造であると同時に、一九八〇年代後半以降のアメリカ教師教育を代表する概念でもある。

受験者は、自身の実践の成功と失敗とを分析し、修正できる能力を備えていなければならない。これには二つの側面があり、一つはさまざまなタイプの学習者に対応できる資質を備えているべきであるという、学習者中心の発想に基づいた側面で、もう一つは教材・指導法・メディアなど教育をとりまく環境が激しく変化していく中で教師は生涯学習者であり続けなければならないという側面である。生涯学習者として、先行研究を紐解いてそれを実践に応用する力は、裏を返せば、流行の指導法をむやみに踏襲しないという判断力でもある。そうした主体的な判断力の高さなり状況判断の的確さなりが、教室での指導力の高さを支えていること、それがNBPTSの求める「高度な資質を備えた教員」像である。

三点目は、さまざまな「外部」の活用である。「外部」にはおよそ二種類ある。

まず家庭・地域社会との連携である。家庭との上手なコミュニケーションによって、保護者の教育にたいする関心を高めること、そして保護者を学校教育の補助的な存在として活用することである。地域社会に関しても、地域の人材・資源を積極的に取り入れることによって指導を活性化させることとしている。

つぎに「教育関連機関」への参加と寄与である。「教育関連機関」とは、同僚・管理職・地域社会・教育委員会・研究者・協賛企業・研究会・学会・教育フォーラムなどを指しているが、日頃からそれらと関わることによって、教室での実践に還元できるものを探す能力が求められている。端的に言ってそれは行動範囲の広さであり視野の広さであり、協同的組織的に教育実践を進める資質である。NBPTSが求めるプロ教員像は、ひとつの教室内だけでこぢんまりと完結する教師ではなく、常に同僚にアイデアを求め、また手を貸し、学内外の人脈を活用することによって学習を活性化させるような、そして研究会や学会に参加することで自らの実践を向上させ、同時に後輩や同僚の実践も向上させていくような、リーダーシップを発揮できる教師のことである。そのように、教室の外で発揮される資質能力をも検定基準として含めているところに、この検定の要求度の高さが現れているといえよう。

四点目の、ESLの指導力が求められていることは、多文化多言語社会を反映した項目である。アメリカには英語を第一言語としない層・地域がたくさんある。それらの生徒にとって、公用語（英語）の学校と社会とに適応していくことは、アイデンティティの確立をともなう難題であり、国家にとってもまたそれらの生徒に上手な適応を促すことが重要課題となっている。そのような領域の最前線にいるのが、学校の教師であり、とりわけ英語科の教師である。NBPTSの検定基準は、英語科指導のプロとして、受験者にESLの指導力を求めている。

アメリカに限らずカナダでも、オーストラリアでも、そしてヨーロッパ各国でも民族モビリティの加速に伴って言語の問題が深刻化している。日本にも程度の差はあれ、そうした状況が存在する。今後、国語科教育が日本語教育から学ぶべきことは多い。国語科の教師に日本語教育の能力が求められる日はそう遠くないであろう。そしてそのような形で国語科教育を開いていくことが、国語科教育の国際化の一端となっていくことだろう。

最後に当事者の声として、NBPTSの合格者五人（いずれも英語科、ただし学年区分は異なる）ならびに理事一人にインタビュー[24]した結果からいくつかの断片を記しておきたい。

▽問い（榎本）―合格するためにはどの程度の指導力が要求されるのですか？

▽答え（合格者A）―受験しようとする人は、すでに相当な実力を持っている必要があると思います。検定で求められる指導力というのは、すでにその分野でトップになっている人でなければ、とても対応しきれないものです。

▽問い（榎本）―合格した後、あなたの役割（学校・学区域・学会における）は変化しましたか。

▽答え（合格者B）―はい。私の発言がより重要視されるようになったと思います。学校や学区域で、同僚にアドバイスする機会も増えました。違う州に引っ越して職探ししたときも、面接で自分を売り込むのが簡単でした。私自身だけでなく、私が教える生徒も非常に大きな利益を得たと思います。検定で得たことが、いま実習生や初任者を教えるのにとても役に立っています。

▽問い（榎本）―検定によって、英語科に関する内容学と教え方に関する方法学のどちらがより伸ばされたと感じますか。

▽答え（合格者C）―英語科の知識・技術に関しては、それほど伸びたとは思いません。しかし、より「反省的」な教師になったことは確かです。

▽問い（榎本）―NBPTSの検定基準や評価項目のなかであなたが注目しているところはどこですか。

▽答え（合格者D）―評価はとても綿密で厳しいものでした。私が教師として最も変化したのは、「家庭・地域社会との連携」の部分でした。今では、家庭との連携をとることが上手になったし、そのことで多くの利益を感じています。それから「反省的実践家」の要素は、検定の核心部分といっていいでしょう。反省するためには時間と労力がかかりますが、それに充分見合う結果がついてきます。

▽問い（榎本）―NBPTSの良い面・悪い面を教えてください。

▽答え（合格者E）―悪い面としては、最近のうわさで、合格するための抜け道があるかのような言い方をする人がいます。しかし、それ相応の実力がなければ決して合格できるものではありません。単発の授業ではなく、半年間の実践をすべて見られるわけですから、そう簡単にごまかせるものではありません。良い面は、私自身が教師として成長し、私の生徒と同僚とがその益に浴しているということです。

▽問い（榎本）―合格者に共通する要素というのはありますか。

▽答え（NBPTS理事）―毎年各地で合格者の集まりに顔を出しますが、どの方もみなすばらしい教師で、大変刺激を受けます。提出ビデオを見ると、たまに、まるでスピルバーグの映画のように派手な立ち回りを演じる受験者がいますが、そんなことを要求しているわけではありません。クラスディスカッションでは、ひとりひとりの生徒に目が行き届いていて、それぞれの生徒のニーズに丁寧に応えているかどうかが審査されるのです。その意味で、合格者に共通してみられるのは、生徒が学習活動の中心であるということを本当に解っていて、それを実践していることです。こうした優れた教師のネットワークが広がっていくことで、十年後二十年後のアメリカの学

校教育は確実に良くなるでしょう。

五　まとめ

本稿では、NBPTS（プロ教員検定）を紹介し、とくにその英語科の検定基準・評価項目を分析してきた。文化事情・教育事情の違いによるバイアスも含まれている一方で、国語科教員養成施策にとって有意義な観点を内在していることがわかった。その要素を四点（「メディアテキスト」・「反省的実践家」モデルの適用・さまざまな「外部」の活用・ESLの指導力）にまとめて示した。

注

（1）二〇〇七年六月二〇日成立。二〇〇六年七月一一日の中教審答申「今後の教員養成・免許制度のあり方について」の勧告を受けて、教員免許更新制を初めて規定した。

（2）一に同じ。内容はいわゆる「不適格教員」の処置を定めたもの。

（3）例えば向山洋一を中心としたTOSS授業技量検定など。都道府県レベルの試みとしては、例えば東京都教育委員会の「東京教師道場」など。

（4）二〇〇六年七月一一日の中教審答申「今後の教員養成・免許制度のあり方について」より。

（5）NBPTSはNational Board for Professional Teaching Standardsの略語。

（6）NBPTSの訳語としては複数の例がある。「全国教育専門職基準委員会」（中村百合子　二〇〇三年）、「全米教職指導基準委員会」（杉田荘治　二〇〇七年）、「全米教職専門基準委員会」（槙原仁美　二〇〇四年）など。NBPTSは本来、検定の主催財団を指す名称だが、一般的には検定そのものを指す場合が多いため、本稿では「プロ教員検定」とした。

（7）A Nation at Risk: the Imperative for Educational Reform 1983 by the President's Commission on Excellence in Education
（8）『教員に求められる力量と評価《日本と諸外国》』佐藤全ほか著　東洋館出版社、一九九六年六月三〇日、一三五頁
（9）Nation Prepared: Teachers for the 21st century, May 16, 1986 by Carnegie Forum on Education and the Economy's Task Force on Teaching as a Profession
（10）一六教科は、数学、理科、英語、社会、体育、音楽、美術、司書、一般（小学校教育）、特殊教育、外国語、ESL、職業・工業、保健、読書、カウンセリング。
（11）National Board Certified Teacher
（12）カリフォルニア州では、一時金二万ドル（約二三四万円）を、合格者に与えている。ただし合格者が教育困難校に勤務する場合。
（13）National Council for Accreditation of Teacher Education の略。各大学の教職課程はNCATEに認定されることで一定水準以上の教職課程であるとみなされる。
（14）初任教師を対象とした全米的な検定制度としてはINTASC（Interstate New Teacher Assessment and Support Consortium）がある。
（15）55000 Reasons to Believe, NBPTS 2007
（16）「反省的実践家」はDonald Alan Schönが一九八三年にReflective Practitioner: How Professionals Think in Actionで"artistry"（技術的熟達者）と対になる概念として提示した。
（17）一九九八年度版の検定基準では一五項目であった。二〇〇三年度版では、「メディアテキストを観ること・作成すること」の項が新設されて一六項目となった。
（18）思春期～青年期（一四～一八歳）を指す。
（19）二〇〇三年度（第二版）より。抄訳は榎本による。

（20）Nonprint textの訳語を「音声言語・メディアテキスト」とした。

（21）English as a Second Language　第二言語としての英語。

（22）一九九八年度版（初版）では五項目であったが、二〇〇三年度版（第二版）では六項目となった。「観ること（viewing）」が細分化して「メディアテキストを観ること・作成すること（viewing and producing media texts）」となったためである。

（23）Critical Thinking

（24）合格者名はGale Tidwell, Nicole Benke, Michael Vokoun, Freda Abercrombie, Shirley Rutterの五人。理事はBeverly Ann Chin（モンタナ大学）。調査は二〇〇二年～二〇〇六年

これからの古典教育

これからの古典文学教育

杉山英昭

一　何処へ

「広場の言葉」[1]と、かつて浜本純逸先生はおっしゃったことがある。この言葉に対するのは、「小さなうちうちの世界だけに通用する言葉」である。とすると、先の言葉は「広い世界、国際的広場に通用していく大きな言葉」という意味になる。その「広場の言葉」としての「日本語を鍛えていくことが、これからの一つの課題になっていくのではないか」と、「他者との対話による人間関係の成立」を目指す見通しを示されている。そして、さらに発展させて、「力ある大きな言葉を育てる一つの場として」文学教育があるのではないかと考えておられる。我が国が直面する、国際化の状況と文学教育という二つの問題がここで結びついている。この考えを古典教育に当てはめて考えることはできないだろうか。

古典の教育は、古典語の学習に陥りやすい。古典教育と古典文学教育との差異はどこにあるのであろうか。「文学」という言葉を明記したことによって、登場人物の心理過程や作品構造に対する視点が包摂され、叙述表現という古典語に還元することのできない人間存在が意識されるから、「文学」の語は不可欠であるように考える。これからの古典教育を考える際に、古典語の学習だけに偏ることなく、古典文学教育であってほしいと思う。さらに、古典文学教育が先ほどのように「広場の言葉」として、国際的広場に通用していく言葉を育てる一つの場となりうると考えれば、「文学」の語はやはり意識化して用いたいと考える。

そのように考えながらも一方では、古典教育は「小さなうちうちの世界だけに通用する言葉」なのではないか、という思いも拭い去れない。「古典は民族の叙事詩である」とし、「古典を読むことは、民族が、自己の過去を反省するといふ意味で重要なのである」[2]と、時枝誠記氏は古典教育の意義を説かれる。しかし、国際化の渦中にあってこの問題を考えようとする時に、言葉の役割というものをもう一度考えてしまう。言葉の力は、家族を結び、他人を結び、さらには究極の他人である外国人とも結びつける。その言葉を鍛えるために古典を文学として読んでいくのではないかと考えると、古典を読むという読者なり学習者とは誰なのか、わたしであるとすれば、どういうわたしなのかという、きわめて根本的な問題に逢着する。それとともに、これは「これからの古典文学教育」を考える際の鍵となる問題である。この言葉の内実をどう考えるかが、将来にわたる古典文学教育の考え方を決するといっても過言ではあるまい。

益田勝実氏は古典観の探求に対して発言している。「新しい世代が自分たちにふさわしい文学の古典を自分たちの内的要求に即して探り出していく。それがわたしたちのリードして志向させていかねばならない方向だとすれば、わたしたちは絶えず新しい古典観の可能性に対して心を開いていなくてはならない」[3]。これによると古典観というものは固定的なものではなくて、それぞれの時代に応じて、新しい時代に生きる人々が、みずから模索していくことの中で決していくものだと教えられる。現今の、あるいは未来の国際化時代という状況なり場というものの、これまでとの変化や差異というものが自覚されている現在においては、新しい古典観を考えることは、むしろこれからの時代からの要請としてわれわれに求められていることに気づかねばならないといえるだろう。

このように考えてくると、「古典は民族の叙事詩」であるとしても、民族の叙事詩をどのように受け止めるのかと自問してみることが必要である。

「国語科教育の課題・二〇〇七年[4]」として、浜本先生は新時代の古典教育の視点を述べておられる。その「四国際化の言語状況と国語科教育」には、「国語教育と外国語教育の関係について考えること」という課題と、「国語科教育の学習材をどうするか」という問題を提示され論じられている。前者は、その議論が惹起されること自体が必要で、そこを端緒として「人間の成長発達にとって言葉の習得とは何か」という本質的な問題の追求に至ることが期待されている。後者においては、「これまでのように、日本人のために日本の古典を教えるという考え方は古いのではなかろうか」と開口一番にいわれていることが注目される。ここには、先の課題であった、これからの古典文学学習の当事者はどういうわたしか、という基本的な問題に対する考え方が示されている。

先に続けて、「わたしたちは、日本人であり、東アジア三国の構成員であり、世界の人類の構成員でもある。その三層には、下図のようにそれぞれの層における古典【自国の古典・東アジア三国の古典・世界の古典】（筆者注記）が存在すると仮定して、それぞれの層の古典を見出し、共通の言語文化を共有できるような古典教育を構想していきたい。」とある。国際化の時代を地図的に把握して、そこに生きる人々を平面的に把握するという考えに至ることは比較的容易である。しかし、ひとりの人間の存在そのものの帰属性を三層と把握する認識や、そこから古典教育を構想するという発想は、きわめて新鮮で、まさに国際化時代の国語教育の方向性が十全に示されていると考える。自国の古典、日本・中国・韓国という東アジア三国の古典、さらに世界の古典というような教材を用いて学習する、その学習目標はどのような点にあるのであろうか。「その時、一人ひとりの中に日本人の教養、アジア人の教養、世界人の教養が育ち、融合して、国際化社会の新しい教養が生まれるであろう」とされるのが、それであろう。国際化時代の古典文学教育は、よき国際社会を築いていくためになされるのであった。他国に生きる人々、世界に生きる人々が、喜怒哀楽において同じ感情の持ち主であり、それらの人々が長い間大切にしている文学があることを知り、それを共有することは相互理解を必ずや前進させるであろう。それは平和と同意の現象であるとさえいうことができよう。これからの古典教育において、庶幾する方向性をまずこのように考えたい。

二　問題の在りどころ

古典文学教育の問題の在りどころに直截的に向かってみたい。

第一は、現在の「古典」の教科書の方針となっている古典教材における原文主義からの解放の問題である。とはいっても、「古典」の教科書の教材をまるごとすべて現代語を用いよとか、翻訳文でよかろうというのではない。「古典」の教科書の一割か二割でもよいから、本教材として現代語を用いた教材であってもさしつかえなかろうという意見である。我が国の従来の原文を用いた教材と、現代語を用いた世界の古典文学教材が、「古典」の教科書の上で対峙するありさまは、我が国の文化と異文化との、異質性や同質性が示されて、学習者は国際社会の教養への端緒を経験するに違いない。

第二は、第一とも密接な関係にあるのだが、現在の古典文学教材は我が国の古文と漢文とからなっている。漢文も国際的な観点から把握しなおして学習することにして、なおかつ、視野を拡大して世界の五大陸の古典文学を採り上げたり、隣国韓国の古典文学をとりあげたりすることによって、「広い世界、国際的広場に通用していく大きな言葉」に学習者を目覚めさせ向かわせることである。

第三は、古典文学教材とは、どういう教材を指していうのか、という問題である。既成の古典への目だけでなく、我が国の古典文学は探索されているのかという、古典教材開発の目を地理的に中央だけでなしに、南北にも向ける必要があると考えたい。ますます進展する国際化時代の古典観はどうあるべきか、という問題を含んで考えてみたい。

三　探索し発見する古典文学

高等学校の国語教育の中に「国語総合」科目にしろ「古典」科目にしろ、既定の教科書があって、教材を所与の存在として疑念なく享受しているということはないだろうか。日常性の中に埋もれてしまうと、現在の状況に疑念を抱いたり、不安になったりはしないものである。しかし、われわれの存在している状況は日々刻々変化をし続け、一刻たりともとどまることを知らない。現在の変化の位相は、国際化や情報化という面からだけ見てもわれわれの生活を揺るがしていると考えられる。そういう中にあって、「古典」の教材をどう考えるか、というはなはだ具体的な問題から考えてみたい。

古典の教材を、所与のものであり既成のものと考えるのは誤りである。まずそういわなくてはならない。益田勝実氏は、この点について次のように発言する。「巷間流布の古典文学全集の中に、出来上がっためいめいの文学の古典が待ちうけているではない。いまほどのあらゆる価値の転換期に、どうして前代からの古典文学の目録どおりの継承がありえよう(5)」とまずいわれる。こうした発言は随所にあって、「『古典』という固定したものがわれわれ以前にあるものではなく、われわれの方が、われわれ以前に強く求めていくから、古典が発見されるのである(6)」ともいう。では国語の教師はどうしたらよいのだろうか。「教師はめいめいの文学の古典を求めて探索し、その探索の過程に学習者を同伴し、学習者も自己の古典をしだいに探すようになる。」という。

佐藤春夫の小説、『晶子曼荼羅』を読むと、十五歳の鳳晶子が知新塾の漢学者である樋口朱陽氏に、白楽天の『長恨歌』を教えてほしいと願う場面がある。堺の女学校を出てさらに補習科に入った晶子が、学校の小田先生から源氏物語は『長恨歌』が出典であると聞いて、それの教えを請いに来たのであつた。学校の教師の源氏物語への情熱が生徒に強く影響して、生徒自身がみずから古典学習を開始する場面であるが、ここに益田氏がいわれる「学習者も自己の古典を探すようになる」ということは、これをみてもあるのである。

益田氏はさらに続けて、「学校の古典文学教育は、古典再発見のプロセスであり、プロセス以外ではない。古典があるから学習が開始されるのではなく、古典を求めて学習がはじまる。教師は経験を活かして多くの資料を提供する」とある。この提言を読むと、教師が授業に熱心に取り組んでいれば、その中に教材開発の契機があることがわかる。教材開発ということは、それほど大上段に振りかぶった行為でもないのである。たとえば、『新古今和歌集』で西行法師の和歌を学習したとする。この西行に対して撰集の下命者である後鳥羽院はどのように評価しているかという興味を抱けば、作品としての『後鳥羽院御口伝』などに到達する。それは教師にとって新しい古典文学との出会いであると考えるのである。この新しい古典との出会いを活かして、それの教材化に臨めばここに新教材が登場することになる。「文学の古典は学習の中で作り出される」という発言によって、日常の授業の大切なことがあらためて知らされる。しかし、このことは教材開発の一般であって、古典文学の教材として現代語を用いるという古典教材開発の問題ではない。

一九九四年に、一冊の高等学校、国語科「古典Ⅰ」の教科書が編集された。国際化の時代を念頭に入れて、古典教材に国際化時代を反映することを目指した教科書であった。たとえば、「語り・芸能」のパートを設け、『平家物語』を「祇王」「俊寛」「義経」などとして教材化している。『平家物語』を書記言語によって書かれたテキストとして考えるのではなくて、声に出して語られた古典文学として「語りもの」の方向から学習させたいという意図がうかがえる編集である。同じパートに、「歌舞伎十八番の内『矢の根』」をも教材化しているから、こうした教材に対する新しい認識から見ても、新教材に意欲を抱く編集者の意図がうかがえる。

四　教材化における第一、第二の問題

先の「古典Ⅰ」の「語り・芸能」のパートに、我が国の隣国である韓国の、古典歌唱を主体とする語り物芸能のパンソリをも教材化している。国際化という事態を地図の上で平面的に考えてみると、まず、隣国の古典はこの際は第一に教材化したいと考えるのは無理な発想とはいえない。東洋文庫409に『パンソリ』があって、「春香歌（伝）」「沈晴歌」など四つの作品を載せている。しかし、結果としてこの教材化は教科書検定を通過していない。我が国の古文と漢文以外の作品の教材化は認められないということが、検定の前提であったろうが、検定にはそれとは別の関門があった。本教材としては、作品の原文を使用したもののみを認める、という不文律である。また、「現代文」の教科書なら現代語で書かれていることによって、認められるかも知れない。しかし、付録のような扱いや、「現代文」の教科書教材であっては、我が国の古典と韓国の古典とを対置して、学習者の国際化時代の意識を高めようとする意図が失われてしまうと考えられる。この「春香歌」（「忠孝烈女の四字に、上下はなきものと聞きまする」）は、物語の構造を持っている。

女主人公の春香が、府生の李夢竜と出会うことによって、急速にふたりは接近する。しかし、ある事情で別離が訪れ、その後、春香の人生は変転していくが、強い意志を持って生きていく、というもので、パンソリは太鼓という楽器を伴奏にして語られた語りもの芸能でもある。このように韓国を代表するこの作品は、物語構造を持った語り物芸能として、学習者に向けて実にいろいろな情報を発信していると考えられる。そのことはまた、

東アジアの古典文学を学習する意味でもあった。

さらにこの「古典Ⅰ」の教科書は、「世界の古典」として、メソポタミアの神話で十二枚の粘土板に楔形文字で書かれていた現存する最古の叙事詩といわれる『ギルガメッシュ』や『イリアス』『オデュッセイア』などの古代ギリシャの長編叙事詩などの教材化をも試みている。他に、インドを代表させて「大般若経」六百巻の内容が収まっているといわれる二百六十二文字の『般若波羅蜜多心経』と、中世ロシアの英雄物語から、『イーゴリ軍記』、そして、メスカレローアパッチ族に語り伝えられた口承詩『夜明けの歌』、イヌイット族に伝わる口承詩「魔法のことば」などを教材化している。すべての大陸を網羅しているとはいわないけれども、古典文学教材としての世界の古典のすばらしさに魅了されて、渾身の力で教材化に立ち向かっている編集者の情熱が伝わってくる教材編成となっている。

しかし、これらの優れた世界の古典文学を教材化しようとすれば、現在はまだ、現代語による古典教材や、翻訳文による古典教材は、検定というものがあって、容認されていないから、古典の教科書教材として全国に流通することは不可能である。世界の古典文学や東アジアの古典文学をすぐれたものと認めて、その教材化に向かうなどということは、少しも奇をてらうことではなくて当然のことのように感じる。しかし、そのことがことばの表現の問題で消滅させられるとしたら、なんとも惜しく残念な事態であるといわねばならない。国際化の時代であり、情報化時代である今日にあって、また、未来にむけて、古典文学教育の教材の本文に現代語を用いることを一日も早く許容してほしいと考えるものである。

五　第三の問題もまた

古典文学教材に適切と考える作品を探索し、その教材化を志してみると、たいへん気になることが出てくる。我が国の古典文学をどのように俯瞰するかということに関わって、例によって地図を想起して考えると、南方と北方の古典文学とが少ないということである。南方とは九州や沖縄列島であり、北方とは東北や北海道である。南と北とを想起したからには、東西という視点も忘れてはならないだろう。しかし、我が国の地形は東西という地域で把握するには、いかにも狭く感じられる。とはいっても、山陽地方と山陰地方という把握はできる。そこに古典文学は存在するであろうか。東アジアの古典や世界の古典を広く見渡して、その教材化を庶幾する立場からすると、我が国の古典文学教材を東西南北にわたって広く見渡したいと考えるのは当然である。そういう視点で我が国の古典文学を検証すると、歴史的ないきさつから、東西南北ではない中央から誕生しているものが多いことに注目された。しからば、東西南北の古典文学は存在しないのかというと、そこに焦点を当てて探索すると、すこぶる貴重な古典文学が存在していることに気づく。

かつて、益田勝実氏は、古典文学教材の試案として、個人用の教科書の目次を示されている。そこでは「南の日本・北の日本」(7)として、先の地図的な方位を目処とした探索の結果をまず示している。しかし、すぐに「南」に該当するのは、というように教材を箇条に示さないで、小見出しと、それへの注記に当たるような前書きを付している。そしてそれは我が国の古典文学に対する基本的な認識を示す、いわば日本古典文学へ向けての記念碑的な発言となっている。

それは、まず、「わたしたちの古典文学は大きな広がりを持つ」というものである。「大きなひろがり」とは何であろうか。それはそれまでの我が国の古典文学に対する認識には欠けていたもので、この時のタイトルである「南の日本・北の日本」という、中央から離れた遠隔の地への視線を内包したものであった。次の注記的な叙述は、「アイヌの古典文学や沖縄の古典文学の珠玉を紹介し、日本古典文学の狭い把握を避ける」というものである。アイヌ民族の古典文学は、我が国の古典文学であろうか、と疑念を抱く人がいるかも知れない。それは二〇〇七年九月の現在においても、アイヌの古典文学が「古典」の教科書に本教材として採用された話は聞かないから、その素朴な疑念がまかり通る現状に対して嘆きこそすれ笑うことはできない。

岩波書店発行の『日本古典文学大辞典』は全六巻あって、その第一巻に「アイヌ語」および「アイヌ文学」の項目がある。この辞典は一九八三年一〇月に発行されているから、それから二〇余年経過してもアイヌ文学の教材化はなされていないことになる。そういう問題とともに益田氏によって、アイヌ文学を古典教材とする試案を『文学教育』にまとめて発表されたのが一九六九年八月のことであるから、その辞典の発行よりも十余年も早かったことが注目される。一九七五年四月発行の『季刊　文学教育』「古典文学教育でいまなにが問題なのか」において、先の試案を具体化して、「知里真志保『アイヌ文学』に拠る」から、ローマ字を用いた発音を付けて、アイヌ文学の教材化を試みている。

このアイヌの古典文学に益田氏は、どういう感想を持って臨んだのであろうか。「原始的ないし古代的な想像力が、いかに現代人に喪った自己を感じさせるか、いかにことばの現代語と違う用法の存在を想起させるか。それを呪術のことばとして蔑視するとき、われわれがいやおうなしに自己から欠落させてしまうもののことを、わたしは考えてみたい」というのがそれである。ここでは始原的な言語表現における想像力や用法の問題が、感動と畏敬とを持って迎えられている。それとともに、「アイヌ語で読む必要があるとはいわないが、『フンポ・エー』の繰り返しが作り出すリズムだけは、こわさずに取りとめておきたい」とあるごとく、言語表現におけるリフレインとリズムとの問題を重視していることに注目させられる。このアイヌ文学と並んで採り上げた、沖縄の古謡『おもろさうし』のオモロについても、「オモロの詞章が内蔵することばのリズムは、これまでの古典文学の学習指導が一様に排斥した暗誦への欲求を、おしとどめることをできなくしてしまう」として、古典を求めて探索して発見した北方や南方の古典文学では、「ことばのリズム」を、きわめて魅力的な存在として注目していることがうかがわれる。

六　志を継ぐもの

一九九四年の「国語I」の教科書編集において、国際化時代の古典教材はどうあるべきかという課題を解決すべく、日本の北方や南方の古典文学の教材化に挑戦した者たちは、その意味において知的な冒険者であったと評することができよう。アイヌの歌謡・カムイ・ユカラの教材化は実に困難な作業だったに違いない。益田勝実氏は、「アイヌ語で読む必要があるとはいわないが」と、少し遠慮されたが、ウポポといわれる唄の詞章をアイヌ語で読むことによって、そのことばのリズムが理解されたと述べられた。現代語によってアイヌ文学の詞章をつづると、アイヌ語本来の発音がいかなるものかが見失われるので、ローマ字で記された発音記号をも採用し、その両者を併置する形をとって、その教科書教材は成立している。いま手元にある白表紙本（三省堂）を見ると、アイヌ文学に対する解説を三頁とし、「村の神の妹が語った話」という本文に一四頁費やしている。つごう一七頁の開発教材の出現を、敢えて渾身の教材化であると評したい。

このアイヌ神謡集からの教材化が困難をきわめる原因は、これまで古典文学教材として学習者の前に登場することがまれで、扱いなれない教材であったというだけではない。それはアイヌとアイヌ語という民族の言語そのものの中に問題は存在した。『日本古典文学大辞典』には、「アイヌ人は文字を持たないので、アイヌ文学は文字を介さない口頭伝承の文学である」とある。これによればアイヌ文学は口頭言語だけがあって、書記言語として存在しないのである。世界に口頭伝承の文学は数多くあるであろうが、固有の文字を持たないとなれば、他の言語に翻訳して表記するしか記載表現の方法はない。現実に立ち返ると、「古典」の教科書には古典本文のみを採用するという不文律があるかぎり、教科書に参入する資格をはじめから喪失している、ということになる。しかし、東アジアの古典や世界の古典文学の学習を庶幾する時代となって、口頭言語でのみ存在する稀有な文学があり、それは幸いなことに我が国の内に存在するとなれば、その存在自体が希少価値の高い宝石のような存在だと考えないわけにはいかない。まして、それらが豊穣な世界として限りなき輝きを持った存在であることを知れば、次代を継承する学習者にとって、その存在価値ははかり知れない。

本当にすぐれたものは目に見えないという諺が存在するが、アイヌ人の雅語によって伝えられた口頭伝承の古典文学は、まことに稀有にして、この現代にその命を永らえて存在していることを、いくら顕彰しても顕彰しすぎることはない。研究者の長年の努力によって、現代日本語として再生されつつあるこの古典文学は、エフェメラルな存在ながら、いまや確固とした存在感あふれるすぐれた古典文学と考えられる。そのように考えてくると、これからの古典文学教育での焦眉の急は、繰り返しになるが、教材本文として、現代語を用いた古典教材をも認めるべきであると改めて主張したい。現代語によって多くの古典教材が解放されれば、古典の学習は初等教育からはじめることができよう。初等教育から外国語学習をすることの議論の必要性を先に述べたが、初等教育における古典学習の問題も、国際化の時代の大きな課題であると考えるのである。

七　さらに視野を広げて

南方の古典文学として『おもろさうし』や「琉歌」は、角川書店の「古典Ⅱ」や三省堂の「古典Ⅱ」(一九九六年三月)に教材化されている。特に後者は，第一〇章として、その章すべてを用いて「沖縄の文学」を扱っている。一九七七年四月のあとがきを持つ『高校生のための古典副読本・改訂版・沖縄の文学』は、沖縄の高校生のために、沖縄県高等学校教職員組合が編集したすぐれた沖縄の古典文学集である。一六世紀の古琉球の古典文学を、沖縄の人々自身が沖縄の若者のための学習に供したものだが、副読本ではなくて、教科書の本教材として「沖縄の古典文学」が、全国に学習材として提供されることは、これからの古典文学教育の黎明を告げるものになると考えたい。

北方古典文学として、岩手県遠野市には昔語りの文学である『遠野物語』がある。佐々木喜善や柳田國男によって採取されたこの民話は、いまも語り部と称する人々によって、語りが継承されている。前掲の三省堂の「古典Ⅱ」には、『古事記』の前に、この『遠野物語』を「参考」教材として置いている。伝説や民話も立派な古典文学であるが、やはり、現代語でつづられているために、『古典』の教科書では本教材の扱いを受けていない。しかし、「参考」といえども、『古事記』の前に置かれていることで、『遠野物語』を神話的な古典文学として評価していることがうかがうことができ、本教材となれば柳田國男がいうところの近代批判の教材として、さらに力を発揮する古典文学となったであろう。古典文学の教育は、幼児の段階からの母語としての民話や、歌謡を記憶の底に集積することからはじめて、それへの記憶を回復させる方向でも、それ以後の古典教育はなされるべきである。身の回りの古典文学を大切な文化現象と考える土壌作りがさらに要請される。

通信や交通手段の急速な発達によって国際化・情報化の進展はとどまるところをしらない。ユネスコが「世界遺産」として、世界の文化遺産、自然遺産の保護に乗り出したことをみても、ことは一国の問題にとどまらなくなっている。なぜアイヌ民族の古典文学を我が国の古典文学として扱うことがないのかと、世界に共通する言語文化に目覚めた人々によって、問が発せられる日の近からんことを祈りたい。

注

（1）「対話への文学教育」『日本文学』一九九二年三月号。
（2）「古典教育の意義とその問題点」『国語と国文学』昭和三一年四月号。
（3）「古典文学の教育」『益田勝実の仕事5』（国語教育論集成）二五七頁。
（4）「国語教育の課題・二〇〇七年」『国語の授業』二〇〇号。
（5）「古典文学教育でいま何が問題なのか」『益田勝実の仕事5』二八五頁。
（6）注5に同じ。二八二頁。
（7）「古典の文学教育」『益田勝実の仕事5』二二一頁。

古典教育再生のグランドデザイン

幸田国広

一　「再国家化」の脱構築を

グローバリゼーションが行きわたった現在、国語教育も例外ではなく、自らのアイデンティティーが問われている。世界標準の言語能力が求められる一方で、「国語」教育に対するナショナルな要求も強い。とりわけ、「伝統の継承」という点から古典を中心とした「言語文化の重視」が、文化審「答申」等で叫ばれている。そして、教育基本法「改正」となった今、国策と連動する古典教育が国語教育における一つの方向となりかねない。だが、そうした政治的な思惑とは別に、古典教育についてはその意義も含めて不透明になっている現状があり、国際化や情報化が進む中、抜本的な見直しを必要としていることは確かである。

本稿では、主として高等学校における古典教育の今後を展望する。高校生の古典嫌いは、日常の教室を振り返れば多くの教師が実感として確認できる実態だろう。具体的なデータもある。「平成一七年度教育課程実施状況調査（高等学校）」[1]の結果に注目してみたい。

国語に関する「調査結果における主な特色」は「理由や根拠を基に自分の考えを記述する問題で無解答が多

い」ことと「古典を読み味わう能力や古典の言語事項などに課題」があることが指摘されており、そこから「指導の改善の主な具体例」として、「資料から読み取ったことを、筋道立てて表現する意欲や能力の育成」および「古典の現代的な価値の理解と、古典に親しむ態度や能力の育成」の二点があげられている。この二点はまさにPISA型読解力と言語文化の重視という今後の重点方向に対応しているとみてよいだろう。後者に関してより詳しくみると、「前回調査でも古典の学習に対する『関心・意欲・態度』の向上が課題として指摘されていたが、生徒質問紙調査をみると、『古文は好きだ』、『漢文は好きだ』に『そう思わない』又は『どちらかといえばそう思わない』と否定的な回答をした生徒は依然として多い（今回調査では、古文七二・六％、漢文七一・二％。前回調査では、古文七四・八％、漢文七〇・五％）。（中略）生徒の多くが『普段の生活や社会生活の中で役に立つ』と思っていない古典の学習について、どのように学習の意義を感じさせ、学習の意欲を喚起するか、指導の改善が求められるところである。」（四八頁）と分析されている。七割に及ぶ高校生がいわば古典嫌いという現状は容易には変えられないようである。こうした現状への危機意識に加えて、はじめに述べた教育基本法「改正」後の国策との連動から、古典教育の今後がクローズアップされているのだと考えられる。

しかし、古典を「伝統の継承」として捉える古典観は、今日、見直さなければならない。固定的な価値を「継承」するだけの古典教育は無益どころか、有害でさえある。「古典」と呼ばれるものが実は近代の構築物であったこと、それらをベースに「日本」や「国家」が表象されることを考慮せずに、あたかも脈々と読み継がれてきた伝統として権威付けることは、今日の社会的文脈からすると新たなカノン化に荷担することを意味し、今後の社会の動向に大きな影響を与えるだろう。

日本社会の経済活動の側面から今日の事態を、「脱国家化（denationalization）」と「再国家化（renationalization）」の同時進行と読み解く佐伯啓思の議論を参照すれば、PISA型読解力と古典をはじめとする言語文化の双方が同時に求められるのは、必然だということになろう[2]。そもそもグローバリズムは、一方で国境を越えて貨幣やモノや人が流動するものであるが、他方、そのことは国家という単位があるから可能なのである。各国の経済事情からグローバル化が促されるのだから、その結果は、そのまま各国に反映されることになる。そうするとグローバリゼーションが進めば進ほど国内の生産や雇用等といったナショナルエコノミーの安定が求められる。それと同じことが、国語教育でも起きつつあるのだといえよう。つまり、古典教育の重視は、グローバル化を補完し推進するために不可欠なのであり、古典教育を通した「伝統の継承」が文化的な〈安定〉を志向するものとして想定されているのである。だが、そうであれば尚更のこと、古典を既に（誰かに）意味づけられた価値として「継承」するという古典教育観は、内側から崩し、批評され続けていく必要がある。

二　古典教材の刷新――ときめく〈出会い〉のプロデュースを――

次に、何を古典として学習者に出会わせるか、という問題がある。現在の国語教科書が提供する「古典」に対しては、これまでにも様々な批判的言説があるが、古典研究者の立場から、現状の古典教材批判を展開する田中貴子は、次のような嘆きを吐露する。

なるべくいろいろな場や人々に、古典文学にはまだあなた方の知らないテクストがたくさんあって、それは決して教科書的な枠にはまった『お勉強』として読まなくてもよいのですよ、と声を大にして言ってきたのに、ほとんどの人が古典文学に出会う場となる教科書がものすごく陳腐なのである。こんなものを無理に読まされてしまえば、古典が嫌い、とか、古典なんてみこんなもん、という人々がでるのは必定である。教科書は最初から、古典文学への道を閉ざすような方向に向かっているのだ(3)。古典をよく知っている専門家からすれば、古典はこんなに陳腐なものではない、という嘆きは当然ともいえよう。現在の学習者が古典と出会うほとんど唯一の場所といっていいのが教科書であるから、その〈出会い〉は決定的ともいえる。それを自分と同じ同業者が作っていることの不思議さ。田中の批判の矛先は主として「検定」という制度に向かうが、同時に次のような対案を示すことで、検定教科書とは別の、古典との〈出会い〉の場を指し示している。

一、食べたい・食べたい・もっと食べたい――正岡子規『仰臥漫録』から
二、今月今夜のこの月を――尾崎紅葉『金色夜叉』から
三、泣き上戸――式亭三馬『酩酊気質』から
四、いくさの記憶――『おあむ物語』から
五、日本人になったイソップ―キリシタン版『伊曾保物語』から
六、お坊さんと母のものがたり――『蓮如上人御一代聞書』と『成尋阿闍梨母集』から
七、はじめての体験――『とはずがたり』と『源氏物語』から
八、いにしえ人のハローワーク医師の巻――『新猿楽記』と『東北院職人歌合』から
九、海を渡ってきた鑑真――『唐大和上東征伝』から

この教材案の特徴は、まず、近代から時間を遡って配列されている点にある。平安・鎌倉偏重の現状と「正統」観をずらす試みである。また、言葉が時代とともに変化するという認識は、古典を自分たちとつながりのあるものとして捉えるためには必須であり、最も身近な明治期の口語文に近いものから初め、次第に時代を遡るに連れ、難しくなっていくという方が、学習者の実態にも合致しているといえよう。そして、内容的にも教科書検定が忌避する「性」や「宗教」も敢えて取り上げられている。ユニーク

一　南の日本・北の日本
―わたしたちの古典文学は大きなひろがりを持つ―
（アイヌの古典文学や沖縄の古典文学の珠玉を紹介し、日本の古典文学の狭い把握を避ける。）
天にとよむ　〔おもろ　仲原善忠訳〕
フクロ―神が所作しながら歌った神謡　〔ユーカラ　知里真志保訳〕

二　民衆の文学と貴族の文学
―生産階級は長らく口ことばの文学を育て上げた。支配階級は早く文字を作り出して、文字の文学を育て上げた―
猿むこ　〔宮城県昔話〕
盆唄　〔長野県民謡〕
葦刈り　〔大和物語〕

三　呪祷と伝来
―若々しい民族の原始的想像力は、奔放に結晶しつづけた―
鯨祭りの歌　〔ウポポ　知里真志保訳〕
あがる三日月　〔おもろ　仲原善忠訳〕

で挑発的な教材案である。

ところで、この教材案は、田中自身が同書で述べているとおり、上に掲げた益田勝実の教材案に触発されたものである。この益田案は一九六七年発表の論文「古典の文学教育」において紹介されたもので、益田の古典文学教材観を端的に示すものである。(4) アイヌや沖縄の古典文学からはじめ、各地の民謡や民話といった、およそ高等学校の古典教材としては異質な教材と、田中案にも採られている「イソポのハブラス」や「おあむ物語」が目を引く、きわめて個性的なラインナップである。ここからは、古典の「正統性」の根拠となる「日本」という枠組みが相対化されると同時に、カノンとしての古典とは異なる、「民族」の古典文学像が立ち上がってくる。益田は古典文学教育の意義を、過去の文化遺産の継承ではなく、未来の文化創造のための歴史の掴み直しに見出している。したがって、万古不易の古典観を退け、古典は常に発見されるもの、現代人の向き合い方によって意味づけが変わるものという古典認識を持っている。こうした古典認識は、国家の政策によって「再国家化」のために古典が活用されようとしている今、

黄泉つ比良坂の祝福　〔古事記〕
（大国主の命の黄泉つ国逃亡譚）
……………………………………
十　口語の文学
―いきいきとした国語が、文学の新しい可能性を、片隅で示していた―
蚊相撲　〔狂言〕
イソポのハブラス　〔天草本　伊曾保物語〕
おあむ物語
……………………………………

三省堂『新国語　文学三　改訂版』
Ⅳ　東西の文学
一　世界文学をどう読むか　河盛好蔵
二　杜甫　吉川幸次郎
三　源氏物語　紫式部　池田亀鑑
四　神曲　ダンテ　生田長江訳
五　国民文学と世界的文学　土居光知

あらためて注目に値するといえよう。

益田がこの論文で、学習者によって「思いがけなかったものとしての民族の文学史像を、心に彫りつけることをねらっている」と述べているように、「現代に生きることと前近代のことばによる想像が向き合うための教育」こそが、文学一般の教育ではなく、古典文学教育でなければできないものなのである。[5]

田中や益田の教材案が意義深いのは、現状の教科書古典教材を相対化するだけでなく、古典を知の彼岸におかず、現代を生きる学習につながるものとして価値付けているからである。額縁の中に飾られて眺められるだけのものから解散された古典の生きた姿が躍動感をもって迫ってくる。そうした古典の姿と出会わせることは、これからの古典教材を考える上での確かな指針となろう。

しかし、何を選び直すのか、という視点だけではまた不十分でもあろう。古典と学習者との帰路をより行き来しやすいものとするために、古典の発見は共時性と通時性の双方において広い道幅を必要とする。そしてそのための具体的な工夫が求められる。

Ⅴ　芸術の世界
一　花伝書　世阿弥
二　永遠なるもの　タウト　篠田英雄訳
三　ロダンの遺言　ロダン　古川達雄訳

例えば、「世界の中の日本」の発見と「日本の中の世界」の発見を往還できるような教材構成や、現代の文章と呼応する古典の姿が見えるような編成が考えられる。実は、一九五〇年代の高校国語教科書の編集にはそうした観点がみられた。上にあげた三省堂の文学編教科書はその一例である。[6] 普遍的人間性を実現する「世界文学」という理想がまだ生きていた時代、古典は「世界」という文脈の中に配置されていた。杜甫の漢詩やダンテの「神曲」とともに「源氏物語」が、花伝書とあわせてドイツ人建築家による小堀遠州が読まれる。「日本」の古典や芸術を「世界」との対照において捉える読み方が可能となる単元構成である。グローバリゼーションが進んだ今、半世紀前の成果をあらためて生かす時がやってきたのではないだろうか。加えて、近年の国際日本学や諸外国における日本文化研究の成果からも、何らかのフィードバックが期待できるだろう。

また、この目次からだけではわかりにくいのだが、個別の古典教材の工夫の仕方にも目を見張るものがある。「源氏物語」は、池田亀鑑の解説文にはじまり、「桐壺」冒頭の現代訳とあらすじを経て、ようやく原文が登場する。さらに原文には豊富な注が付されている。現行の、原文だけが登場する教科書のあり方と比して、はたしてどちらが学習者に古典への接近を促すのだろうか。むろん、安易な原文主義批判は古典教育否定へと結びつく。たしかに、あらすじや現代語を読むだけでは古典を読んだことにはならない。しかし、活用できるものはふんだんに使って、再び古典のことばに立ち戻るという方法は、文法解説と語釈を経て訳語に置き換えるという古典の授業のルーティンから抜け出し、新たな〈出会い〉をプロデュースする可能性に富んでいるとはいえないだろうか。

三　古典学習指導の転換――現代との〈通路〉を保障する実践を――

学習指導のレベルにおいても、そのような現代の文章や現代語など豊富な資料とともに原文を併置する古典の学習指導は求められこそすれ、強いて遠ざけられるものではないはずである。豊富な注や部分的な現代語訳だけでなく、その古典教材に関する現代の批評文等も扱うと古典の学習指導に厚みとバリエーションが出てくる。また、古典の文章を現代語に置き換えて完結するのではなく、さらにその先へ分け入り、古典文学として読むための授業の手がかりをえることもできる。にもかかわらず、現場では、現代の文章と古典とをあわせて取り扱うことへの拒否反応が強い。昭和三五年版の「高等学校学習指導要領」において「現代国語」と古典科目が二分化されて以来、半世紀が経とうとしている。この間に、古典は古典として独立して扱う、という強固な固定観念ができあがってしまった。その結果、古典の学習が、文法と解釈、現代語訳にのみ局限化し、大学受験人口の増加とも相俟って、今日のような古典学習が常道化していったと考えられる。まずは、この壁を壊すことが古典教育の未来を構想する際、不可欠ではないだろうか。

そうした壁を乗り越えるべく構想された実践の一つに稿者も関わったことがある。(7) 勤務校では週五日制への対応を主眼としたカリキュラムの変更に伴い、各教科で減単位となった。国語科では高校第三学年が「現代文」二単位、「古典」一単位となった事態をうけて、苦肉の策として三単位の「国語」として授業を行う方針を立てた。検討の過程はむろん平坦ではなく、様々な意見の衝突もあった。しかし、その結果、各学期の半分を現代文単元、古典単元の二つに分け、時間割上の区分を事実上撤廃して行うことを決めた。例えば、一学期の古典単元

「江戸の恋」は次のような教材と学習内容から成る。

単元	江戸の恋 全14時間
教材	学習内容と取扱い
①「近世文学の特徴」	文学史解説プリントを用いて近世文学（主として前期元禄期のもの）の特徴を理解する。
②「忍び扇の長歌」（西鶴）	原文のみを教材とする。既習内容の文語文法の復習と語釈、現代語訳を行う。内容的には、登場人物の行動選択の意味を時代背景とともに理解する。
③「人には棒振り虫同然に思はれ」（西鶴）	現代語訳を付した原文プリントを使用して、ストーリーを把握するとともに、人物の「意地」や「心根」を理解する。
④「南部の人が見たもまこと」（西鶴）	現代語訳を付した原文プリントを使用して、ストーリーのおもしろさについて考える。
⑤「西鶴の文学」（広末保）	筆者の論理展開に即して、西鶴文学の変遷を理解する。特に、「総決算」としての「人には棒振り虫……」の意義を理解する。
⑥「雨月物語」（秋成）	現代語訳を付した原文プリントを使用して、ストーリーを把握するとともに、人物の置かれた状況と心情を理解する。

概略は右表に整理したとおりである。文学史解説プリント「近世文学の特徴」を導入に用いて、近世文学を概観することからはじめ、町人社会における現実（金と色）を西鶴作品を通して読み深めていく展開を採った。

その際、原文の扱い方と授業方法に比重を設け、限られた時数の中でより多くの作品を読むことを追求した。

一、二年次のような文法解説から語釈を経て現代語訳に至るような原文に細かく即していく方法は②「忍び扇の長歌」に限り、③④⑥については原文に注と現代語と学習課題を付したプリント教材を作成して用いた。さらに、⑤「西鶴の文学」[8]を、西鶴文芸の特質に迫るための指針として読み、学習を深化させていくことをねらった。

この実践は、学習者にとって新鮮だっただけでなく、チームで行った教員集団にも驚きと発見をもたらした。ともすると、現代語に訳して終わってしまいかねない古典の授業が、はじめに訳を与えることで、そこに止まらない厚みを必要としたこと、文法や語釈を丁寧に行う箇所を限定したことで、それ以外の箇所を既習の知識を利用して読もうとする姿勢を学習者が示したこと、広末保論文のような古典の鋭い読み方を提示したことによる深い読解を学習者が示したこと等、少なくない実践上の財産を得ることができた。

しかし、こうした実践も討議経過からするとむしろ妥協の産物だった。案としては、もっとドラスティックに現代の文章と古典とをハードミックスしたもの——例えば、「単元　桜と〈日本〉」、和歌から始まり、「伊勢物語」、坂口安吾の小説や社会学の評論等を扱う——もあったが、全体のトーンは、そこまで現代文と古典の垣根を取り払うことへの警戒心の方が強く、穏当なところに落ち着いたというのが実情である。二分化の固定観念を壊すのは容易ではない。しかし、このような実践ですら、従来の古典指導の閉塞感に風穴が空いたような気分であり、やってみると次々と発見がある。すべてとは言わないまでも、高校学校国語科の一部ではこうした現代のことばとの通路を確保した古典の学習指導はあっていいのではないだろうか。とにかく、現状の閉塞感を打開するためには、従来の方法にとらわれない柔軟発想と多様な実践の工夫が必要であろう。

そうした意味で、古典の領域でこそ、学習活動は多様化した方がいい。すでに紙幅は尽きており項目のみ示すが、次にあげるような学習活動を試みるのは無意味なことではないはずである。

・映像資料の活用

・もの作り・アート製作（写本、書等）としての古典学習
・二次創作としての書き換え
・音声化・身体化の学習路線（音読・群読・朗読、演劇等）

はじめに述べたとおり、学習者の古典嫌いの現状は容易なことでは変わらないだろう。教育課程上の位置付けが選択的になればなるほど古典離れも加速度的に進むだろう。青年期の学習者に「古典に親しむ」ことが必要ならば、大学受験の有無に関わらず古典を学ぶべきだし、そのためには様々なアプローチがあってしかるべきである。否、逆にいえば、多様化する大学入試科目から古文・漢文が消えつつある今だからこそ、文法解説・語釈・現代語訳の固定化した学習から離れて柔軟な扱いが可能なのであり、高校生全員が「古典に親しむ」好機と捉えることもできよう。訓詁注釈に耐えられない学習者が古典に興味・関心を持てるような学習活動・学習方法は常識にとらわれない柔軟な発想から生まれる。

そして、述べてきたように、今日、古典はその教育的意義が現場レベルで不透明になりつつある中で、逆にナショナリズムの風に乗って重視されようとしている。そうした「再国家化」の動きに絡め取られずに、古典教育を学習者にとって意味のあるものとするためには、古典観・古典教材・学習指導の各層での変更を必要とし、総体としての見直しを必要としている。古典教育の現状と未来に暗澹たる気分にもなるが、まだやるべきことはたくさんあるはずである。絶望するのはそれからでも遅くはないだろう。

注

（1）平成一九年七月、国立教育政策研究所教育課程研究センター
（2）佐伯啓思『貨幣・欲望・資本主義』新書館、二〇〇〇年一二月

（3）『検定絶対不合格教科書　古文』朝日新聞社、二〇〇七年三月、二八六頁
（4）益田勝実「古典の文学教育」『文学教育の理論と教材の再評価』明治図書、一九六七年三月
（5）益田前掲論文
（6）土居忠生他編著『新国語　文学三改訂版』三省堂、一九五二年二月
（7）法政大学第二高等学校は二〇〇三年度より週五日制に対応した三〇単位の教育課程に移行した。国語科に関しては1年次が「国語総合」四単位、二年次が「現代文」二単位と「古典」二単位、三年次が「現代文」二単位と「古典」一単位となった。三年次のカリキュラムを検討する際、稿者は国語科主任であったため三年科目責任者の村上愛教諭等とともに、原案となる三単位の展開を研究した。
（8）『日本文学の古典』（岩波新書、一九六六年二月）より抜粋。

学力論の未来

「桜田プラン」の「第六次案」における言葉の学力観

――教科の枠組みを超えて育成する国語学力――

小原　俊

はじめに

昭和二八（一九五三）年に発行された『桜田の教育　第二集』には、漢字の学習に関する次のような考察が記されている。

子供たちは書取をして平仮名が漢字に直せるようになる。しかし、同じ子供が手紙を書く時は、書けるはずの漢字を使わない。漢字を使えというと、同音のとんでもない字を使う。習熟による習慣化は、この問題を克服するかも知れないが、おそらくそれは尨大な心身の浪費を要するであろう。これに対して、漢字を書くことが文章を能率的に書くと共に相手に読みやすくすることを、十分納得させるような状態で行われるなら、その習得は子供たちにとつて意味あるものとなり、しかも将来の漢字の運命にかかわらず、よりよい書記の方法を創造する端緒を培うことになるであろう(1)。

昭和二〇年代を通して東京都港区立桜田小学校では、「桜田プラン」と呼ばれる同校独自のカリキュラムによる戦後「新教育」が実施された。東京都と文部省から社会科教育の実験学校指定を受けていたこともあり、同校で実践された六次におよぶその新教育のプランは、まず第一に、戦後に新教科として設置された社会科の授業レベルにおける研究・開発を目的として立案されたものであった。さきの引用は、「桜田プラン」の「第六次案」で「技術創造課程」を設定した趣旨について述べた「桜田カリキュラム改訂の経緯」の一節である。「第六次案」は同校によって公開された「新教育」プランとしては最後のカリキュラム試案である。そして、「技術創造課程」は国語・算数・音楽・図工・家庭・体育といった従来の各教科を再編して読み・書き・計算をはじめとする基礎的な知識や技能を系統的に学ばせる方途を確保するとともに、それらをさまざまな学習活動の中において運用可能な学力へと高めることをねらって新設された課程であった。

戦後初期においては、経験主義的な「新教育」が「なすことによって学ぶ」をスローガンとして実施された。この時期には戦後の新設教科である社会科を軸とする複数の教科の相互連関や融合、さらには社会科を中核に据えたコア・カリキュラム等、さまざまな新しい学習課程が考案され、その具現化が試みられた。しかし、この試みは数年を経ずして基礎的な知識や技能が身に付かず児童の学力が低下しているとの批判を受け、昭和二〇年代後半になると各教科ごとの系統的学習からなる指導課程へと変容していった。これは歴史的事実として周知のところである。世の批判に対応しつつ学習課程の改良を重ねた「桜田プラン」も実施十年を待たず、昭和二八（一九五三）年の「第六次案」によって終焉を迎えた。したがって、「第六次案」で設定された「技術創造課程」は、桜田小学校において継続されてきた戦後「新教育」の試みが方針の転換によって中止される直前の時期に考案された最後の教科融合的な技能習得の課程だったと捉えることもできる。(2)

ところで、既に学習済みであり「書けるはず」である漢字を手紙の作成に運用することができない状態から

「子供たちにとつて意味ある」状態、つまり国語科の「書取」を超えて実際に活用し得る漢字の学力とするべく設定された学習の課程とは、どのような学力観に立脚したものだったのだろうか。本稿ではこの点を明らかにするため、「第六次案」の構造と「技術創造課程」の位置付けおよび特徴を分析するとともに、「技術創造課程」において言葉の学力の育成がどのように構想されていたのかに関する考察を行う。

一　「第六次案」の構造

「桜田プラン」の「第六次案」には、桜田小学校の教育を特徴付ける学習課程の柱が三つ存在した。「生活実践課程」と「問題解決課程」、そして「技術創造課程」である。

まず、「生活実践課程」であるが、この課程は児童が学校生活で自治的な活動を経験することによって学習する課程である。内容は、個々の児童を学級の一員として組織の中に位置付けるとともに、学級の代表となる児童を選び、学校の運営に参加させる「経営活動」、および個々の児童の欲求に基づく自己実現の場を与える「文化活動」とからなる。これらの活動内容を具体的に列挙すると、次のようになる。

経営活動……学級の日常活動（掃除、朝礼、朝の話し合い、給食、反省、学級会）
学級代表会、各種委員会（新聞、銀行、売店、図書室、掲示板）
児童会
文化活動……各種クラブ活動

この学習課程は学校という社会内における諸活動を通して児童の人間性を開発することを目的としており、教師主導ではなく児童の主体的な活動によって営まれるものであった。

次に、「問題解決課程」であるが、この課程は「生活実践課程」で発見した共同の課題に取り組み、それを解決する過程を通して学習する課程である。そして、内容には教科の枠でいう社会科と理科の学習活動が含まれていた。これは、発見した課題を分析し、共同しつつ解決を目指す際に児童の科学性を育成する見地からである。この学習課程については課題を分析する段階で教師の指導が介在するが、学習活動の主体は「生活実践課程」と同じく児童とする形をとった(3)。

小学校における教育といえば、通常は国語や算数といった教科の学習をまず想起するものである。しかし、「桜田プラン」の「第六次案」は「生活実践課程」にみられる児童の生活を学習の基盤とした点、そして、教師が知識や技能を児童に教授するのではなく、児童が自治的な学校生活の中から自分たちで課題を発見し、「問題解決課程」の学習活動によって課題の解決策を導き出すことを主眼として構築されていた点に特徴があったといえる。

二 「技術創造課程」の位置付け

「第六次案」で学習の基盤に位置付けられていた「生活実践課程」について若干補足すれば、これは「第六次案」特有の課程として理解すべきものではない。文部省の依頼を受けて昭和二二(一九四七)年の年明け早々に社会科作業単元の実験授業を実施した「第一次試案」の時点から、コア・カリキュラムの導入で戦後教育史上に名を残した「第三次試案」、さらには公表されたプランの最終案である「第六次案」に至るまで、「桜田プラン」は常に児童の生活を通した学習をプランの基盤として構築されていた。敗戦直後に赴任し「第五次案」実施中の昭和二七（一九五二）年秋までの七年間桜田小学校の校長を勤めた古川正義は、昭和二四（一九四九）年に刊行された『新しいカリキュラムの実践』で、各試案に通底して存在した同校の戦後「新教育」実践の目的を次のように記している。

われ〳〵の求めてやまないものは、子供たちの直面している真実の問題である。そして彼等の福祉のためにこの問題を解決させる適正な手段と方法である。徒らな教育原理や、方法論を手がかりとして子供たちを実験台上にのぼらせ、その功罪を論ずるは本意とするところではない。(4)

また、同年発行された『教育女性』誌への寄稿においても、次のような古川の教育観がみられる。

率直にいつて私は新教育とか旧教育とかいう呼称はどうでも宜しいと考えている。そんなことを気にして問題にすることはないと思つている。子供たちをどう育てあげることが時代の要求であり、子供たちのためであるかを真剣に考え、このことを満たすために子供たちと四つに組んで精進すればよいのだと確信している。そして子供たちの成長が日日逞しく伸びていく姿に教育者としての醍醐味を味わえばよいのだと信じている。そうすることによつてそこから地についた教育計画も生れようし、子供の生活に即した実践面の方法もあみ出せるわけである。(5)

本稿では詳しく言及しないが、「桜田プラン」が教科の学習以前に児童の生活を通した学習を重視してカリキュラムを構築した背景には、空襲によって焼け野原となった新橋の駅前で校地を闇市に囲まれるという条件の下、すさみきった児童の学校生活を建て直すことから戦後の教育活動を再開せざるを得ず、さらには戦後の復興期全般にわたり学区の劣悪な環境から児童を守り、健全な生活習慣を身に付けさせることが必然的に教育の主眼とならざるを得ない状況に置かれていた桜田小学校の事情がある。(6)

「技術創造課程」はこのような環境条件の下で考案された「桜田プラン」特有の方向性に基づき、「生活実践課程」と「問題解決課程」で展開される児童の学習活動を確かなものとするために基礎的な知識や技能を学ぶ課程として設定されたものである。つまり、この課程は、他の二つの課程とともに学習活動上の重要な役割を担ってはいるが、同校のカリキュラム全体の構造からみれば中核をなす課程ではなく、あくまでも中核を補佐する目的で新設されたと捉えることができる。(7)

三　「技術創造課程」と言葉の学力

本稿の「はじめに」でもふれたように、「第六次案」における「技術創造課程」設定の目的は基礎的な知識と技能を学習する課程を「桜田プラン」の中で明確化することにあった。この目的に沿って従来の国語・算数・音楽・図工・家庭・体育は言語・数量・音楽・美術・手技・運動の各領域に再編された。領域の詳細と教科との照応を次に示しておく。(8)

言語……会話・読解・記述　(＝国語)
数量……計算・測定　(＝算数)
音楽……演奏・創作　(＝音楽)
美術……制作　(＝家庭・図工)

手技……手技（＝家庭・図工）
運動……個人的運動・組織的運動（＝体育）

新たに編成された六つの領域は、教科とは異なり、従来の教科で習得していた個別の知識と技能を性質によって整理・分類し直したものである。「技術創造課程」においてそれぞれの領域に含まれる個々の知識と技能は「単一技術」と呼ばれ、(9)各「単一技術」ごとに低学年・中学年・高学年と段階を追って高度化を図る系統的な学習計画の構想が立てられている。(10)しかし、その一方で各「単一技術」は学習単元の必要に応じて取り出す形で学習するものとして発想されてもいる。

この発想に立って「言語」の領域に分類された言葉の学習のあり方を構想してみると、たとえば「記述」に含まれる漢字の書き取りの学習は、従来の国語科で行われていたやり方を受け継ぎ学年の進行に応じて計画的に実施される一方で、国語科の枠内で行われる限定的な学習活動ではなくなり、社会科や理科など他教科の内容を主とする学習活動の場面においても必要が生じた場合に行われるということになる。以上のような学習活動によって、書き取りの学習で身につけた漢字の学力は教科の枠を超えて運用できる能力へと高まることが期待される。この運用能力の高まりについては「会話」に含まれるスピーチや「読解」に含まれる要旨把握など、他のさまざまな「単一技術」についても同様と考えられる。

まとめ

以上みてきたように、「桜田プラン」の「第六次案」は、「生活実践課程」と「問題解決課程」を中核に据え、それらの課程で展開される学習活動を「技術創造課程」で育成した知識と技術が支えるという構造によって成立したカリキュラムであった。そして、「技術創造課程」は、基礎的な知識と技能を系統的に学ぶ課程であっただけでなく、従来の教科の枠を超えて学びの場を広げる性格を帯びていたものであったといえる。言葉の学力をいかにして育成し高めていくかという視点からこの「技術創造課程」を評価するならば、この課程は国語科のみならずすべての教科、さらにはすべての課程において育成の機会を確保するという発想を内包していたと捉えることができるだろう。

注

(1)『桜田の教育　第二集』四頁

(2) 桜田小学校の教諭であった片岡龍一が私家版の著書『桜田覚書』に記した回想によれば、さらに「第六次案」を改訂した「第七次案」も作成されたという。ただし、「第七次案」は実施されなかったようである。また、本稿執筆の時点でその内容は未詳である。

(3)「第六次案」の基本構造、特に「生活実践課程」と「問題解決課程」については『桜田の教育　第二集』二七～二九頁「桜田カリキユラムの運営」参照。

(4)『新しいカリキユラムの実践』明治図書出版社、昭和二四（一九四九）年四月三五頁

(5)『教育女性』昭和二四年十月号所載「桜田教育のあゆみ」第二節冒頭。同誌は東京女子高等師範内に設立された「教育女性文化会」が編集し、学芸図書出版社から発行されていた。

(6) 敗戦直後に桜田小学校が置かれていた劣悪な環境については、科学研究費補助金基盤研究（C）(2) 研究成果報告書『戦後、昭和二〇年代における総合主義教育の研究―国語教育の視点から―』所収の小原俊「桜田小学校（桜田プラン）社会科による「中心学習」の構築へ進んだコア・カリキュラム」2. 1. 参照。

(7)「第六次案」で設定された三つの課程の位置付けに関する『桜田の教育　第二集』の記述を参照する際には注意を

払う必要がある。二七〜二九頁「桜田カリキユラムの運営」では「生活実践、問題解決、技術創造の三つのコース」について「これらの三つのコースは、それぞれの独自性を発揮することによつて互にからみあい統一的な経験を増していく」と、「第六次案」のカリキュラム構造において三つの課程を独立した対等の関係にあるものと位置付けようとする記述がみられる。しかし、実際には本稿第一節でふれたように、「問題解決課程」は「生活実践課程」の学習活動がなされることを前提として成立する学習活動の課程なのであり、それ自体を単独で成立し得る課程として捉えるのは困難である。また、同書の冒頭に収められた「桜田カリキユラムに寄せる」で古川正義は「第五次案」までに公表した実践過程が「問題解決課程と生活実践課程のコースだけ」であったと記し、「基礎的な学習」については課程と呼ぶにふさわしい学習コースとして位置付けることができなかった事実を明らかにしている。「第五次案」においては「技術創造課程」の前身に該当する「技能習熟課程」が設定されているが、古川の記述はこの課程が「桜田プラン」の学習課程として公表し批判に耐えるのに十分な完成度を備えていなかったことを示していると理解してよいだろう。

（8）『桜田の教育　第二集』七頁表参照。

（9）同前七頁。なお、本稿ではふれなかったが、「技術創造課程」には将来的に実現すべき学習の段階として、種々の「単一技術」を統合して複合的に駆使することで創造性を発揮する「複合技術」の学習も構想されていた。ただし、この「複合技術」について『桜田の教育　第二集』には概念が記されているだけで、具体的な学習の方法は提示されていない。

（10）同前七七〜九七頁参照。

国語学力調査を活用した授業改善の取組に関する考察
――調査の活用方法に見られる学力観の変遷――

本橋幸康

問題の所在

平成一九年四月、文科省は、小学校第六学年・中学校第三学年の全児童・生徒を対象として全国学力・学習状況調査を実施した。国立教育政策研究所は、五月に「出題の趣旨」、「学習指導要領の内容・領域」、「評価の観点」、「学習指導に当たって」など、授業の改善に役立てるための解説資料を作成し、各学校や教育委員会に配布した。調査結果の公表に当たっては序列化を懸念する声が多いが、学習者の学力の実態を把握するだけではなく、誤答分析などを通して、いかに授業を改善できるかが課題となっている。調査問題の出題形式や内容、構造はもちろんのこと、調査結果を活用する際には、国語の学力観や指導観が反映されるため、目的に沿った学力調査の手法と学力構造の解明が不可欠である。小稿では、学力調査の結果を教育現場に活用するための特色のある取組を取り上げ、調査の活用方法に見られる国語の学力観を考察する。特に「学力低下」が問題となって学力調査が盛んに実施された戦後昭和二〇年代から、文部省の『全国学力調査』をはじめとして、授業改善、カリキュラム改善をねらいとした学力調査が行われた昭和三〇年代を対象とする。昭和三〇年代は、学力調査の結果を教育現場に還元するため、調査で浮かび上がった課題を重点的に指導するだけでなく、誤答分析をしたり、学力向上校での授業の取組に注目したり、さまざまな授業改善の取組を各地の教育委員会が積極的に模索していた時期である。また、学校調査を行って学力の要因分析（教育環境・条件）をしたり、教科書分析研究、学習指導の研究や授業の分析も盛んに行われた時期でもある。

一　戦後、昭和二〇年代から三〇年代における主な学力調査の目的

昭和二六年度版『学習指導要領（試案）』国語科編第七章「国語科における評価」第一節「国語科における評価はどう考えたらよいか」の中には、「一　学習指導計画をたてるための評価　二　学習指導の進行を効果的にするための評価　三　学習指導の効果を判定するための評価」という評価観とともに国語の能力表も示されている。文部省『中学校高等学校　改訂学習指導要領国語科編解説　全』（昭和二六年）教育図書研究会において、石井庄司氏は国語科における評価の目的を、「①ひとりひとりの生徒の実態をつかんで、生徒の国語の力がいっそうよく伸びていくために行う。②指導法の改善に役立てる。評価を行って反省の資料を見つける。③カリキュラムの修正や改善に資する。」の三点をあげて解説をしている。この三点は、学力調査においても重要な目的である。これらを簡潔に表現すれば、①学力の実態を把握すること、②児童・生徒の課題を発見し、日々の授業の改善に生かすための資料を得ること、③カリキュラム改善のための資料を得ることになろう。戦後、昭和二〇年代は、『日本人の読み書き能力』調査における『学校調査』(1)をはじめとして、国立教育研究所や国立国語研究所および都道府県教育研究所や民間教育機関において、国語の学力に関する調査が盛んに行われた時期であった。児

童・生徒の「学力が低下したかどうか」を科学的に明らかにし、児童・生徒の学力の実態把握を目的とする『学力調査』（一九五六）久保舜一[2]や『国語の学力調査』（一九五五）日本教職員組合学力調査委員会[3]など①を重視した学力調査が行われた。昭和二〇年代後半になると『中学校生徒の基礎学力』（一九五四）日本教育学会学力調査委員会[4]において、戦後新教育の成果ともいえる問題解決力や社会的態度などを評価する試みや、沖山光『科学的根拠に立つ国語教育の改善　国語の学力調査とその実態』（一九五一）[5]にみられるように、調査における誤答分析から個々の学習者の指導のための基礎資料を得ようとする②の授業改善の試みも現れた。

福島県教育調査研究所では、昭和二五年一一月から福島県学力調査（小学校六年、中学校三年）を実施しているが、「1．昭和二五年度昭和二六年度は実態を明らかにして指導技術の参考資料とし、2．昭和二七年度昭和二八年度は全国水準と比較して本県の位置を明らかにし、3．昭和二九年度は、学力を支えている要因の探求をした。」（昭和三〇年は中学校（国語）のみ、昭和三一年度は文部省「全国学力調査」。）というように昭和二〇年代後半から段階的に各年度ごとの学力調査の分析活用を試みていた。[7]昭和二八年（一九五三）から国立教育研究所は『全国小中学校児童生徒学力水準調査』[6]を行ったが、その目的は「児童・生徒の学力の実態を明らかにして、現在における学習指導上の問題点を全国的な規模や標準において究明し、それに基づいて今後における改善の方策を明らかにしようとする」と示され、②や③の授業改善、カリキュラム改善も視野に入れていた。このように昭和二〇年代後半は、学力の実態を把握することを目的とした学力調査から、さらに教育の現場における指導向上のための基礎資料を得ることを目的とした学力調査へと質的転換があった時期といえよう。

ここで、昭和三〇年代における主な学力調査の目的をいくつかあげてみよう。昭和三〇年代における文部省の『全国学力調査』[10]の目的は、次のように示された。

昭和三一年度	この調査は、全国的な規模において、小学校・中学校・高等学校における児童・生徒を対象とし、国語・数学（算数）の2教科における、いろいろの角度からの学力の実態をは握して、学習指導および教育条件の整備・改善に役立つ基礎資料を作成することを目的とする。
昭和三四年度	この調査は、小・中・高等学校の児童・生徒の学力の実態を全国的な規模でとらえ、学習指導・教育課程の改善および教育条件の国備に役立つ基礎資料を得ることを目的としている。
昭和三六年度	この調査は、小学校の児童の学力の実態をとらえ、学習指導・教育課程および教育条件の整備、改善に役立つ基礎資料を得ることを目的としている。ここでいう学力とは、学習指導要領に掲げられている教育目標に対する児童の学習の到達度を意味する。
昭和三六年度	1　文部省及び教育委員会は、教育課程に関する諸政策の樹立及び学習指導の改善に役立たせる資料とすること。 2　中学校においては、自校の到達度を全国的な水準においてみることにより、その長短を知り、生徒の学習の指導とその向上に役立たせる資料とすること。 3　文部省、教育委員会は、学習到達度と教育諸条件との相関関係を明らかにし、学習の改善に役立つ教育条件を整備する資料とすること。 4　文部省及び教育委員会においては、能力がありながら経済的な理由などから、その進学を妨げられている生徒、あるいは心身の発達が遅れ、平常の学習に不都合を感じている生徒などの数を把握し、育英、特殊教育施設の拡充強化に役立てるなど、今後の教育施策を行うための資料とすること。

昭和三七年度 昭和三九年度	小学校の第五学年および第六学年の児童の国語および算数についての学力の実態をとらえ、教育課程に関する方策の樹立、学習指導の改善に役立てる資料とする。なお、調査の結果は、教育条件の整備にも利用するものとする。
昭和三八年度 昭和三九年度	義務教育の最終段階である中学校第二学年および第三学年の全生徒の国語、社会、数学、理科および英語についての学力の実態をとらえ、教育課程に関する方策の樹立、学習指導の改善に役立てる資料とする。なお、調査の結果は、教育条件の整備にも利用するものとする。

ここでは、特に三六年度に3「文部省、教育委員会は、…」、4「文部省及び教育委員会においては…」と実施主体が明示されていることに注目したい。昭和二六年度版『学習指導要領（試案）』一般編　序論には「教師は、学習指導要領を手びきとしながら、地域社会のいろいろな事情、その地域の児童や生徒の生活、あるいは学校の設備の状況などに照じて、それらに応じてどうしたら最も適切な教育を進めていくことができるかについて、創意を生かし、くふうを重ねることがたいせつである。」とあるが、昭和三〇年代においては、各学校の教育現場における指導向上のための努力に加え、文部省や教育委員会が学力調査の結果をもとに指導・授業改善のための具体的な資料を提供する姿勢が示されている。一方で、同時期には独自の学力調査を実施して教育の改善を試みていた地域もあった。奈良県では文部省『全国学力調査』と並行しながら、奈良県国語教育研究会が昭和三三年から国語学力診断を実施していた(8)。その目的は、「奈良県下の児童・生徒の国語学力の実態をあきらかにして、その全県集計結果から県標準を求め、各校の国語科指導計画の改造や、個々の児童・生徒の国語学習の改善に資する」と示された。学習指導要領の内容を基準としながら、内容を焦点化した形で独自の問題作成・実施のもと、継続的に行っていた。

青森県では、『青森市学力調査に基づく実験研究調査報告書―小学校国語科編―』（昭和三七年度実施）[9]によると「この研究は、小中学校児童生徒の学力の実態を全市的地域学校規模別にとらえ、学習指導・教育課程の改善に役立つ基礎資料を得ることを目的」として青森市独自の学力調査を実施していた。特に過去三年間の青森市学力調査の結果明らかにされた問題点を再検討・整理し、指導案および指導例をいくつか提示し、実践しながら児童生徒の反応を具体的に観察、指導のための資料を得るという調査研究を行っていた。昭和三〇年代においては、全国各地の教育委員会および教育研究所が文部省の『全国学力調査』の結果を参照しつつ、独自の学力調査を実施し、教育の現場に学力調査の結果を具体的に還元しようとする試みがあった。昭和三〇年代の学力調査の目的として、②児童・生徒の課題を発見し、日々の授業の改善に生かすための資料を得ること、③カリキュラム改善のための資料を得ること、が注目されていた。

二　戦後、昭和二〇年代から三〇年代における学力調査結果の活用方法

都道府県五大市教育研究所長協議会発行「教育研究所の概要とその活動状況」（一九六二）、「全国学力調査結果の活用と分析研究　事例集」（一九六四）、「学力の実態とその要因分析」（一九六五）を参考資料として戦後、昭和二〇年代から昭和三〇年代の全国各地の教育研究所の研究を概観すると、学力調査と関連して、a学校調査などによる学力の要因分析（教育環境、条件）、b教科書分析研究、c学習指導の研究や授業の分析　の三つの取組が盛んに行われている。「学力の要因」を分析し、「教科書の分析」や「学習指導の研究や授業の分析」をおこない、具体的な教育課程を作成した研究として、昭和三一年福島県信夫郡飯坂町立飯坂中学校の教育課程では、具体的な教育課程と単元構造図式とが示され、「全国学力検査」（昭和二六年度国立研究所（ママ））によりカリキュラ

ム評価として学力調査が用いられている。単元構造図式では「単元の具体的目標」「主な学習活動」方法とが示され、単元の導入から「終末調査」、ペーパーテストまで全体の流れを示しているものである。[10]

昭和三〇年代においては、「全国学力調査結果の活用と分析研究　事例集」（一九六四）によれば、

・応答分析（誤答分析、相関分析などを含む）をしている（富山県、大阪府、青森県、福島県、埼玉県、東京都、新潟県、石川県、山梨県、和歌山県、兵庫県、広島県、佐賀県、熊本県）

・教育条件との関連で学力を分析している（北海道、青森県、福島県、静岡県、岐阜県、滋賀県、広島県、佐賀県、兵庫県、大阪府など）

・それぞれの県の特質とか水準をいくつかの観点（条件）に立って分析している（千葉県、兵庫県）

・学力向上のための要因分析をしている（和歌山県）

・学力向上校についての要因の分析をしている（宮城県、熊本県、佐賀県）

など、全国学力調査の結果を具体的な指導のための資料として教育の現場に還元できるように、学力要因の分析と活用法が全国各地の教育研究所において活発に研究されていた。

三　昭和三〇年代における各地の学力調査の目的と構造、特色のある活用方法

1　奈良県における取組

奈良県では、奈良県国語教育研究会が昭和三三年から国語学力診断（昭和三三〜三六年度は「国語読解力テスト」、昭和三七年度〜四六年度は「国語読解表現力テスト」以後継続的に「国語学力診断」）を実施していた。[8] 小学校一年から中学校三年まで実施し、昭和三三年度に、「読解力」を次の六項目にわけて作問している（1漢字の読み　2大意（主

題）3段階（構成）4内容（細部）5語句（語い）6文法）。昭和四一年度では文章のジャンル別にその特質をとらえ、実用的文章（1目的・用件 2表現 3形式 4知識）、説明的文章（5語句 6要点 7構成 8要旨・意図）、文学的文章（9情景・心情 10人物 11主題 12表現 13感想）、韻 文（14感動 15情景・表現 16鑑賞）、ことばに関する事項（17表記 18漢字 19語句 20文法）という問題構造であった。「国語読解力テスト」「国語読解表現力テスト」と名称が示すように、内容を焦点化して多角的、分析的により詳細に学力をとらえようとしている。（資料1）。昭和三八年二月一六日に、第一回「国語学力表現テスト」の報告会を実施し、結果報告と協議を行っている。授業参観も行い「各校の国語科指導計画の改造や、個々の児童・生徒の国語学習の改善」の試みを行っている。

2 東京都における取組

東京都では、昭和三五年九月二〇日、二一日実施の東京都公立小学校学力調査報告書（国語）を例にとると、その目的は「東京都公立小学校の教育課程、学習指導法およびそのほかの教育条件の整備改善の基礎資料を得るために、公立小学校の最高学年における学力の実態を、全都的規模において、前年度に継続して調査する（三カ年計画）」とある。問題の構成は、文部省「全国小学校学力調査」と同じく「学習指導要領」を基準としている（資料2）。「読解力」に加え、「聞き方指導」の調査も行われ[11]、内容を焦点化した形で調査を行っている。東京都教育研究所『学習内容・系列の分析研究』（一九六二）[12]では、「教科能力の実態にもとづいて、教材をどのように系列化することがより効果的であるか」「教育課程、および教材内容の理解が深まり、教材の側面から学習指導の充実、改善」を試み、テストでの児童の応答分析から教材を配列、系列化する試みも行っていた。

3 青森県における取組

学力調査の結果を「小中学校児童生徒の学力の実態を全市的地域学校規模別にとらえ、学習指導・教育課程の改善に役立つ基礎資料を得ることを目的」とする『青森市学力調査に基づく実験研究調査報告書―小学校国語科編―』（昭和三七年度実施）[9]では、過去三年間の青森市学力調査の結果明らかにされた問題点を再検討・整理した。文部省初中局視学官倉澤栄吉氏が三年間指導に当たっており、学力調査で明らかになった課題を重点的にとりあげ、日々の授業研究、発問の研究を行い、指導案および指導例を提示し、実践しながら児童生徒の反応を具体的に観察し、指導のための資料を得る調査研究を行っていた。発問研究から授業の過程、児童の学習過程を重視した学力調査の研究が行われている。研究計画の概要は、「（一）実態調査問題作成、（二）調査結果の考察から問題点を検討、（三）問題分析から研究テーマの再確認、（四）実験研究①授業計画を討議する――おさえることがらの設定。②授業案と発問の研究。③題材の決定（もちろん全領域にわたって指導するが、主として重点的に取り扱うところを決める）・京都（説明文）・はち（作文）（五）実験研究実施と反省点のまとめ。（六）研究の成果についての調査問題の作成。（七）調査結果についての考察。（八）適用をはかるための調査問題の作成と調査実施。（九）研究のまとめ」であった。誤答分析から問題点を見いだし、指導法を導き出す手法には、戦後昭和二〇年代の沖山調査などの学力調査研究との共通点を見いだすことができる。

まとめと考察

小稿では、戦後、昭和二〇年代から昭和三〇年代における学力調査の目的および活用法を中心に、国語学力調査の果たした役割を考察した。この時期の学力調査の特色としては、

1　学力調査は、①学力の実態を把握すること、②児童・生徒の課題を発見し、日々の授業の改善に生かすための資料を得ること、③カリキュラム改善のための資料を得ること、の三つの役割を果たしていた。

2　昭和二〇年代には、①の学力の実態を把握することを目的とした学力調査が多く行われたが、誤答分析から教科書研究・授業研究など、②や③を目的とした取組が模索された。

3　昭和三〇年代には、②と③の授業改善・カリキュラム改善のための具体的な基礎資料を得るという目的が重視された。

4　教育委員会、教育研究所が、学習指導要領を基準としながら、学習の過程や課題を重視し、調査内容を焦点化した形で独自の学力調査を作成・実施していた。

とかく調査の結果のみが注目されがちだが、具体的な授業改善・カリキュラム改善の取組を行うために、授業の過程、学習者の学習過程を重視して学習者の実態を把握し、教科書研究、授業研究などの取組を行うことなど示唆を得られた。

学力調査の問題作成に当たっては、誤答分析のできる問題構成や問題の質の検証が必要であろう。また、分析にあたっては設問ごとのクロス集計、無解答のクロス集計など、分析研究も重要である。授業改善、カリキュラム改善を試みるための具体的な学力調査の問題作成、分析研究については、今後の課題としたい。

注

(1) 日本人の読み書き能力委員会『日本人の読み書き能力』東京大学出版部、一九五一年。調査の目的は、「文部省発行の国語教科書と昭和二二年度版試案「学習指導要領国語科編」にあげられている学習到達目標にした。」とある。
・拙稿『日本人の読み書き能力(一九五一)』の考察―調査の特徴と戦後国語学力論への影響―、二〇〇四年

(2) 久保舜一『学力調査』福村書店、一九五六年。調査の目的は、「・横浜市小学校生徒の学力および能力の一般的傾向を見、なおこの資料によって学力を中心とするいくつかの教育上の問題を分析する。・学力低下をいうならば、その

程度と方向が質的量的にたしかめらえていなくては、実践的に意味をなさない。この組織的な実状調査ははなはだ必要なことであるにもかかわらず、今までほとんど行われていなかった。本調査はこの測定を本格的に試みるものである。」とある。

（3）日本教職員組合学力調査委員会『国語の学力調査―国語学力全国調査報告書―』大日本図書株式会社、一九五五年。調査の目的は、「基礎学力の一つである国語・算数（数学）の学力の基礎的なものについて、全国的な水準がどの程度であるか、その学力は果たして不足しているか、もし不足しているとすれば、どんな点か、またその原因は何かなど」とある。

（4）・日本教育学会学力調査委員会『中学校生徒の基礎学力』東京大学出版、一九五四年。調査の目的は、「義務教育課程における生徒の学力は果たして低下したかどうか、もし低下したとすればその原因はどこにあったか、それらの問題について科学的な解明をする。」とある。

・拙稿「『中学校生徒の基礎学力（一九五四）』の考察―調査にみられる国語学力観を中心に―」『学術研究―国語・国文学編―』第五三号早稲田大学教育学部、二〇〇五年

（5）・沖山光『科学的根拠に立つ国語教育の改善　国語の学力調査とその実態』教育図書研究会、一九五一年

・拙稿「『科学的根拠に立つ国語教育の改善　国語の学力調査とその実態（一九五一）』の考察―昭和二〇年代前半における学力調査にみる国語学力観の形成過程―」、二〇〇四年

（6）国立教育政策研究所（第一次中間報告（昭和二七年度））、（第二次中間報告（昭和二八年度））、（第三次中間報告（昭和二九年度））「全国小・中学校児童生徒学力水準調査」。その他「入門期の言語能力」（昭和二九年）、「小学校低学年の読み書き能力」（昭和三一年）、「小学校中学年の読み書き能力」（昭和三三年）、「高学年の読み書き能力」（昭和三五年）（いずれも国立教育研究所紀要および秀英出版）。これらの成果は『小学生の言語能力の発達』明治図書（昭和四一年）にまとめられている。

（7）福島県教育委員会『福島県中学校十年史』一九五八年

（8）奈良県国語教育研究会『国語学力診断の歩み―昭和三三〜四六年度―』一九八八年
（9）青森市教育委員会『青森市学力調査に基づく実験研究調査報告書―小学校国語科編―』一九六三年
（10）信夫郡飯坂町立飯坂中学校「単元構造図式の作製とその効果―生徒の学力を伸ばすための教育課程計画の一試案―」福島県教育委員会『福島県中学校十年史』一九五八年
（11）・東京教育研究所国語教育研究会（一九五七）「国語教育における聞き方指導の研究・基礎調査」、（一九五七）、「国語教育における聞き方ドリルの研究・第一次調査」、（一九五七）「国語教育における聞きとり方類型の研究」、（一九五八）小学校低学年聞き方指導案の研究――二学年を中心に――」、（一九五九）「小学校高学年聞き方指導案の研究―五学年を中心に―」
（12）三カ年計画として、（昭和三八年度）「学習内容・系列の分析研究（小・中学校）」、（昭和三九年度）「カリキュラム諸条件に関する調査研究」、（昭和四〇年度）「学習内容・系列の分析研究（中学校）」が調査研究された。
※　小稿は、全国大学国語教育学会第一〇九回岐阜大会での発表資料を大幅に加筆・修正したものである。

資料1　昭和三九年度　奈良県中学校（第三学年）「国語読解表現力テスト」

5　次の詩についてあとの問いに答えなさい。

草むらに子どもはもがく小鳥を見つけた。
子どもはのがしはしなかった。
けれども何か瀕死に傷ついた小鳥の方でも
はげしくその手の指にかみついた。
子どもはハッとその愛撫を裏切られて
小鳥を力まかせに投げつけた。
小鳥は奇妙につよく　空をけり
翻し　自然にかたえの枝をえらんだ。
自然に？　さよう、じゅうぶん自然に！

―やがて子どもは見たのであった。⑩
小石のようにそれが地上に落ちるのを。⑪
そこに小鳥はらくらくと仰向けにねころんだ。⑫

（二十一）この詩を読んで、四人の生徒が感想を述べました。どの生徒のがいちばん適切だと思いますか。

1 小鳥をとらえようとして失敗し、殺してしまった子どもの無念さがよく表現されていた。
2 小鳥がとてもかわいそうに思われました。心ない子どもだなあと悲しく思いました。
3 生への執着におどろくと同時に、子どもが自分の気持ちと逆に、小鳥の死を早めてしまったことのさびしさが感じられた。
4 小鳥を救おうとして裏切られた子どもの、小鳥を殺してしまった気持ちが分かるような気がしました。

（中略）

（二十五）感動の流れを生かして朗読するためには、どこで「間」をとればよろしいか。適切なものを選びなさい。

1 ④と⑤のあいだと、⑪と⑫のあいだ
2 ⑨と⑩のあいだと、⑪と⑫のあいだ
3 ④と⑤のあいだと、⑥と⑦のあいだ
4 ⑥と⑧のあいだと、⑨と⑩のあいだ

資料2 東京都公立小学校学力調査 問題構成

	昭和三三年度	昭和三四年度	昭和三五年度
1	○話の内容と相手の意図を正しく速くとらえる。	○要点を抜き出したり要約したりする。	○事実と意見を判断しながら読む。 ○叙述に即して正確に読む。

		○文章の組立や叙述に即して正確に読む。	
2	○書き手の意図を読む。 ○要点を抜き出したり要約したりする。 ○文と文との接続・段落相互の関係に注意する。	○漢字を読む。	○漢字を書く。
3	○文章の組立や叙述に即して正確に読む。 ○語句を文脈にそって考える。	○漢字を書く。	○日常よく使われる敬語の使い方を理解する。
4	○同義語、同類語、修飾語を理解する。	○物語の主題をとらえる。 ○語句を文脈にそって考える。	○文と文との接続、段落相互の関係に注意して読む。
5	○詩の鑑賞と読解	○文章を味わって読む。	○語句を文脈にそって考える。 ○要点を抜き出したり全体を要約する。

資料3　「学習内容・系列の分析研究」東京都立教育研究所（一九六二）

①低学年について（第2学年）「てんぐのうちわ（要約）」

さんたというこどもが、ちえをはたらかせて、てんぐからふしぎなうちわをとりあげました。
そしてそのうちわをつかって、てんぐをこうさんさせました。

教材文として、「てんぐのうちわ」という子どもに親しまれている物語を提出した。子どもがこの物語を「読んだことがあるかどうか」、予備的に聞いたところ、約半数の子どもは「読んだことがある」と答えている。この文章の読解について、高学年でとったと同様、学習の流れを想定して、五つの問題を作成することにした。ここでは、そのうち、主として④の問題について考察し、関係ある他の部分にも触れることにする。

④　この〔てんぐの　うちわ〕の　はなしと　おなじ　かたちの　はなしは、（ア）、（イ）、（ウ）のうち　どれでしょうか。それだと　おもうものに　○をつけなさい。

（ア）　しんせつな　おじいさんは　いのちをたすけた　すずめから　どうぶつの　ことばが　わかる、〔きき耳ずきん〕をもらいました。そして　その　おかげで　いろいろな　ことが　わかりました。

（イ）　いっすんぼうしに　せめられた　おには〔うちでのこづち〕をわすれて　にげて　ゆきました。こづちをふると　いっすんぼうしは　りっぱな　わかものにありました。

（ウ）　アラジンは　こじきに　ばけて、　まほうつかいの　おしろへ　しのびこみ、あいてを　ゆだんさせて〔ふしぎなランプ〕を　とりかえしました。そして　ランプのちからで　わるい　まほうつかいを　たいじ　しました。

〈第6表 問題④の反応結果（物語の比較）〉

選択肢＼学校	A	B	C	D	E	F	G	H	I	J	計 男	計 女	計 平均
ア	8.9	15.8	7.1	17	10.8	6.2	20	6	8.1	10.3	10.9	13.4	11.5
イ	31.1	44.7	42.8	35.8	54	27.1	41.8	36	43.2	34.9	37.8	39.2	38.6
㋒	51.1	7.9	9.5	18.8	27	45.8	20	46	5.4	13.8	27.6	22.8	25.3
無答	8.9	2.6	23.8	9.4	5.4	2.1	3.6	10	5.4	13.8	7.1	9.2	8.2
二つ以上答えた者	—	28.9	16.7	18.9	2.7	18.7	14.5	2	37.8	27.3	16.5	15.3	16.3

問題④では、まず「てんぐのうちわ」の文章について、「ことばの意味」や、「さんたのことば」を手がかりに、物語の要所を分析させ、その後で物語の要旨と表現・あらすじが類似する物語とを比較させた。要旨把握の能力をみるのに、あらかじめ選択肢を設けると、かえって選択肢の文にとらわれるきらいがあるので、いきなり物語を比較させ、要旨のとらえ方をみようとしたのである。「てんぐのうちわ」の内容がかなり深くつかめていれば、（ウ）の物語の内容、すなわち相手のものを逆に利用するという、相互の類似性に考えが至ると思われたのである。調査の結果は第6表のようになっている。第6表をみると、選択肢（ウ）に反応した率は平均25・3％であり、その率は低い。しかし、学校別に見ると、最も高いのが51・1％（A校）で、最低が5・4％（I校）であった。各学校の反応率は、かなりまちまちである。さらに誤答の傾向をみると、物語（イ）に平均38・6％反応している。物語（イ）は、一寸法師の話で、「うちでのこづち」が出てくるが、これが「てんぐのうちわ」と結びついて、判断されたものと考えられる。つまり、一部の現象が類似しているという契機で、物語全体の類似性を想定する傾向がある。2年の子どもは現象的なものにとらわれて、要旨をつかむことがかなりむずかしいのかもしれない。この点については、読解指導の際、課題としていつも心にとめておくことが必要で、機会ある毎にここで行ったように物語の相互比較を行わせ、現象をこえて、要旨に至る指導を心がけることが大切であろう。（後略）

世界に通じる教材

見る・読む・考えるを通して言葉を育てる
——『たのしか』と『ここが家だ』を教材に——

遠藤瑛子

一　教材選択の観点

国語科総合単元学習を神戸大学教育学部附属住吉中学校で立ち上げたとき、「個と集団の活性化をはかる教材の条件」を考えた。それは一九八五年（昭和六〇年）のことで、次の十項目である。

①「国語科の育てたい言語能力[1]」に適応するもの
②生活に密着した、身近なもの
③未知の部分が多く、生徒の興味・関心をひき、挑戦できるもの
④教材そのものが生徒に感動を与え、新たな教材を生み出すもの
⑤発展性があり、生徒が課題をみつけやすいもの
⑥個人の興味・関心・学力など、個性に応じて取り組めるもの
⑦質の高い喜びのある方向へ導くことができるもの
⑧文章表現が優れているもの

⑨　生徒の実態に応じ、新鮮な驚きのあるもの
⑩　お互いが協力し、高め合うことができるもの
これは教材選択の基礎であり、今も揺るぎはない。しかし、その後、実践を通し考えてきたことがある。それは、時代、社会、国際的視野を考慮すべきではないかということである。その点から今回は次の三点を加えて新しい教材を提案してみたい。
⑪　「見ること」を通して、感じたり、想像したり、考えたりして自己を表現できるもの
⑫　生きることを考えたり、話し合ったりすることができる課題探究性のあるもの
⑬　夢や希望をもつことができ未来へ拓くもの
メディア・リテラシーが国語科教育に必要な時代となり、「見ること」をやり過ごすことはできないだろう。また、複雑で不確実な時代にあって、問題意識をもち自ら道を拓く子どもを育てることは大切なことである。このことは、『キー・コンピテンシー――国際標準の学力をめざして』[(2)]の三つのカテゴリーを踏まえて、浜本純逸氏が「人間にとっての言語、つまり自己の自律と自立に働く言語を育て、自己を表現し、自己の将来を構想する言語能力を育成することが課題である」[(3)]と述べていることに近い。未来に拓き、国際的にも共通話題として確立できると考える新しい教材を二点挙げてみたい。

二　新しい教材二点

1　『たのしか』（武田双雲　ダイヤモンド社　二〇〇六）　中学二年生以上の教材

『たのしか』は、今、最も注目されている一九七五年生まれの若き書道家の初のメッセージ集である。彼はさ

光　こんなひかりをはなてるにんげんになる

『たのしか』（武田双雲　ダイヤモンド社）より

まざまなアーティストとのコラボレーションや斬新で独自な創作活動を行っている。テレビ・映画の題字を手がけ、国内・海外（モスクワ・ジュネーブ等）を問わず、パフォーマンス書道もする。

この本の帯には、「言葉、このとてつもない力」とある。実際、漢字一文字の書と活字の詩が両開きの白いページに息づいている。もの言わぬ漢字が書となると、見えない言葉で語っているようだ。また、本音を吐露した詩は音声となって伝わってくる。英語と中国語の訳詩が添えられているが、それは手にとった他国の人々の「書を読む」助けとなるだろう。

「光・俺・縛・蓋・闇・心・夢・小・種・志・動・偽・焦・紡・繁・たのしか・愛・清・雲・鏡・戦・想・正・智・真・顧・認・素・味・楽・瞬・命・二・波・流」の一文字の書体はどれ一つとして同じではない。「智」はその字の通り几帳面な楷書で、「楽」はくるくると踊っているような筆使いである。躍動感やリズム感、静寂、衝動的な迫力。点は時に火花となり、時に飛沫となり、文字一つ一つが物語っているように感じられる。

例えば、右の「光」はめくるめく光であり、とてつもない大きな力で動いている。書の線や墨のかすれ、墨の濃淡によって内側から外に向かってぐるぐる廻る光のようである。

「光　こんなひかりをはなてるにんげんになる」

と、一行詩で生き方を宣言する。（英語　LIGHT I shall become a person who emits such light. 中国語　光　我要如此发光。）

「人生」と題した一ページの文章がある。その中に「墨を重ねていくうちに、スコーンと黒い雲が抜けた気がした。たぶんこの瞬間に、書道家としての進むべき道標に出逢えたのだと思う。」とある。この墨を重ねることは「来る日も来る日も、様々な人格で書き続けた」ことを指している。「ストリート書道」をやっていた頃の、書に払われた一万円と三歳ぐらいの貧しそうな子が差し出した百円の代価を考えた書道家は「ひとりの人間が考え、悩み、壁にぶち当たり、時にはうれしさにまかせて書いた言葉をただひたすら伝えたい」とあとがきに述べている。この思いが数々の漢字に表出し、詩となったのに違いない。東洋独自の表現に、武田双雲という書道家の生き方も凝縮されているように感じられる。その中心は「たのしか」という心意気ではなかろうか。

大学で書道を学んでいたとき、『書の歩み』[4]の中で顔真卿の書を「刻々に新しい自己、新しい生命を生きるという、峻厳な生き方の表われ《ママ》である」と評してあった。まさに、それである。

では、どんな授業が考えられるだろうか。書を鑑賞し、詩を読んで感じたり想像したりしたことを文章化し発表し合うことができる。このことは、五感を駆使した「見ること」によって言葉による表現力や交流を通してコミュニケーション能力を養うことができる。三五の書と詩があるので、各人の心情や好みに合う文字を選ぶことができる。その選択は一人ひとり違うかもしれないし、同じになるかもしれない。しかし、感じ方、思いは異なるはずである。言葉化したとき誰かに言わずにおれなくなったり、また、知りたくなったりするものである。自ずと他人と交流が始まり、いい関係の仲間が作れるだろう。他人の見方に敬意を払い、それを取り入れ成長するとともに、人としての喜びや悩みを共有していくこともできるだろう。紆余曲折の末にたどり着いた書道家としての武田双雲の人となりと、さらに発展する生き方をも学べる教材である。

2　『ここが家だ―ベン・シャーンの第五福竜丸』（絵ベン・シャーン　構成・文アーサー・ビナード　集英社　二〇〇六）中学二年生以上の教材

二〇世紀は戦争の世紀と言われる。二一世紀を迎えたとき、私たちはそこに平和や希望が見出せるように思った。しかし、民族紛争は世界で拡大し、小型核兵器の開発が進められ核の脅威は増している。

日本は世界で唯一の被爆国である。その体験から、愚行を警告する作品を一つ教材としたい。中学校国語教科書には、これまで単元名は様々に変わってきたが、根底に戦争を踏まえ、平和を考え平和を願う教材が入っている。太平洋戦争末期の子どもたちの様子がわかる「字のないはがき」（向田邦子）、「大人になれなかった弟たちに……」（米倉斉加年）、詩「わたしが一番きれいだったとき」（茨木のり子）、「挨拶」（石垣りん）、被爆地広島でかろうじて焼け残った国民学校の「壁に残された伝言」（井上恭介）、ベトナム戦争に従軍し負傷して帰還したもと兵士との交流を描いた「ゼブラ」（ハイム・ポトク）等である。子どもに未来を託すとき、過去の出来事を伝え、平和のメッセージへと変えて行かねばならないと考える。

とり上げた作品は、二〇世紀のアメリカを代表する画家ベン・シャーン（一八九八〜一九六九）が第五福竜丸を題材にした連作「Lucky Dragon Series」五十点の中から、一九六七年生まれのアメリカの詩人アーサー・ビナードが選んで構成し、日本語で文章を付けたものである。

第五福竜丸は一九五四年三月一日、マーシャル諸島ビキニ環礁で行われたアメリカの水爆実験に遭遇した。その灰を浴び被爆しながらも、助けを求める無線を打たず、故郷の焼津漁港に二週間かけてたどり着いた。乗組員二三名の遠洋マグロ漁船は公海で延縄《はえなわ》漁をしていただけである。この水爆実験は一九四五年八月六日、九日の原爆投下、一五日の終戦から一〇年もたっていなかった。当時、死の灰の恐怖や放射能を測定するガイガー計数管、雨に濡れない注意等新聞で大きく報道された。度々の抗議があったにもかかわらず、それ以降も実験は続けられ、核保有国は増えていったのである。この絵本が、二〇〇六年に出版されたことを一つの警鐘と受け止めたい。ここに、編集者の強い願いが読みとれる。

　ベン・シャーンはユダヤ系リトアニア人である。（リトアニアはユダヤ人に命のビザを発行した杉原千畝が外交官として赴任していた国である。）画家としての出発はリトグラフの石版工であった。彼自身「石に刻む線を描いている」と線の力を語っているが、『ここが家だ』の作品群は刻まれたような線画が圧倒的に多い。細い線が刻み込まれた被爆した顔、墨の線で描かれたかのようなユリや麦。これらの無彩色に対して色彩のある焼津の活気あ

『ここが家だ―ベン・シャーンの第五福竜丸』絵ベン・シャーン
構成・文アーサー・ビナード 集英社 より

る町、たくさんの白い鳩が飛んでいる一枚。かわいい娘を抱いた髪の毛の抜けた無線長久保山愛吉の力強い手と足。それは海の男として家族を愛するものの手と足である。ベン・シャーンは第五福竜丸の被爆三年後にまず挿絵としての仕事をしているが、シリーズでは久保山愛吉を描くよりも、夫を失った妻の悲しみ、子どもをもつすべての父親を描こうとしたという。この「私たちみなを描こうとした」という思いが、アーサー・ビナードの方向性となり、普遍的なものになったのである。

「原水爆でなくなるのはわたしがさいご」という久保山愛吉の願いを、ベン・シャーンは多くの人物の強いまなざしで訴えているが、その静かで強い、人間を直視した絵画表現に、アーサー・ビナードは日本語という言葉の力で訴えたのである。平易で、短く端的な日本語だからこそ胸を打ち、からだの中に入り、生き続ける。

（本文P47・48より）

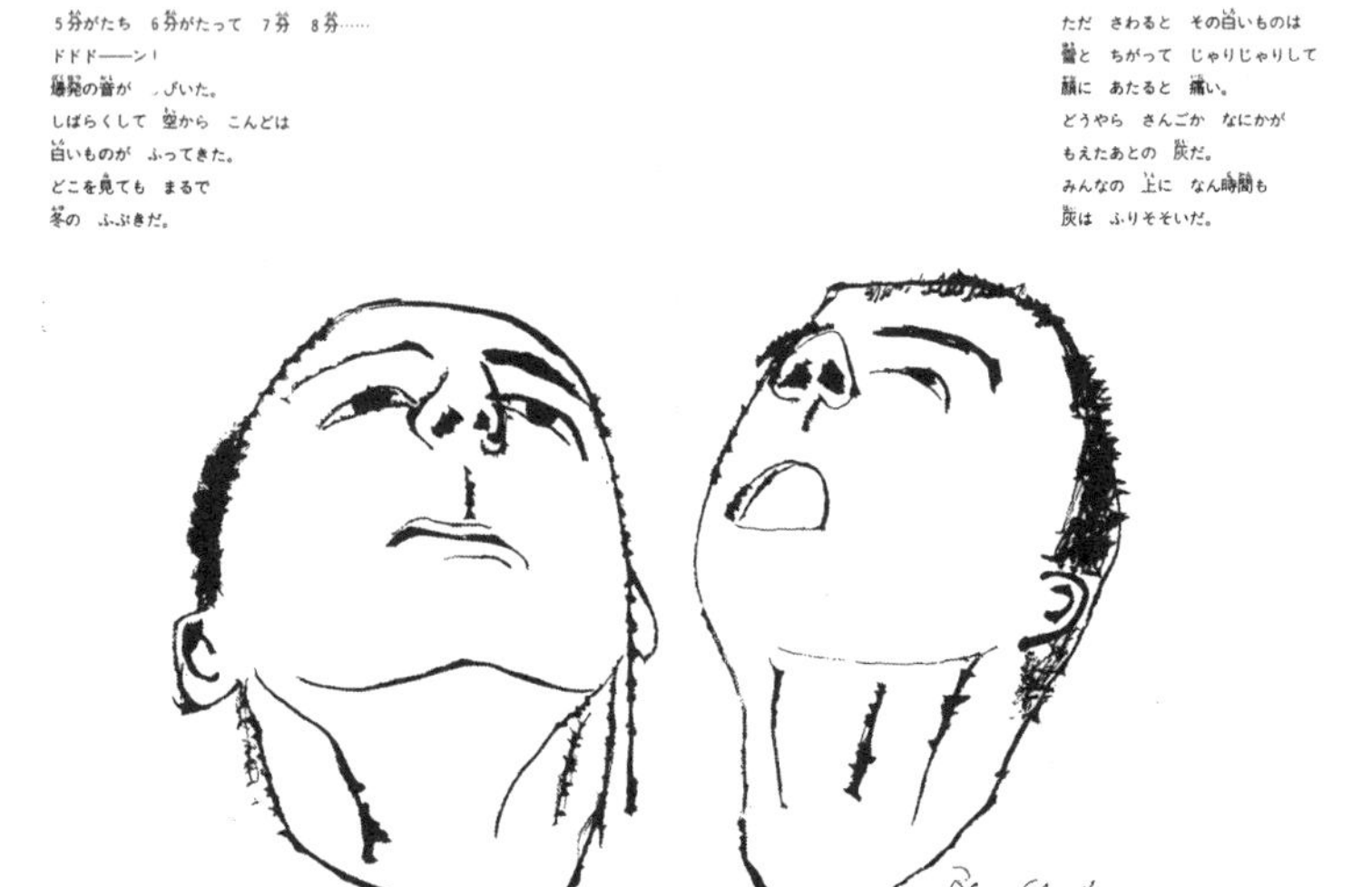

『ここが家だ―ベン・シャーンの第五福竜丸』絵ベン・シャーン
構成・文アーサー・ビナード 集英社 より

どうして　わすれられようか。
畑は　おぼえている。

波も
うちよせて
おぼえている。

ひとびとも
わすれやしない。

家族に見送られ、恐らく奮い立って出た焼津漁港へ、放射能病と闘いながら無線も使わず戻ってきた乗組員の心中はいかばかりのものか。危うさのある現代だからこそ事実を知り、そこから学んでいかねばならない。作品名の「ここが家だ」の意味や帯の「この物語が忘れられるのを　じっと待っている　人たちがいる。」がそれを表している。人間としてこの作品から学び、国を超え、平和に生きようとする願いと意志を伝え続けねばならない。

以上を考えると、見て感じる、考える、読んでさらに想像し考える、また、想像し考えたことを伝え合い、話し合う、また調べてみるという様々な行為がなされる教材となろう。次に、実際にこの作品を使って群読をした同志社大学文学部国語科教育法を受講した学生の演出ノートを挙げておこう。くり返し、重ね合わせ、読み分けが衝撃的な場面をつくり、「ふりそそいだ」でその後を彷彿させている。

参考文献他

（1）赤坂三好　文・絵　『わすれないで―第五福竜丸ものがたり―』金の星社、一九七九年
（2）財団法人第五福竜丸平和協会　『写真でたどる第五福竜丸』平和のアトリエ、二〇〇四
（3）大石又七　『これだけは伝えておきたい　ビキニ事件の表と裏』かもがわ出版、二〇〇七
（4）篠　輝久　『約束の国への長い旅』リブリオ出版、一九八八年

（5）杉原幸子・杉原弘樹　『杉原千畝物語』金の星社、一九九五年
（6）辻信一監修　『ハチドリのひとしずく』光文社、二〇〇五年
（この作品は私たちにできることを考えさせる発展教材になる）
（7）文中ベン・シャーンの連作は説明によれば、「一九五七年から五八年にかけて、月刊誌『ハーパーズ』で物語学者ラルフ・ラップの第五福竜丸に関するルポルタージュに挿絵をつけ、それがタブロー画のLucky Dragon Seriesへと発展する」とある。

©『ハチドリのひとしずく』（光文社）より

作品『ここが家だ』演出ノート　同志社大学文学部二〇〇七年度春学期　国語科教育法B受講生　Iグループ作成

	①A	②B	③C	④D	⑤E	⑥F
		「いきなり」	全員			
		西の空が				
			まっ赤に			
				もえた		もえた
	太陽がのぼるぞぉー					
		（のぼるぞぉー）				
			（のぼるぞぉー）			
					と	
						ひとりがさけんだ
		西の空の				
		西の空の	火の玉は			
		西の空の	火の玉は	雲よりも高く		

			あがっていた	あがっていた	
					けれど
ほんものの太陽は	ほんものの太陽は				
		東の空に			
			のぼる	のぼる	のぼる
					にせものの
太陽みたいな					
	ばけものが				
		うようよ			
			もくもく		
		うようよ		うようよ	
			もくもく		もくもく
		うようよ		うようよ	
			もくもくと		もくもくと

「もがいているのだ」（全員）

	5分がたち				
	6分がたって	6分がたって			
		7分	7分		
				8分	
「ドドドーン」（全員）					
					爆発の
音が					
	ひびいた	ひびいた	ひびいた		
			しばらくして	空から	
			しばらくして	空から	今度は
				空から	今度は
「白いものが降ってきた」（ABCD）					
				どこを見ても	
					まるで
冬の　ふぶきだ					

					顔にあたるといたい					何時間も			
ただ	ただ	ただ				どうやら					何時間も	「何時間も」（全員）	
	さわると				顔にあたるといたい		さんごかなにかが				何時間も		
		その白いものは		じゃりじゃりして									灰は
			雪とちがって				もえたあとの灰だ	もえたあとの灰だ					
					顔にあたるといたい				みんなの上に				

				ふりそそいだ	ふりそそいだ
					ふりそそいだ

注

（1）遠藤瑛子『人を育てることばの力』溪水社、二〇〇三年　巻末所収
（2）ドミニク・S・ライチェン　ローラ・H・サルガミク編著『キー・コンピテンシー――国際標準の学力をめざして』明石書店、二〇〇六年
（3）浜本純逸「国際教育の課題・二〇〇七年」「国語の授業」二〇〇号、一光社、二〇〇七年
（4）森田子龍『書の歩み』墨美社、一九五八年

未来に通じる教材

――「構造主義」と「唯物論弁証法」を学ぶための、中等教育段階における教材とは――

寺崎賢一

一　なぜ構造主か

「論理的思考力」を高めるための初歩的段階は、「差異性認知」の力を高めることである。その差異性認知のための優れた道具（言語・シンボル・テクスト（書かれたもの））の一つが「対比」である。たとえば、「誰が男か」を認知するためには、「女」との対比をすることを通して初めて可能となっていく。積極的に対比の関係を探し（本当は「創造し」のほうが適切であろう）差異を言語化する（名づける・見出しをつける）練習が、初歩的段階である。

だが、そのように単数同士で差異性を認識しても「論理的思考力」としては小学校レベルである。中等レベルでは次の段階を必要とする。

複数の事物の現象の背後に流れている共通性をぬきだして（創造して）言語化する（見出しづけする）。この時に必要な道具が「類比」である。ただし、その際には同時に対比のセンサーを働かせている。対比と類比とは表裏一体のものである。

このような中等レベルにおける積極的な対比・類比の練習こそ、「構造主義」の実践に他ならない。

ここで言う「構造主義」とは、以下の二つの方法のことである。
①複数の現象・項目を対比させることによって意味を創造する方法。
②複数の現象・項目の類比によって共通部分を抜き出し、意味を創造する方法。
なぜ、このような構造主義の方法を重視すべきと考えたのか。その理由は「世界あるいは事物に対する認識を深めるための重要な道具」だからである。英文学者テレンス・ホークスは言う。

物の真の性質は、物それ自体に存するのではなく、われわれが構成し、そして知覚する物と物との間の関係に存するといえるであろう。

この新しい概念、すなわち、世界は物というよりはむしろ関係によって成り立っているという概念は、まさしく「構造主義」とよぶことのできる人々の思考方法の第一原理をなす。最も単純にいえば、それは次のことを主張する。すなわち、与えられたどんな状況においても、すべての要素の性質はそれ自身では何の重要性ももたず、実際には、その状況において含まれる他のすべての要素に対してそれが持つ関係によってその性質が決定される、ということである。つまり、どんな実体にしろ経験にしろ、その完全な意味はそれが部分をなす構造にまで統合されてはじめて認識されるものなのである。(『構造主義と記号論』(1))

構造主義の成立に大きな貢献をした人類学者レヴィ・ストロースは言う。

親族の問題の研究において、(そしておそらく他の問題の研究においても)、社会学者は音韻論を研究する言語学者と形式の上で類似した立場にあることがわかってくる。親族名称は、音素と同様、意味作用の要素であ

る。それらは、音素と同様、体系のうちに組み入れられることなしには意味作用をもつことができない。（中略）

在来の社会学者の誤りは、在来の言語学のそれと同じく、項を考察して項の関係を考察しなかったことである。（『構造人類学』[2]）

これらの引用からも分かるとおり、世界の本質を見極めるためには、項そのものだけでなく項と項との関係性を考察しなければならない。つまり、項という現象だけでなくその背後に隠されている**関係性＝構造**を見抜くことも必要であり、そのための優れた道具として、構造主義が抜群の力を発揮する。「構造主義」は「関係主義」とも呼ばれているとおり、「関係」さらにはそれらを統一した「体系」の中で個々を位置づけることで個々の意味や価値を特定し、個々を背後から縛っている構造を措定できるとする立場である。「実存主義」のように個々の「意思」「思い」に中心的に注目するのではなく、個々の思いや意思を背後から規定し、統一している目に見えない「力＝構造」を明らかにしようとする立場である。

中等教育を終える前に、一度は学んでおいてほしい思考のための道具なのである。なお、構造主義では、**二項対立**という言葉で対比・類比をとらえている。

二　「第三の波」（アルビン・トフラー）の教材化

きわめて巨視的な視座から、今日の社会現象を眺めるのに役立つ説明的文章が未来学者アルビン・トフラーの著書『第三の波』[3]である。この著書を読むことによって、現代がなぜこのようにアノミーとなり、またあらゆる分野で改革が必要とされているのか、その理由がみえてくる。そして、これからの未来を創る上でのヒントを与えてくれる。

この文章は構造主義の立場で書かれている（ただし、後から弁証法的に統一しているのではあるが）。まず、これまでの人類の歴史を大きく四つに区分する。「狩猟採集時代」「農業時代」「産業（工業）時代」「情報時代（トフラーははっきりと命名していないが）」。そして、農業化の波を「第一の波」と名づけ、「産業化＝工業化」の波を「第二の波」と名づけ、「情報化」の波を「第三の波」と名づけた。そして、「第二の波」を推し進めた六つの原則＝構造を明らかにしている。「極大化・中央集権化・集中化・規格化・専門化・同時化」がそれである。現象の背後にこれらの六つの構造があることをトフラーは発見している。

そして、新しい「第三の波」（おそらく情報化社会と呼んでいいだろう）に覆われると、今までと違った、全く新しい構造に支配されることとなる。先の六つの原則が変わらざるをえないのである。トフラーはいくつもの具体的な未来予測をしている。例えば、フレックスタイム、プロシューマ（生産者がそのまま消費者になり、消費者がそのまま生産者になる）、コンピュータ裁断機による洋服の安価なオーダーメイド、在宅勤務などなど。これらは二七年も前に予測されたものである。

トフラーの論理から必然的に予測できる未来を構造レベルで描いてみよう。極小化・ネットワーク化・分散化・オーダーメイド化・プロシューマー化・非同時化（たとえばフレックス化）ということになろう。とはいえ、「産業」の土台の上に「情報」が存在しえるのであるから、最終的には、「第二の波」の構造を一方で究極化（極大化）させつつ、「第三の波」の構造が形成されていくというふうに、両方に二極化していくだろうと筆者には思われる。そのため、「第三の波」の構造には「二極化」という言葉が新たに加わらざるを得ないであろう。また、「時間の超加速化」も加わるだろう（当然その逆の「スローライフ」運動も起こってくるだろう）。また、「自由化」と

「規制化」、「多様化」と「一様化」、「個性化」と「通性化」という両極端の構造をもたらすだろう。そして、これらの二極分化は、それが極まった場合、もしかしたら人類の最終段階を招くかもしれない。なぜなら、これらの動きは「分裂」「爆発」の構造と言えるからである。文明が加速的に進展しても、人間そのものはその加速化にはついていけない。ここにも「分裂」が起こるだろう。地球も、である。地球上の天候の二極化（急に寒くなったり、ひどく暑くなったり、竜巻が頻繁に起こったり…）はますますひどくなるだろう。これは地球の叫びなのであろう。また、時間の加速化に追い立てられる人間は、時間の奴隷となり、心身症を患う人が急増し、狂気じみた人間関係に汚された社会にならざるをえないだろう。社会の空気がそのようになったとき、政治はコントロールがむずかしくなり、破滅への道（戦争）を選択するかもしれない。筆者は、第三の波が人類最後の波だと考える。なぜなら、文明の進歩のスピードに人間の生理（進化）が追いつかなくなり、また地球の自浄力が文明の進歩に追いつかなくなることによる人類環境の破壊が待っているばかりであるのだから。

ただし、人類が抱いてきた「利潤と進歩」という価値観を排して、「持続」という価値観にすべてを転換することができたなら、可能性が出てくるだろう。

いずれにしても、トフラーの「第三の波」は、今襲いつつある新しい現実に対してどのような心構えを持つべきかをわれわれに教えてくれる貴重なものである。

教材としては、第四章の「暗号の解読」が中学三年生以上に適しているであろう。この章は、「第二の波社会」の「六つの原則」について詳述した部分である。中でも、「専門化の原則」の節では、随所に対比的な語句がちりばめられている。頭脳を「対比的」に働かせて読むとわかりやすく読み解くことができる文体となっている。たとえば、「農民あがりの何でも屋」に対して「見るからに凛々しい専門化」＝「一つの仕事をテーラー式に繰り返し繰り返し行う労働者」、「一人で何もかもやる職人」に対して「一〇人の専門工員」、「全的な人間」に対して「人間の『部分』」、「資本主義」に対して「共産主義」などがそれである。また、中学生にとって難解な語句もたくさんある。たとえば、「アダム・スミスの『国富論』」「資本主義」「社会主義」「市場」「独占」などがそれである。だが、実はこれらの多くはしばしば新聞にでてくる用語であり、政治や経済などに関心を持ち、良き市民となるためには避けて通れない言葉である。宿題として辞書を引いて語句を調べてくるようにすべきところである。授業の最後には、このキーワードを逆にしたときの、未来予測をさせたい。そのことで、意識的に未来を先取りすることができることに、気づかせたい。

授業後の生徒の感想を次に掲げる。中学三年生の感想である。

●「第三の波」を読んで、自分が生きていく上での何かを学びました。普段、なにげなく過ごしている中で、規格化・専門化・極大化などの六大原則があったことを初めて知り、時代の流れや人類の歴史を、変化という波の連続としてとらえ、個々の波頭がわれわれをどこへ運ぶかを考えるなど、自分が生きていくなかで大切なことを学び、現代や時代の流れを見ていくのに少し興味が出てきました。歴史を別の視点から見た感じがして、何気なく生きている世の中の始まりや現代に対しての考え方を改めて知ることができ、楽しかったです。他にこの人が出した本に少し興味が出てきたので、読みたいと思いました。

●僕は、今のいままで、政治には何の関心もありませんでした。ただ、上の人たちが創った世界で普通に生きていくそれだけの存在だったと思います。でも、「第三の波」を読んで、今まで自分の知らなかった「ものの見方」をこの本は教えてくれたと思います。

●最初に自分は「こんな難しい文章を理解できるのか。」と、授業中思っていました。しかし、先生の授業では、辞書で自分で調べる、「専門」の対義語を穴埋めして書かせる、などしてくださり、わかりやすかったです。この「第三の波」を読んで「専門化」にもメリットだけでなくデメリットもあることに気づきました。一日に大量生産できるが、労働に全的な人間を必要とせず、人間の一部を必要とするだけということ。これが人間に対してどんなに残酷かがわかりました。この「第三の波」は、自分にはとても難しかったけれど、とても自分のためになったような気がします。

三　「子馬」（ミハイル・ショーロホフ）の教材化

かつて光村図書の中学教材として載っていた「子馬」は、構造主義を学ぶのに格好の教材であり、作者がノーベル文学賞作家である実力を垣間見せる内容をもったものである。構造主義を駆使して読んだなら非常におもしろくまた読みやすい作品である。詳細については、拙著『暗号の解き方』(4)に譲るが、次のような二項対立の図式が創造できる。

絹のような赤いけしの花＝蜂蜜＝たっぷり張った乳房＝網杓子＝花咲くクラスのタールのにおい＝土のにおい＝子馬の泣き声＝七色の水滴

これらに見出しをつけると、「愛の本能を呼び覚ます存在」「人間としての優しさを呼び覚ます存在」「戦闘意欲をなくさせる存在」ということになる。

爆風＝弾＝負傷＝砲撃＝軍刀＝小銃＝ピストル＝コサック騎兵中隊＝銃＝破甲弾＝敵の大群＝砲火＝弾薬盒＝マクシム機関銃＝狙撃＝騎兵銃

これらに見出しをつけると、「生の本能を呼び覚ます存在」「死への恐怖を呼び覚ます存在」「戦闘意欲を掻き立てる存在」ということになる。

主題としての一例は、「愛の本能か生の本能か、二者択一を迫る戦争の残酷さ」ということになろうか。このテクスト（書かれたもの）は明確な対比・類比の構造をもっており、その構造に気づくと一気に核心に迫ることのできるおもしろさをもっている。中学二年生以上にふさわしい教材である。

四　なぜ唯物論弁証法か

論理的思考力を鍛えるためのさらに高度な道具に、**唯物論弁証法**がある。ただし、ここにとりあげるのは、三浦つとむ著『弁証法はどういう科学か』[5]に表現されているものである。とりわけ**「条件次第で真理は誤謬に転化し、誤謬は真理に転化する」という命題・量質転化の法則・対立物の相互浸透（非敵対的矛盾・直接的同一性・相対的独立の関係（区別と連関））・否定の否定**がそれである。この世界は常に運行していて、変化している。その変化＝運動の姿をとらえる認識の道具が唯物論弁証法である。構造主義の二項対立という道具が、時を止めて（共時性）、ある一時点の姿をとらえることに力を発揮するのに対して、「時間の経過とともに変化する姿」（通時性）をとらえようとする道具が唯物論弁証法である。実は先の『第三の波』を著したアルビン・トフラーもきわめて唯物論弁証法的な思考力をもった人物なのである。本当は、構造主義によって分けたものを、次は時間的流れに乗せて統一的にとらえなおすことが「脱構築」の仕事であるのではないかと筆者は考えている。

五　「看護のための『いのちの歴史』の物語」（本田克也他）の教材化

唯物論弁証法を駆使して最近世に出された書物が『看護のための「いのちの歴史」の物語』[6]（現代社）である。その概要については、次のように書かれている。

もしもあなたが、ある人を看護したいと思ったばあいには、その人がどこでどのようにして育ってきたか、その個人史を知りたいと思うのではありませんか。なぜなら、その人の育ち方によって、食事の仕方も、衣服のつけ方も、興味も違ってくることをあなたは知っているからです。しかし、それだけでは足りないはずです。

なぜなら、その人はそもそも個人である以前に人間なのですから、そもそも人間というものを知っていなければなりません。ところが人間を知るには人間がどのような育ち方をしてきたか、を知らなければなりません。なぜならば人間は人間への歴史をたどって人間になったのですから。

さらに、人間の本体である生命体を知るには、地球を知らなければならないのです。そして、地球を知るには、地球がどのような育ち方をしたかを知らなければならないのです。わかりやすくいえば、この大きな流れをやさしく説いたものが「いのちの歴史」の物語なのです。（中略）

この「いのちの歴史」の物語は、宇宙の生成から説きおこし、太陽系の中の地球の生成から生命体の発展、その過程での人類の誕生から社会の歴史、を一貫した論理で説いていくという壮大な展開であり、簡単には、世界を丸ごと対象として一貫した流れとして説ききるという物語です。

そしてこれは私たちのオリジナルな発見によるものであり、けっして借り物の説明ではありません。私たちは、何十年もかかって歴史的な偉大な学者や研究者の業績を、事実を原点に論理的に措定しなおして、それをみごとに完成させて、この地球と生命体の数十億年にわたる歴史を描きだすことに成功したのですから。（三二一〜）

「生命現象」というものは、新しい細胞の誕生と古い細胞の死滅という矛盾が同時に一つの生命体（固体）の中で生ずる（これを新陳代謝という）状態のことである。この場合の「矛盾」は故事成語の「盾と矛」のように「どちらかが誤っている敵対的矛盾」と異なる「非敵対的矛盾」のことである。二項対立的状況が一つの生命体の中で成立する状態のことである。矛盾するからこそ、そこに「動き」すなわち「運動」すなわち「生命現象」が生ずるのである。同著の興味深い主張を引用する。

この巨大な月のおかげで、地球は他の兄弟惑星である金星や火星がたどったような単なる物理的変化、簡単には、しだいしだいに冷えていってしっかりとしたカタマリの惑星へと落ちついていく変化ではなく、結果として思いもよらぬ生命体誕生につながる物質現象、すなわちいわばまったく異なった複雑きわまりない物質（生命体）へと転化する変化、つまり化学的な変化を引きおこすことになってしまっていったのです。（中略）

他の兄弟惑星である金星や火星は太陽からの熱をいわば毎日毎日受けとっていても、自らの燃えさかる炎をそのまま持続することはとうていできず、しだいに冷えていくのみでした。しかし地球だけは巨大な子惑星ともいえる月のおかげで、兄弟惑星である金星や火星の冷え方とは違って、冷えることがなかなかできない状態が続くことになったのです。いわゆる**対立物の相互浸透**形態の持続化です。（中略）

ここでいう奇妙な化学的変化とは、単純には反応と反反応をくり返すような変化をさします。たとえばある物質が、熱を受けとり続けて何らかの他の質的に違う物質へと生成しかかったはずのものが、その受けとる熱が逆に少しずつある温度まで低くなっていくことにより、その反応が進まなくなるばかりか、逆にあるところまで後戻りをしてしまうということを幾度となくくり返す過程が、地球上に長い期間起こっていたとイメージしてください。

一見単純とも思える、この何物かが「できてくるかと思えばできてはいない」、「できていかないのかと思えばできてきている」という、連続と非連続の過程としての、いわゆる奇妙な化学的変化の状態のとてつもないくり返しが、実は生命の源流ともいえる「いのち」の形成状態、いわゆる生命現象そのものだったのです。

端的には「生成されていくかと思えば生成されずに後戻りをすることのくり返しのうえのくり返しでしかない」というこの奇妙な化学的変化は、おそらく何億年もの間にわたってくり返されたと考えられます。しかし同じような変化でも無慮、数十万回以上にわたってくり返されただけに、その奇妙な化学的変化の中身（実質）はしだいに変化することになっていきました。

その実質とは、変化が積み重ねられる中で、生成発展のみをくり返すだけで、当初の単純であった元ののに戻りにくい物質（ともいうべきもの）へと転化していくことになってしまったのです。

結果的に説くなら、これが、この過程の**量質転化**化が、現在の生き物（生命体）の代謝といわれるものの原基形態を生じさせることになったものです。（四五～・ゴチックは筆者）

以上の文章には、頻繁に唯物論弁証法の思考の道具が使われている。これは、高校段階で一度は体験させたい思考の道具である。また、本文はその格好の教材であると同時に、内容的にも「**新しい生命史観**」を提起しつつ論理的一貫性があるところが評価できる。一冊丸ごとを教材として、批判的な目でこれを検討する授業を構想するのに適していると思われる。

おわりに――中等教育段階における教材とは――

中等教育段階は、初等教育段階や高等教育段階の教育内容と何らかの差異があるべきであろう。そして、それは一般には、**発達論・上達論**（知識の集積レベルとそれを使いこなす知恵の上達レベルに応じて、異なった教育内容・教育方法がとられるべきであるとする考え方）・**分野論**（教科の別や分野の別によって、どの発達年齢にふさわしいかを決定したり、また、習熟型で教えるべきか探求型で教えるべきかといった方法を決定すべきであるという考え方）の観点から決定されるべきことであろう。だが、これらとは全く別の決定因子もある。それは、現実の必要性に迫られての決定……である。最終学歴を高校としている生徒も多いという現実を踏まえたとき、現代を生きぬくきわめて重要な認識・思考の道具を広く市民にいきわたらせておきたいという願いをもったなら、たとえそれが難しいものであっても、教えておかねばならないということが生ずる。

その一つが**構造主義**である。これは、児童・生徒が生まれてからこれまでずっと**現象と自分の感覚を中心**に世界を認識してきたその在り方を、初めて打ち破る衝撃的な道具である。その意味で他の何にもましてきわめて重要な道具と思われる。

もう一つが**三浦つとむの唯物論弁証法**である。それは、ヘーゲル哲学を源流とし、その唯心論的出発点をマルクス・エンゲルスが唯物的出発点に転換させたうえで磨きをかけ、さらにそれを三浦つとむが引き継ぐ形で整理し磨きをかけたもの、と言ってよいだろう。三浦つとむ亡き後、三浦に私淑してその研究を引き継いできた南郷継正を中心とする「日本弁証法論理学研究会」がさらにその発展をさせている。第五節で扱った『看護のための「いのちの歴史」の物語』も、その研究会員の手によるものである。

なお、現在でもしばしば「マルクス主義」＝「弁証法」だと思い込んでいる知識人が多いが、これは間違っている。マルクスは資本論を書くために「弁証法」を道具として磨きながら使ったのであり、弁証法はイデオロギーなどではなく思考の道具にすぎない。そしてその特徴は変化しつづける世界の、**変化の法則性**をすくいあげた点である。構造主義を初めとする近代のほとんどの認識・思考の道具が**世界を静止させて**使われる道具であるが、その欠点をしっかりと補うものが唯物論弁証法と言えよう。そして、この道具は意図的に学ばないとなかなか得られないものであり、一度は中等教育段階までに学ばせておきたいものなのである。

これら二つの道具は、人間の**意識主体以前に客体の存在を認める点**で共通していて現象学との違いを明確にしている。したがって、この二つの道具の使い方を身につけた後に、高等教育段階で脱構築や現象学や実存主義などを学ぶと、見えてくるものが多いように思われる。

注

（1）テレンス・ホークス『構造主義と記号論』池上嘉彦他訳、紀伊国屋書店、一九七九年（原文は一九七七年、イギリス）
（2）クロード・レヴィ・ストロース『構造人類学』佐々木明他訳、みすず書房、一九七二年（原文は一九五八年、フランス）
（3）アルビン・トフラー『第三の波』徳岡孝夫監訳、中公文庫、一九八二年／徳山二郎監訳、NHK放送協会、一九八〇年（原文は一九八〇年、アメリカ）
（4）寺崎賢一『暗号の解き方』明治図書、一九九一年
（5）三浦つとむ『弁証法はどういう科学か』講談社現代新書、一九六八年（講談社ミリオン・ブックス、一九五五年）
（6）本田克也・加藤幸信・浅野昌充・神庭純子共著『看護のための「いのちの歴史」の物語』現代社、二〇〇七年

コミュニケーションによる「説得」のレトリックの教材化

熊谷芳郎

一　はじめに

論理的な思考力や表現力が求められて久しい。しかしながら、そのほとんどが、数学における証明のように、表現者において論理を完結するような展開を目指すものであった。論理的な思考・表現において、確かにそのようなレトリック展開をすることもあろう。そのような「閉じた」レトリック展開に対して、目前の相手との間にコミュニケーションを繰り返す中で展開していくレトリックというものも、実生活の中では多く存在することも確かである。いわば「開いた」レトリック展開である。本稿ではそれを、コミュニケーションによる「説得」と呼ぶ。特に「説得」に限定するのは、単なるおしゃべり（おしゃべりにもおしゃべりなりのレトリックは存在するし、その展開も存在するが）との区別を明確にするためである。自分とは異なる意見をもっている相手に対して、どのように自分の意見を説明し、納得させ、賛同させるか、そこにコミュニケーションの中でも積極的に相手に関わっていく場が生じる。また、レトリックの展開力も求められる。

ただし、ここで求められるレトリックは、必ずしもそれだけで完結することを求められてはいない。たとえば、受験に失敗してこれからの進路について相談を受けた相手に対して、「あの星空を見てごらん。宇宙の大きさを感じてごらん」と言うとき、そこには厳密な意味での論理的なつながりはない。しかし、相談した相手が納得し、新しい歩みを始める決心がついたとしたら、そこには見事な「説得」がなされたことになる。ここで展開されているのは、相手の心の動きを捉え、相手の心情・情念に訴えていくレトリックである。その意味で、本稿で扱うレトリック展開は、表現者の内部で完結したものではなく、相手とのやりとりの中で初めて展開するレトリックということができよう。

また、相手とのやりとりの中で初めて展開するレトリックということは、異なる意見をもっている相手に対して、思想そのものを問題にするのではなく、その思想を生み出して支えている心情に訴えることによって、相手を説得しようとするものである。したがって、その意味では、「扇動」の技法をも含むことになる。相手の心情そのものを揺り動かし、無意識の領域に働きかけ、本人が予想もしなかった結論を導き出していく、そのような「扇動」の場面にも、コミュニケーションによる「説得」は用いられる。さらに、「説得」は話し言葉の中だけで展開されるものではない。書き言葉においても、あるいは映像においても、その受け手が作品世界にまったく同化していくとき、どのような思想であっても素直に受け入れていくことすらある。ファンタジー小説に涙を流すことすらあるのであり、CGゲームの中に人生観を激変させる出会いを感じ取るものもいる。その一方で、このような「説得」を最も効果的に行う場の一つは、個人が集団の中に埋没したときである。集団が個人を呑み込み、個人の思考力・判断力を呑み込むだけのエネルギーをもったとき、個人の情動は集団のエネルギーに素直に反応していく。

これまで、学校教育の中で扱われる論理においては、理知に訴え、理性的思考の中で展開するものを重視してきた。しかし、そのような論理とは別に、情念に訴え、情動との関わりの中で展開する説得もある。それはある場合には、「詐術」の論理として犯罪の中で使われる場合すらある。これまでの国語教育の中では、その部分に関してはほとんど指導してこなかったといえるであろう。そのために、国語教育の中で指導されることなく、そのようなレトリックに対して「抵抗力」をもたない学習者は、レトリックの「詐術」に簡単に絡め取られる傾向が見られた。本稿は、そのような情動の中で展開する「説得」法への指導を提案するものである。国語教育が学習者の言語生活を問題とするのなら、このようなレトリック展開をも扱っていく必要がある。

二　単元名と対象学年

一、単元名「説得術って何?」
二、対象学年　高等学校二年生または三年生

三　単元設定の意義

コミュニケーションはもとより相手の存在を前提とする。特に相手を説得しようとする場合には、相手の同意を常に必要とする。なぜなら、コミュニケーションの場合、相手はいつでも打ち切ることができるからである。コミュニケーションを持続するためには、小さな同意を数限りなく積み重ねていく必要がある。場合によっては、小さな同意の積み重ねが、全体の論理を歪ませる場合さえあろう。それでも、そこにはコミュニケーションの上でレトリックは展開され、相手は納得していくのである。たしかに、一人で論理を展開する場合と同様の論理展開が求められる場合もある。しかし、相手との関係に基づく独特の論理展開がレトリックとして求められる

場合もあるのである。したがって、コミュニケーション独特のレトリックの存在に気づくことは、高等学校での国語学習者にとって、今後の社会生活を営む上で重要な学習となろう。

コミュニケーションによる「説得」のレトリックの中では、相手の感情を害さぬように留意し、ときには言葉の定義をずらしたり、ときには相手に「同化」を促したりする。それは、ある意味では「詐術」とも言えるレトリックを使用することにもなろう。聞き手としては相手の話す内容世界に己を空しくして「同化」していくのではなく、内容世界を批評していく力も時に必要となろう。さらに、個人の冷静な思考を一気に押し流してしまう集団のレトリックについても体験しておくことは必要となろう。

本単元は、それらの学習を意図して考案し提案するものである。

四　教材選定の規準

教材を一つひとつ学ぶことが単元の学習目標ではない。複数の教材によって、コミュニケーションによる「説得」のレトリックとその効果について学ぶことが目標である。したがって、次の三点を教材選択の規準とした。

一、短いこと。

限られた授業時間の中で全体を読み、内容を把握し、描写の仕方について比較検討するためには、教材文は短めのものであることが必要である。

二、ほとんど解説なしでも「面白さ」を感じられること。

作品理解について指導者の一字一句についての解説や助言がなければ理解できない教材では、内容について理解するだけで精一杯になってしまう。内容と描写とがどのような関係になっているのか、その描写にはどのようなことを目的としてどのような手法が用いられているのかというような点について学習を進めるためには、教材文は指導者からの指導や助言なしにほとんど「自力」で読み進められることが必要である。また、読み進めるだけではなく、それぞれの教材文が、高校生という学習者にとってある程度の魅力を感じさせるものである必要がある。

三、論理展開が明確なこと。

描写の中に巧みに隠された論理の場合、学習者が論理をたどっていくことは難しい。レトリックの展開がある程度あからさまな教材文が適当である。

五　教材

一、「景公の馬」（『晏子春秋』より）
二、「アントニーの演説」（『ジュリアス・シーザー』より）
三、「漁父の利」（『戦国策』より）
四、「最後の授業」（アルフォンソ・ドーデー『月曜物語』より）

六　各教材の意義

どの教材も直接対話（会話）の中で展開されるものである。相手の心情を汲み、反応を見ながら自分の論理を納得させていくレトリックに注目させたい。

1　「景公の馬」（『晏子春秋』より）[1]

自分の愛馬を病死させてしまった飼育担当者を、景公は怒りにまかせて殺そうとする。それに対して、晏子（晏嬰）が進み出る。この者は自分がどれだけの罪を犯したのかを知らない、殺す前に罪の重大さを分からせた方がよいと言い、景公の許可を得て、飼育担当者にその罪を語ることになる。晏子は言う、お前には罪が三つある、景公の馬を殺したこと、中でも景公の最も愛する馬を殺したこと、景公にたかが馬一頭のために人間を殺し、国民からは疎まれ、他国の諸侯からは軽んじられるようにしたこと、である。したがって、その罪は死罪に値しよう。これを聞き、景公は自分の非を悟ったという話である。

怒りにかられている景公に正面から反対するのではなく、その感情に沿いながら、景公を説得していく晏子のレトリックは巧みである。「當死罪一也」「當死罪二也」「當死罪三也」と、「當死」（死に當る）ということを繰り返しながら、実は「不當死」（死に當らない）ということを相手に悟らせる、しかも倫理的にそれが不当であるかどうかを論ずるのではなく、損か得かという規準を持ち出すあたりに、景公の反応を見ながら論を展開する「凄み」さえ感じられる。

2　「アントニーの演説」（『ジュリアス・シーザー』より）[2]

シーザーが暗殺され、シーザーの罪をブルータスがローマ市民に明らかにして暗殺の正当さを納得させた後に、アントニーがブルータスに代わってローマ市民に語りかける場面である。

ブルータスの演説を聞いて、「シーザーの奴は恐しい暴君だった」と話すローマ市民に向かって、シーザーの美点をあげていく。しかも、その言葉の間に「ブルータス君は人格高潔なる士であり、その他の諸君もまた、すべて人格高潔の士であります」という言葉を繰り返していく。シーザーが独裁者であったと主張するブルータスたちの人格を疑わせるように仕向けていくのである。ここにも、巧みなレトリックが見える。

さらに、この教材が戯曲であるという点から、アントニーとローマ市民とのコミュニケーションが全体を進行させていく様子を学ぶことができる。アントニーの一方的な論理ではなく、両者のやりとりの結果として、最後にローマ市民は「ブルータスの家を焼討しろ。」と叫び、アントニーは「さて、あとは勢いだ。復讐の鬼め、動き出したな。どっちへ行こうと、あとは貴様の気まかせだ。」とつぶやくに至る。ここには、集団心理のダイナミクスが描かれている。

3　「漁父の利」（『戦国策』より）(3)

故事成語としての「漁夫の利」は知っていても、それがどのような場面で語られた寓話であったのかまで知っている者は少ない。特に、ぎりぎりの外交交渉の場面で語られた寓話であることを知ることは、現実の問題を非現実の世界で考えるレトリックを学ぶことになろう。現実から非現実の世界へと問題を移し替えて話を進め、話の受け手もそれが非現実と承知の上で話を受け入れ、その上で「臣恐強秦之為漁夫也（臣、強秦の漁夫と為らんことを恐るる也）」という言葉で現実に両者ともに戻っていくというレトリックの流れを学ぶことができる。非現実の枠組みを明示して、その非現実の枠組みの中に問題を移し替えて、現実の課題を解決していこうという姿勢は、寓話の有効性を学ばせることにもなろう。

4　「最後の授業(4)」

アルザスという非フランス語圏の人々に、フランス語とフランス語への愛を説くアメル先生、その姿は言語侵略国家フランスと、その先兵であるアメル先生という「現実」を把握をした上でさえ、その理解を忘れがちになるほどに読み手の心を揺り動かす力をもつ。非現実の世界の話だと認識している者にとっても、それを忘れさせるほどの現実感と、同化力とをもつ。

たとえば、「今あの連中にこう言われたって仕方がない。なんだ！　おまえたちはフランス人だと言い張っていたくせに、自分の国の言葉を話せも、書けもしないじゃないか！」というプロシア兵から浴びせられる言葉への予想、「小さな生徒たちが声をそろえて「バ・ブ・ビ・ボ・ビュ」の歌を歌った。あちらの教室の奥では、オゼール老人が眼鏡をかけて、初等読本を両手で持って、子供たちといっしょに字の綴りを読んでいた。」という声をそろえて歌う「バ・ブ・ビ・ボ・ビュ」の歌（発音練習であろう）には、『母国語』を「話せも、書けもしない」し、発音練習をしなければならないアルザスの子どもたちが描かれている。しかし、そのような点を気づかせないほどに、作品世界は最後にアメル先生が黒板に書く「フランス万歳！」という言葉に向かって雪崩れ込んでいく。アルザスの言語問題に関する知識がある者をも押し流すくらいに強い「同化力」を、この作品はもっている。たとえば、その「同化力」を支えるものとして、次にあげるような諸点を指摘できるであろう。

一　「ぼく」という一人称限定視点で描かれていること。これによって、作品世界に対する批判的な視点を描かないことに対して、不自然な感じをぬぐい去ることができる。

二　視点人物である「ぼく」は小学生として設定されていること。これによって、理解力への限界を前提とした描写が可能となる。

三　「ぼく」は学校が嫌いで、勉強が嫌いで、宿題もやっていかないというような小学生である。この設定によって、読む者に気持ちの共通点を感じさせることができる。

四　作品世界の「謎」は、すべてアメル先生の言葉を通して解説される。すなわち、「ぼく」（＝読者）にとって、アメル先生はよき「導き手」という立場に立つ。

五　アメル先生は、一人の狂信的な「国語愛」の持ち主であるが、それを自然なものとして正当性を保証してしまうのが、今日は最後の授業であるという設定である。村の人たちが集まり、アメル先生の言葉に耳を傾けているという状況が、「ぼく」（＝読者）にアメル先生から語られる言葉が真実であることを保証するように感じさせる。

六　少なくともこの場面では、アメル先生は絶対的な被害者であり、プロシア兵たちは絶対的な加害者である。これによって、「ぼく」（＝読者）の同情はアメル先生に集まることになる。

これらの点に気づかせることによって、批判を封印して読者を同化してしまう作品のレトリックについて学ばせることができる。

七　単元展開例（六時間）

第一次　言葉の繰り返しによるレトリックに気づく

第一時　教材「景公の馬」を読み、「罪」の内容を列挙しながらも、話を聞かせたい相手が馬役人から景公へと変わっていく点に気づかせる。

第二時　教材「アントニーの演説」を読み、ブルータス一味に対する人格賞賛の言葉が、シーザーへの賞賛とそのシーザーを倒したブルータス一味への非難へとすり替わっていくレトリックに気づかせる。

第二次　非現実な寓話・非現実なフィクション、それぞれの状況認識の方法とその効果とに気づく。

第一時　教材「漁夫の利」を読み、寓話が現実の課題について語る効果があることに気づかせる。寓話を使わずに話し合った場合を想像し、それと比較させることによって、気づかせることができよう。また、話をする全員がこれを寓話という非現実の世界であることを認識している点を確認しておく。

第二時　教材「最後の授業」を読み、それが読者の心を打つ力があることを確認する。その上で、不自然な描写がないかどうかを見つけさせ、『母国語』を「話せも、書けもしない」し、発音練習をしなければならないという描写に気づかせる。

第三時　アルザスという土地の歴史的な解説をし、この作品世界が非現実の世界であることを認識させる。その上で、非現実の世界であることが表現されているにもかかわらず、初めて読む者を納得させ、揺り動かす力をもった作品となっているのは、どのような設定や描写によるものなのかを考えさせる。

第三次　集団心理の力を体験する。

第一時　教材「アントニーの演説」の場面を実演し、学習者にローマ市民として参加させることによって、集団心理といわれるものの力を体験的に理解させる。第一次第二時の後に、四名を選び、ローマ市民一〜四の役として指導しておく。第三次第一時として、学習者全員をローマ市民の役とし、指導者（あるいは演技力のある学習者がいれば学習者が行うのが望ましい）がアントニーとして演説する。この演説の合間にローマ市民一〜四役がそれぞれのセリフを口にする。その他の学習者は何ももたずに参加し、劇の進行とともに自分の心理がどのように変化していくかを観察する。このときに、学習者は肩が触れ合うくらいに互いが密集して立つことが重要である。アントニーの演説に合わせて話される言葉や、最後に暴徒と化して「腰掛けも、窓も、なんでもよいから打壊せ」という市民四の叫びまでを集団の中で聞いたときに、一人ひとりは心の中にどのような変化を感じたか、アントニーの演説の欺瞞性を理解しながらも、あちこちで話されるアントニー肯定の言葉を聞き続けたとき、学習者はどのような精神的な葛藤を感じたか、この体験を全体で語り合うことによって、集団の力というものの大きさと暴力性とに気づかせたい。

八　まとめ

本稿では、コミュニケーションによる「説得」を教材化することを提案した。相手の情動に訴えていく「説得」のレトリックは、中国では諸子百家の時代に発達したし、欧米では演説の中で求められてきた。また、話しことばの世界だけでなく、書き言葉の世界にも読み手を同化させていく手法として発達が見られる。二〇世紀はプロパガンダの時代と言われ、マスコミの発達とともにその研究は進んだが、プロパガンダはファシズムの時代に限定されたものではない。広告や勧誘にまで拡げるなら、本稿で扱った「説得」のレトリックは今世紀の言語生活の中で大変身近に接するものである。もちろん、本稿は「詐術」を勧めるものではない。しかし、「詐術」についての知識があれば、相手の「詐術」を見抜き、身構えることは可能となろう。その意味で、単元の展開として「集団心理」までをも扱った。

注

（1）本文の引用は、山田琢著、一九六九年一二月二〇日初版、一九八四年一一月三〇日再版、『晏子春秋』（「中国古典新書」）、明徳出版、によった。

（2）本文の引用は、シェークスピア著・中野好夫訳、一九六四年四月二〇日、「ジュリアス・シーザー」（『世界古典文学

全集　第四一巻　シェイクスピアⅠ』）、筑摩書房、によった（一一八～一二二頁）。

（3）本文の引用は、福田襄之介・森熊男著、一九八八年七月二〇日初版、『戦国策　下』（『新釈漢文大系49』）、明治書院、によった。（一二二五～一二二六ページ）

（4）本文の引用は、アルフォンソ・ドーデー著・滝田文彦訳、一九九〇年四月二五日、「最後の授業」（『集英社ギャラリー〔世界の文学〕7　フランスⅡ』）、集英社、によった（一〇〇五～一〇〇九頁）。

参考文献

市村卓彦『アルザス文化史』人文書院、二〇〇二年二月二五日初版

倉澤栄吉「教室コミュニケーションの基礎理論」（安居總子、一九九四年八月一日、『中学校の表現指導　聞き手話し手を育てる』所収）東洋館出版社。

佐藤卓己「「プロパガンダの世紀」と広報学の射程――ファシスト的公共性とナチ広報――」（津金澤聡廣・佐藤卓己責任編集、二〇〇三年一〇月三〇日初版、『叢書　現代のメディアとジャーナリズム　第6集　広報・広告・プロパガンダ』所収）ミネルヴァ書房。

中本真生子「アルザスと国民国家――「最後の授業」再考――」「思想」八八七号、岩波書店、一九九八年五月

波多野完治『説得の文章心理学――マス・メディア時代のレトリック』、筑摩書房、一九八一年五月三〇日初版

府川源一郎『消えた「最後の授業」言葉・国家・教育』、大修館書店、一九九二年七月二五日初版

福岡教育大学国語科・福岡教育大学附属（福岡・小倉・久留米）中学校『国語科授業改革双書一一　共生時代の対話能力を育てる国語教育』、明治図書、一九九七年一一月初版

「赤い繭」（安部公房）を読む
——現実を超えた世界から自己を照射する——

高山実佐

はじめに

国語の授業で小説を読み始めると、人物が出てきて、様々な事件が起こるからおもしろいと言う生徒たちがいる。映画やドラマ、コミックを見ているのと同じようなおもしろさを感じるのだろう。日常の生活では出会えない状況や世界を体験することができる。登場人物の感情や思考に同化することができる。そして、読み終わった後には、一つの新しい経験をして成長したような、この現実がかつてとは異なって見えるような思いを持つことができるのだろう。また、文字によって表現された作品をおもしろいと感じられるのは、一つ一つのことばから、事物や出来事、人物、状況を想像し、作品世界を立ち上げ、登場人物と共に物語世界を生きる楽しさを知っているのだろう。

しかし、例えば、安部公房の「赤い繭」を読むと、「わけわかんない」「この『おれ』ってホームレス？」と言う生徒がいる。一方、ニヤリと笑って「今回は面白いねぇ、好きだよ。こういうの。」と言ってくる生徒もいる。人物、思考、状況の展開が日常生活、現実社会から遠く離れ、再体験・追体験が容易ではない。また、ある特定の地域を想像させるような、土地の持つ固有性が排除されており、近代的な都市空間であれば、どこの国のどこの町にでも起こり得るような、国籍を限定できない人物が登場する。このような「赤い繭」は、初読の感想において共感と違和感の二極に分かれやすい作品と言える。

この「赤い繭」について、〈読み〉の整理―課題を探求する―、〈読み〉の深化―〈語り〉を見出す―、〈読み〉の交流―〈他者〉と出会う―、他の変身譚との比較、を行う学習を考えてみたい。

一　〈読み〉の整理―課題を探求する―

「赤い繭」はプロットを読んでいくだけでは、読み切れない作品である。一読して場面や心情を一通り理解し、わかったような気になる作品ではない。場面の展開をたどれば、「おれ」が家を求めて彷徨い、歩き続け、ついに赤い繭に変身し、ある子どもの玩具箱に入れられてしまう話、ということになる。だが、それだけではこの作品を読めたという実感は生まれない。なぜ、家を求めるのか、「おれ」にとって家とは何なのか、女とのやり取りにはどのような意味があるのか、消滅したのに「おれがいない。」と語るのは誰なのか、等々、様々な問いが生まれる。まるで「おれの家が一軒もないのはなぜだろう?」という、作品を貫く「おれ」の問いが、読み手の問いを連鎖的に発生させるかのようだ。こうした疑問点の発見しやすい作品は、学習者が自ら課題を設定しやすい。教師の方で〈読み〉の観点を提示し、生徒に考えさせるというのではなく、生徒が初読の段階で次々と「わからない点」を出していく。一人で考えてみる、二、三人のグループで話し合ってみる、クラス全体で各グループの考えを聞き合い、話し合う、といった学習活動がスムーズに進めやすい。教師が用意した問いではなく、生徒が自分で考えてみたいと思う問いがふんだんに含まれている作品であり、それらを追究していくことで

「読んだ」「わかった」という実感を得られる作品である。

生徒の挙げる様々な疑問を、例えば次のように分類することができるであろう。

一　ことばに含まれる意味（＝「寓意」）

(一)「おれ」の求める「家」にはどのような意味があるのか？

(二)女とのやり取りから、「壁」「正体」「論理」の意味することは何だろうか？

(三)「さまよえるユダヤ人」とはどういうことか？

(四)「家」と対照される「道」、それぞれどのようなことを意味しているのか？

(五)「これだけは確実に誰からも妨げられないおれの家だ。だが、家が出来ても、今度は帰って行くおれがいない。」とはどういうことか？

(六)時を表す語句が意味することは？

①冒頭部「日が暮れかかる。」

②「さまよえるユダヤ人とは、すると、おれのことであったのか？」に続く「日が暮れかかる。」

③最終段落の「繭の中で時がとだえた。」

二　内容の整理（＝視点人物「おれ」）

(一)放浪の場面において、「おれのもの」として挙げた「家」「ヒューム管」「公園のベンチ」が、結局「おれのもの」ではないのはなぜだと言うのか？〈所有する〉ことをどう考えているのか？

(二)「おれの家」がない、「すべてがおれのものではない」ということは、「おれ」にどのようなことを考えさせるのか？

(三)「ついにおれは消滅した。」までの「おれ」と「後に大きな空っぽの繭が残った。」以降の「おれ」は、どう違うのか？

三　表現の特徴

（一）比喩表現

「縄の切れ端」や、「女の笑顔」に対する「おれ」の反応など、その描写にはどのような特徴があるか？

（二）文体

「おれ」という視点、センテンスの短さ、テンポの速さ等がこの作品世界にどのようなイメージを与えているか？

（三）情景描写

「おれ」が繭になるという事態は、超現実的な、起こり得ないことであるが、視覚的映像として思い浮かべることが容易である。どのような特徴があるか？

このような問いに対して、グループ毎に答えを考えていく。自分の考えと他者の考えを比較し、共通する点、違いのある点を明らかにした上で、一つの答えを作り上げていくのである。作品のできごと、人物、情景の理解などを追究するために、互いの思考を整理し、合意できる点を見出し、協働して課題の解決を図っていく場を作り出すことができるのではないだろうか。

二　〈読み〉の深化―〈語り〉を見出す―

小説の〈読み〉を深める、とはどういうことであろうか。他者との交流により、一人では気づかなかった〈読み〉を知ることができるであろう。また、何年かの時間を経て、同じ小説を読み返すとき、かつてとは違う〈読み〉が現れることがあるだろう。では、授業という限られた条件の中で一人ひとりが〈読み〉深めるという経験を可能にするためには、どうすればいいのだろうか。

物語のあらすじ、プロットをたどり、「ああ、わかった」とそこで止まることから、どのように語られているのか、〈語り〉に注目してストーリーを読むことを目指すとき、〈読み〉を深めることができるのではないだろうか。前述の二(三)の課題、「『ついにおれは消滅した。』までの『おれ』と『後に大きな空っぽの繭が残った。』以降の『おれ』の違いは、どう違うのか?」という問いによって、〈読み〉の深化を考えさせてみたい。

……そして、ついにおれは消滅した。
後に大きな空っぽの繭が残った。
ああ、これでやっと休めるのだ。夕日が赤々と繭を染めていた。これだけは確実に誰からも妨げられないおれの家だ。だが、家が出来ても、今度は帰っていくおれがいない。
繭の中で時がとだえた。外は暗くなったが、繭の中はいつまでも夕暮れで、内側から照らす夕焼けの色に赤く光っていた。この目立つ特徴が、彼の眼にとまらぬはずがなかった。彼は繭になったおれを、汽車の踏切とレールの間で見つけた。最初腹をたてたが、すぐに珍しい拾いものをしたと思いなおして、ポケットに入れた。しばらくその中をごろごろした後で、彼の息子の玩具箱に移された。

この最後の「後に大きな空っぽの繭が残った。」以降は、それまでの語り手であった「おれ」を俯瞰する位置にいる。空っぽの「繭」となって消滅した「おれ」が「彼」に拾われ、「彼の息子の玩具箱」に入れられる状況が、メタ的な「おれ」によって語られているのである。一人称「おれ」が語る「おれ」が繭になった物語を、さらに外側の「おれ」が語る、という構造なのである。こうした、そこまでの世界を俯瞰する「おれ」の〈語り〉に気付くことは、テクストをメタ認知する〈語り〉を見出すことになるだろう。

小説という一つの世界と向き合うとき、その世界に入り込み、同化し、人物の思考や感情と共振し、一つの体験を生きるという場合もあるだろう。多くの読書体験はさまざまな人物を生きることにつながり、現実を超えた、異世界での生を可能にする。しかし、さらにその世界を語る、作品世界を語るものの存在についても想像することが、自己の〈読み〉を相対化し、深めていく契機になるのではないだろうか。こうした小説の〈語り〉を読むということが、作品世界をメタ的に読み、「今・ここ」にいる自分の思考や感情をさらに見つめる眼を持つことになり、〈読み〉を深めることにつながるのではないだろうか。

三 〈読み〉の交流—〈他者〉と出会う—

「大きな空っぽの繭」になった「おれ」は「これだけは確実に誰からも妨げられないおれの家だ。だが、家が出来ても、今度は帰って行くおれがいない。」と言う。この「誰からも妨げられないおれの家」「繭」を得たとき、「おれは消滅」する。彷徨いながら、求め続けた居場所、やっと休める「家」を得たことと引き換えに「おれ」自身を失わざるを得ない。「ねぐら」や「休むため」の「家」といった安定した自分の居場所を獲得するということは、行動する主体、自己を失ってしまうことにつながる、と読むことができるのである。

そして、自分の居場所、望んだ安定した位置を得たとき、当の自分が「空っぽ」で「消滅」したようになってしまう状況、この「赤い繭」になってしまう「おれ」の状況は、小説の中だけであろうか、という問いを立てることができる。現代人の疎外状況、帰属とアイデンティティーの喪失、といった抽象的・観念的なまとめで終わらせるのではなく、自己や自己を取り巻く具体的な状況と重ね、自分の問題として向き合うことができるのではないだろうか。

また、ポケットに入るほどの「赤い繭」が「彼の息子の玩具箱に移された。」という最後から、どのようなことが想像できるであろうか。「夕焼けの色」の「赤い」イメージは、禍々しい真紅、終末の予感といったものから、穏やかな一日の終わり、明日への希望といったものまで、さまざまな想像が広がる。「息子の玩具箱」を、寄せ集められたがらくた箱と捉えれば、無造作に捨てられたも同然の扱いだと読むことができるが、対照的に、未来を生きる、前途ある「息子」の大切な宝箱と捉えれば、「繭」化した「おれ」の一時的な安らかな休息と読むこともできるだろう。例えば、①「繭」のその後の物語を創る、②「繭」になった「おれ」の独白を創る、といった学習活動が可能であろう。

この「赤い繭」を読んで、読み手それぞれが感じたこと・考えたことを話し合うとき、自己と他者の思考の差違を認識することができる。一で行ったような、課題を探求し、一つの答えにまとめることを目指すグループ学習だけではなく、それぞれの違いを確認し合う、〈他者〉の読みと出会うグループ学習を成立させることができるのではないだろうか。

四　変身譚を比較する

人間が他のものに変身するという物語は、まず、高等学校二年生用の教科書教材として定番化している『山月記』（中島敦）が挙げられる。また、授業時間内で読むには長いが、「ある朝、グレーゴル・ザムザがなにか気がかりな夢から目をさますと、自分が寝床の中で一匹の巨大な虫に変わっているのを発見した。」と語り起こされる『変身』（カフカ）を挙げることができる。この三編、『赤い繭』の「おれ」、『山月記』の李徴、『変身』のザムザを比較し、それぞれの変身譚の特徴を考えることができる。

『赤い繭』の「おれ」は、家を探し、求め続け、自分がほどけて繭という家を得た。「おれ」という主体を失って、希求し続けた家、繭に変身する。変身する「おれ」を一人称で語り、変身の経緯が描写されているのである。『山月記』では李徴が、「理由もわからずに」さだめによって虎になったと語りつつ、自己の内面「尊大な羞恥心」と「憶病な自尊心」が、外見をその内面にふさわしいものに変えてしまった、とも語る。変身した「己」がその理由について思索しているのである。『変身』のグレゴールは、ある朝突然、巨大な虫に変わり、その理由は全く説明されない。外交販売員の仕事に追われながら両親と妹を養う平凡な生活が突如奪われる。その後の、虫に変身したグレゴールと家族の行動が三人称視点から突き放して描写されている。

いずれも、この現実世界に安住できない不安定さ、乖離の感覚が、人間を他のもの、繭、虎、虫へと変身させる。現実とはかけ離れた作品世界、シュールな世界を人物とともに生き、虚構の世界を経験する。ことばによって現実を超えた世界と出会い、その状況、人物、心情を考えるとき、この現実世界を改めて見つめ直す眼を獲得することができるであろう。また、三つのテクストを比較することにより、それぞれの〈語り〉の差異に気付くことができるであろう。日常性を超えた次元における人間の、希求と喪失、突き詰めた己の内面、不条理な生などに向き合うことが、現実の、自己と自己を取り巻く状況を新たに認識することになるのではないだろうか。

五　教科書教材「赤い繭」

「赤い繭」は一九五〇年（安部公房、二六歳）に「三つの寓話」（「赤い繭」「洪水」「魔法のチョーク」）として『人間』一二月号に発表され、翌一九五一年四月に第二回戦後文学賞を受賞した。高等学校国語教科書における教材化を見てみると、一九五〇年～二〇〇二年間に発行された検定教科書一八二九冊のうちでは三三回採録されており、一九六五（昭四〇）年に三省堂『現代国語3』に採られたのが嚆矢である。安部公房の小説は、他に、「棒」一三回、「鞄」一〇回、「空飛ぶ男」八回、「詩人の生涯」五回、「プルートーのわな」四回、「夢の兵士」三回、「公然の秘密」二回、「良識派」「洪水」各一回、の九作品が採録されている。[1]

一九六七年には、安部公房を「わかりにくい、難解な作家」としつつも、「〈今の生徒たちが自分の生き方を自分で模索するのに参考になるような〉（高橋和夫）現代性に富んだ教材として、充分読解可能な作品と言いうる。」と紹介され、「貧しい民衆の立場から発想されて、現代人の不条理と人間生存の悲劇性を描いた作品」を主題とする教材研究がなされている。また、「安部公房の現実に対する姿勢だけは押さえておかなくてはならない。」が、寓話という点から「ここからさまざまな問題を私たちが描き出すことは可能である。その意味で、授業におけるさまざまな解釈の可能性を孕んでいる作品ということができよう。」と指摘されている。[2]

一九七五年には、「指導の困難さという危惧」によって敬遠されてきた一方、生徒の関心により「意外な定着性を示した」教材と述べられ、「作品は、従来のいわゆる国語教材のワクを超えた所にあり、それは常に実験としての新鮮な問題性を孕んでいるともいえる」と位置づけられている。ここでは、①作者が語ろうとしたものを、現代とのかかわりの中で考えること、②変身譚の読み方を学ぶこと、③日常性を超えた発想のおもしろさ、それを支える表現の特徴を調べること、を目標とした学習活動の展開が示されている。[3]

日常生活の延長として追体験可能な作品ではない、幻想性・観念性ゆえの教材化の困難性が指摘されているが、現代人の疎外を問題にしている点に「赤い繭」の教材価値が見出されている。また、寓意や風刺の示しているることを考察の対象にするとき、さまざまな解釈を許容し、狭い意味の限定を与えない配慮の必要性が説かれている。作者、安部公房の意図を読み取るということよりも、抽象度は高くとも、読者の現代的疎外状況を問うことや作品世界の意味する内容を読者が多様に考察することができる教材として採録されているのである。

六　安部公房

ぼくは東京で生まれ、旧満州で育った。しかし原籍は北海道であり、そこでも数年の生活経験を持っている。つまり、出生地、出身地、原籍の三つが、それぞれちがっているわけだ。おかげで略歴の書き出しが、たいそうむつかしい。ただ、本質的に、故郷を持たない人間だということは言えると思う。ぼくの感情の底に流れている、一種の故郷憎悪も、あんがいこうした背景によっているのかもしれない。定着を価値づける、あらゆるものが、ぼくを傷つける。(4)

自らを「故郷を持たない人間」と述べる安部公房は、日本という国の枠組みから外れている作家だと言えるであろう。「遠心的で国家を超越した新しい文学のもつ力を安部は発見する。この文学は、一国ではなく世界に向けて書かれている。(5)」とも評されている。安部の代表作「砂の女」は世界二〇数カ国で翻訳されており、国の境界を超え、全世界で読まれている。多様な〈読み〉を可能にする安部の寓意に満ちた作品は、現代の人間・生活・社会をどのようにとらえていくのか、どのような未来を創っていくのか、を世界の中で議論する一つのベースになるのではないだろうか。

七　おわりに

シュールな世界を、ことばによって想像し、その意味する内容を考察していく。また、〈語り〉に注目することで、世界をメタ認知する手法を知る。読後の鑑賞では、共同的に読みあった後に出されたそれぞれの思考・感想を相互に交流する。最後に、変身譚の比較から人間の生きることへと思索を深める。「赤い繭」はこうした学習を成立させることができるのではないか。

また、世界のさまざまな地域では「赤い繭」をどのように読むのか。問題を設定し、一つの答えを模索する。わかり合える部分を発見し、互いに認識し、その部分を増やしていく。どのような現実と重ねることができるのか感想を交流する。日本の伝統を排除し、異端の存在であった安部公房。その「赤い繭」を国際社会の中で、一つのテクストとして読むとき、語られた世界を想像し、さらに、未来を創造することへと協働していくことができるのではないだろうか。

〈読み〉という行為を通して、ことばと対峙し、新たな世界と出会う。その〈読み〉について、自己と他者の相違を認識し、自己の思考をことばによって表現し、他者と対話する。そして、新たな自己や状況を創出することを求め続けていきたい。

注

（1）阿武泉（富士見丘中・高等学校）、二〇〇四年のデータベースによる。

(2) 工藤信彦「安部公房『赤い繭』」『国語教材研究講座　高等学校「現代国語」第一巻小説』有精堂、一九六七年
(3) 吉中和夫「安部公房『赤い繭』・『詩人の生涯』・『棒』・『空飛ぶ男』」『高等学校国語科教育研究講座第四巻　現代国語(3) 小説Ⅱ』有精堂、一九七五年
(4) 安部公房『われらの文学7　安部公房』講談社、一九九六年、四八七頁
(5) Olof G. Lidinオロフ・レディーン「日本文壇の一匹狼　安部公房」『世界が読む日本の近代文学　丸善ブックス050』福岡ユネスコ協会、丸善、一九九六年

参考文献
浜本純逸『国語科教育論・改訂版』、溪水社、二〇〇六年
田近洵一『文学教育の構想』、明治図書、一九八五年
好川佐苗「『赤い繭』の語りを読む―〈繭の中〉から〈繭の外〉へ―」(『月刊国語教育』東京法令、二〇〇六、二月号)、二〇〇六年
青嶋康文「教室で読む『赤い繭』」、(『月刊国語教育』東京法令、二〇〇七、五月号、また「第五九回日本文学協会夏期研究集会、高校分科会」発表に多くの示唆を得た)

芥川龍之介「雛」の庶民感覚

武藤清吾

一　少女のまなざし

1　蕪村の俳句

「雛」の題名横には「箱を出る顔忘れめや雛二対」という与謝蕪村の俳句が付けられている。[1] 一見何気なく付けられたように見えるこの一句は、「雛」の基調を決定づけている。

雛を詠んだ蕪村の句はこのほかに、「古雛やむかしの人の袖几帳」、「たらちねのつまゝずありや雛の鼻」、「雛見世の灯を引ころや春の雨」、「雛祭る都はづれや桃の月」、「細き燈に夜すがら雛の光かな」というものがある。[2]

このうち「たらちねの」と「細き燈に」は「箱を出る」と同じように少女の雛への強いまなざしが鮮やかに表現されている。「細き燈に」は一年ぶりに桃の節句に出した雛の顔を凝視する少女のしぐさが目に浮かぶ。「古雛や」も老女が若い頃に袖几帳で顔を隠すさまが描かれて初々しい。この句を始め蕪村の句はどれも少女がまなざす雛の顔に焦点があたっている。龍之介が蕪村の句を選んだ意識の基底には、雛と顔との強い連想があったと考えられる。

「箱を出る」の表現も興味深い。「箱を出す」ではなく「箱を出る」とすると、桃の節句になって雛が命を吹き込まれ自力で箱を出てくる印象が強くなる。雛との再会を待ち焦がれる少女と邂逅する雛はあたかも生きた人間のようである。箱を出る雛の自立した顔は自信に満ちているように見える。

箱はある一つの世界である。その世界から二組の内裏雛が顔を出す。そこには、闇から白日の下に出る解放感あるいは閉じた空間から出てくる解放感がうかがえる。しかも母娘二代の雛であろうか、二組の雛が生きとした自立した面持ちで顔を出す。その雛たちはたくましい。伝統文化の鎮座した雛人形というよりも実際に生きている人形のようである。龍之介がこの句をつけたまず一つの理由はここにある。あたかも人間のように生命感溢れる雛の姿を読者に印象づけることで、龍之介の狙いである庶民の哀歓の表象としての雛の世界へ読者を連れて行こうとしている。

与謝蕪村は文人画を描いた画家であり俳人であった。俳句だけでなく文芸に幅広く通じていた文人であった。芥川龍之介も文人として小説や評論、俳句、短歌、漢詩、書画など多方面の文芸に通じていた。その龍之介が「蕪村は一代の天才であります」と述べている。『蕪村全集』の編者穎原退蔵に依頼されて書いた「「蕪村全集」の序」(3)には、「わたしはあなたの蕪村全集を人一倍切に待つてゐます」と書き出して、龍之介が蕪村句集をはじめとした蕪村の諸作をいかに読んできたかを述べている。

読者は龍之介の作品に蕪村の俳句の世界が取り込まれていることの意味を考える。そして、それが龍之介の小説世界と呼応していることを期待しながら「雛」の本文へと目を運んでいく。

2　龍之介の俳句

ところで、龍之介にも雛を詠んだ俳句「更けまさる火かげやこよひ雛の顔」がある。一九二六（大正一五）年三月、田端で親密な交際をしていた医師の下島勲の養女が亡くなったとき、下島より依頼されて詠んだ句である。同年四月九日付の佐々木茂索宛書簡に「この頃下島さんに頼まれ、悼亡の句一つ」とある。『羅馬』第三号(4)に掲載の後、『澄江堂句集』(5)にも収められた。

少女はまだ一四歳であった。夜更けまで灯されたあかりに少女の幼い顔が見える。これまでのわずかな歩みは雛のようにかわいらしく、生い立つ娘への親の心はいかばかりであったか。今は一度棺に収められ旅立っていくのだが、私たちの心には雛のようにずっとすみ続けてくれることを祈りたい。そんな龍之介の哀悼が伝わる。

下島の『芥川龍之介遺墨』(6)には、久保田万太郎の「春のくれ浪のうつつやうち返す」、室生犀星の「若くさの香の残りゆくあはゆきや」の二句とともに龍之介の句を袱紗に染め抜いて香典返しとしたとある。犀星も万太郎も田端の住人である。二人は下島と親しく交わっていた。(7)彼らはこの少女の面影が忘れられないのである。波のように思い出が寄せてくる万太郎の句、少女があどけなさを残したまま淡雪のように亡くなったのを悼む犀星の句と比較すると、龍之介の句は一歩引いた印象を受ける。しかし「雛の顔」と焦点化したことで家族の悲哀が浮かび上がる叙情は龍之介らしい。

龍之介の句は小説「雛」の結末と重なっている。「雛」の結末では、生活のために横浜のアメリカ人に雛を売り渡す前日の出来事が描かれている。夜更けに父の伊兵衛が行灯をかざして箱から出した雛を凝視していた。それを娘の鶴が目撃する。家族には見ることを禁じていた父親自身が夜更けに雛を見つめていたのである。その場面を今は老女となった鶴が回想する。その光景が、夢、幻であったのか現実であったのか、今となっては区別がつかないと、鶴は言う。そして結末で次のように語る。

しかしわたしはあの夜更けに、独り雛を眺めてゐる、年とつた父を見かけました。これだけは確かでございります。さうすればたとひ夢にしても、別段悔しいとは思ひません。兎に角わたしは眼のあたりに、わたしと少しも変らない父を見たのでございますから、女々しい、……その癖おごそかな父を見たのでございますから。

「女々しい、……その癖おごそかな父」は、下島の養女への悼亡の句と重なる。幼くして逝った少女への未練、そして自分の心に言い聞かせるように面影をしっかり胸に刻む厳粛さが描かれる。

「雛」の初出が一九二三（大正一二）年三月、悼亡の句が一九二六（大正一五）年三月であるから、ちょうど三年の歳月が流れている。少なくとも三年間、龍之介にとっての雛は灯りにかざされる顔とともにある。そして、その雛には、一家族の思い出が深いところで抱え込まれているのである。

龍之介にはもうひとつ村山古郷編『芥川龍之介句集』[8]に雛の句「土雛や鼻の先だけ暮れのこる」が見えるのを小室善弘『芥川龍之介の詩歌』[9]が紹介している。小室は、この句と『澄江堂句集』所収の「水涕や鼻の先だけ暮れ残る」との関連について次のように解説する。

「水涕や」は辞世の句とされている。しかし実は、龍之介が死に臨んで以前に詠んだ句を短冊にしたためたうえで下島に渡すように伯母に託したものである。小穴隆一『二つの絵』[10]には龍之介が「水涕や」の句を伯母に託した経緯に加え、短冊には「自嘲」という前書きがあったと記されており、小室は「自画像と受けとってくれという作者の心持である」とする。「土雛や」の句も雛の顔が焦点化されている。仁平勝は「水涕や」の句を「周囲の風景に同化できない作者の違和感」[11]と述べている。この「違和感」は、時代の動きと自分の思いが重ならない違和感として捉えられる。

龍之介にとって俳句は小説にならぶ重要な文芸分野であった。彼の句歴をしたためた『我が俳諧修業』[12]では、尋常四年に初めて詠んだ句が「落ち葉焚いて葉守りの神を見し夜かな」とある。十歳にしてはやや技巧に勝っている。その後も龍之介の句作は続き『ホトトギス』[13]に採用されたことを「十句中二三句づつ雑詠に載るは虚子先生の御会釈ならんと思ひ、少々尻こそばゆく感ぜし」と誇りに思う記述も見える。

また、龍之介の編集した『近代日本文芸読本』全五集[14]には、総収録作品数一四八篇のうち小説や評論に加えて一一篇の俳句が採用されている。各篇には、小沢碧童、高浜虚子、松瀬青々、正岡子規、村上鬼城、荻原井泉水、河東碧梧桐、大須賀乙字、松根東洋城、内藤鳴雪、中塚一碧楼の俳句を五句ずつ入れている。総数では一一俳人、五五句の俳句である。しかも、まとまった個人句集ではなく句誌や文芸誌、同人誌から直接採用している場合も少なくない。普段から句誌などに目を通していたからできた選定であった。この事実だけでも龍之介が俳句の世界にいかに精通していたかがよく分かる。この俳句を龍之介が安易に扱うはずはない。

龍之介が江戸文芸の蕪村の俳句を「雛」の冒頭に置いたのは、この小説が伝統行事としての雛の世界を描こうとしているのではないという宣言である。これまで見てきたように、龍之介が雛で表象するのは、日本文化としての雛ではなく、雛の顔に比喩される庶民の哀歓、命を慈しむ庶民の願いなのである。しかもその庶民の願いがなかなか叶わない時代に対する龍之介の違和感がさらに見えている。

二　庶民の愛情

1　社会的弱者の視点

本文は「これは或老女の話である」と書き出され、続いて老女の回想が語られる。

回想されるのは一五歳の少女時代である。名前は鶴といい、回想では「わたし」という一人称で登場する。鶴は紀の国屋一二代目伊兵衛の一家に生まれた。当時の紀の国屋は、明治新政府の樹立の過程で江戸幕府下に得た諸大名のお金御用の役目という特権を失っていた。生活のために資産を売り払い社会的弱者となっているのである。

一家は、薬屋を細々と営む父、顔に腫れ物ができる面疔という病気で苦しむ母、癇の強い一八歳の兄英吉、それに鶴の四人家族である。兄は英語読本を常に携行する政治好きの開化人であるように鶴には見えた。家は三度の火事で普請もできず、家族は焼け残った土蔵に住んでいた。父はその土蔵にさしかけた仮普請で薬屋を細々と営んでいた。見世には種油を燃やす無尽燈をともして、土蔵では行燈の薄暗い明かりをたよりに生活する日々であった。

「雛」には、このほかに家のことを心配してくれる骨董屋の丸佐、肴屋をやめ人力車の車夫をしている徳蔵が登場する。徳蔵は、社会的弱者として苦しむ家族みんなの心が少しでも晴れるように、鶴を人力車に乗せて東京の新しい街頭を見せてあげようとする。丸佐も徳蔵もやさしい心根の持ち主であった。

回想は、この家族が代々所有してきた思い出の雛を売り払うことを軸に語られる。雛は三十幾つかの総桐の箱に収められ、土蔵の中の家財道具のうちで一番人目につきやすかった。家族の年越しの資金の用立てのためにその雛を売ることになったのは、その年の一一月の中旬のことであった。丸佐が横浜のアメリカ人に雛を売り渡す交渉をしてくれたのである。さすがの父も雛を手放すことに躊躇した。しかし、兄が雛祭りは旧弊だとか実用にならないものは取っておいても仕方がないと主張し昔風の母と口論する、鶴も駄々をこねたが、結局は売ることになった。

以上が回想導入部の設定である。弱者となった家族のぎりぎりの生活が語られる。東京新政府のもとでの変革の外に放り出された一家の苦しさが伝わってくる。

2　兄の苦悩

そしていよいよ雛を手放すことが現実のものになる。丸佐が横浜のアメリカ人から預かってきた手付けを伊兵衛に届けに来たのである。この場面から登場人物の心の奥にあるものが少しずつ見えてくる。

伊兵衛は丸佐に手付けのお礼にと志を渡そうとする。丸佐は先代からのお世話へのお返しであると志を断る。義理堅い伊兵衛と紀の国屋に今も恩儀を感じる丸佐とのやりとりには、損得を越えた信頼関係を見ることができる。

その頃、母は土蔵の中で涙ながらに針仕事をし、兄は小さい古机で英語読本を調べている。二人の関心は、表面上の行為とは別に、父と丸佐とのやりとりに向いている。ともに雛人形の行方が気にかかるのである。

突然兄の英吉が妙な笑い方をして横文字を読み始める。鶴は、兄が開化を鼻にかけ、悲しみをこらえている母を馬鹿にしていると感じて兄をぶつ。兄は「わからず屋！」と言って鶴の横鬢へ平手を飛ばす。母が見るに見かねて兄を物差しで叩き二人の口論が始まった。

母と兄のすれ違いは複雑である。母は雛を失うことを深く悲しんでいる。兄は表面上雛を売ることに前向きなそぶりを見せているものの、本音のところでは、雛を売り払うことが家族にとってどんな意味を持っているのかをはっきり認識していて苦しんでいる。母は英吉の苦しみを理解できないでいる。

政治や文明開化に関心を寄せる英吉は、今の紀の国屋が時代の趨勢から遠く離れてしまったことを見抜いていたに違いない。紀の国屋の体面や伝統よりも毎日の暮らしぶりを選ぼうという現実的な対応をする必要があるという思いと、そのように割り切ってしまえない感情との間で英吉は苦しんでいたのである。

この苦しみを言葉にできたらどんなに楽になれるか。しかし、それを言葉にするということは、家族を苦難に陥れてしまったと父母を追い詰めることになる。父も母も十分に苦しんでいる。そのことが分かっているがゆえに英吉は言葉にできない苦悩を抱え込んでいるのである。鶴の思いはそこまで届いてはいない。

その後の英吉のエピソードも彼の思いをよく示している。母の病状の急変に際して、英吉は普段藪医者と馬鹿にしていた漢方医を父の指示で一目散に呼びに行った。売られてしまう雛を見たがる鶴に「お父さんが見ちゃあいけないと云ふのは手附けをとつたばかりじゃあないぞ。見りゃあみんなに未練が出る、――そこも考えているんだぞ」と小声で語りかけ、何とか鶴を納得させようとした。これらの挿話は、実は英吉が父母を苦しめない道を必死に探り、結果的には鶴の心も悲しませないようにする配慮でもあった。

鶴からすれば感情的な自分の行動を制限する兄は偏屈に見えた。しかし、彼は実のところは心優しい青年だったのである。[15]その繊細なやさしさが、激しい時代の移り変わりにうまく適応できずに苦しんでいたのである。

こうした青年象は正宗白鳥『入江のほとり』[16]にも描かれている。急速な近代化の動きに自らの思いや感情をうまく対応しきれない若者が少なからずいたことを示している。

このように「雛」は、兄の苦悩や母と兄との確執、兄妹の感情のすれ違い、家族を取り巻く人々の気遣いにまつわる老女の思い出や追憶を表現していく。そうした日々の営みに、私たちの心の深いところで互いを思いやろうする庶民の愛情が脈々と流れていることが示されているのである。

3　父の行動

節句の行事は庶民の生活にとって重い意味を持っている。節句のときはもちろん、節句が過ぎても、別の節句のときにまた桃の節句をふと思い出したり、何かの折に無意識のうちに雛のことを意識していたりする。これが庶民の日常風景である。この日常風景を弱者へのまなざし、庶民の生活感覚と重ね合わせて描いたのが「雛」である。雛は庶民の哀歓が具現的に表象されたものである。雛人形は、子どもたちの健やかな成長を願って作られた。毎年の節句に箱から出して並べていく行為は、わが子の一年の無事とこれからまた一年の無事を心から願わずにいられない親と、雛のかわいらしい顔を無邪気に眺める子どもの安らぎの空間である。

一年という短い期間にも、予想しないような病気や怪我に遭うこともある。時には、思わぬ慶事に家族全部が幸福に包まれることもある。一年の間に起こったその家族のすべての意味を含意しているのが雛人形である。鶴が回想する雛人形を手にした父の場面は、雛人形に庶民が願いを託す姿そのものなのである。

龍之介はこうした表現を得意とした。「杜子春」の最後は「人間らしい暮らし」を誓う杜子春に仙人が桃がいっぱい咲く家をあげようと言う場面であった。桃も雛も龍之介にとっては母や家族の愛情に包まれた幸福の世界の象徴である。

ところで鶴はなぜ数十年後の今になってこの思い出を書き手に対して語ったのだろうか。数十年も経過した今となっては、老女にとって雛にまつわる思い出が夢、幻であってもかまわない。家族の愛情や優しさとともに雛の思い出が彼女の胸の奥深くに記憶されているのであるから。老女の無意識に雛がいると言うこともできる。しかし、父も母も兄もいなくなった今、その雛の思い出を胸に秘めずに残しておくことができるのは自分しかいない。明治新政府のもとで弱者がどんな思いで日々を暮らしていたか、誰かに書き残してほしいと願わずにいられなかったと考えても不思議ではない。

このことに関わって、岩佐壮四郎は父が雛を密かに見る日が一一月二九日であることに注目している。龍之介の実母の死去が一一月二八日であった。その事実と、少女である鶴が目撃した日が書き手によって一一月二九日とされた記述との強い連関から、『点鬼簿』での母の葬儀、父の慟哭の場面と「雛」の世界との共通性を読み、「雛」には「母への追慕の気配が濃厚に漾っているといったほうがいいかもしれない」と述べている。また、六〇歳余りの老女が一五歳の少女時代を回想する設定も、実母が生きていたらほぼその設定に符合していること、夭折した姉の「初ちゃん」の三三回忌の法要が営まれた頃に「雛」が書かれたことから、「『雛』で芥川が試みたのは」、「死んだ母との対話でもあった」という重要な指摘をしている。[17] このように見てくると、文末に書き手が書きつけた付記が重要な意味を持ってくる。書き手は次のように書いた。

「雛」の話を書きかけたのは何年か前のことである。それを今書き上げたのは瀧田氏の勧めによるのみではない。同時に又四五日前、横浜の或英吉利人の客間に、古雛の首を玩具にしてゐる紅毛の童女に遇つたからである。今はこの話に出て来る雛も、鉛の兵隊やゴムの人形と一つ玩具箱に投げこまれながら、同じ憂き目を見てゐるかも知れない。

雛人形は日本文化の象徴であると考えるだけでは、雛人形や桃の節句の行事を表面的に理解しているにすぎない。外国人が子育てをめぐる庶民の哀歓を理解しないまま雛人形に日本文化を感じたとしても、それは所詮単なる日本の伝統的な人形をイメージしているだけのことである。そこからは行事の際の玩具、日本美を実感する人形としての意味しか見えてこない。

こうした異文化への見方は私たちにもそのまま跳ね返ってくる。たとえば、私たちは外国の様々な行事をどのように捉えているだろうか。卑近な例では、ハロウィーンやクリスマスの行事は多くの場合商業化された形でしか認識できていない。その枠から自由になれないでいるのである。その行事にまつわる宗教的な意味だけではなく、個々の家庭で家族がどのような哀歓を持ってこれらの行事に関わっているのかまで想像力は及ばない。

同様に、横浜のイギリス人の童女が古雛の首を玩具にするのも、雛に込められた庶民の生活感覚が見えていないからである。鶴の雛が同じ憂き目を見るかもしれないと書き手が心配するのも同じ論理である。異文化の背後にある日常の生活感覚の次元まで入り込むことでその文化の本質的な意味が見えてくる。文末の付記はそのことを示している。

横浜のアメリカ人が雛人形に興味をひかれたのも、異文化である伝統的な行事への関心であろうと書き手は推測している。だから、「同じ憂き目を見てゐるかも知れない」と書くのである。しかし、「雛」で龍之介が示そうとしたのは、表層的な異文化への興味や関心だけでは、伝統行事に対する日本人の心性も子どもの成長への願いも浮かび上がってこないということである。庶民が日常の暮らしに追われながらも、意識の底ではけっして手放さず、しかも言葉にならないような、いのちと暮らしへの祈りにも似た思いを龍之介は問題にしたのであった。

三　国民精神論批判

龍之介は書き手が「雛」を何年か前に書きかけたと仕組んだ。[18] しかし、その試みは書き手の何らかの事情で中断された。書き手は執筆再開の理由が編集者の瀧田氏からの勧めだけではないと言う。再会の理由は古雛の首で遊ぶイギリス人の童女を見たことにあったとも説明されている。この一文が入れられたことによって読み手は語りの場の時間的特定をすることができるようになった。「何年か前」から付記が書かれた「現在」までの数年間というのは一般的には四五年前ぐらいとしてよいであろう。また、「鉛の兵隊」「ゴム人形」という語句が入れられたことで、「雛」が書かれた時期が戦争と文明的盲従が問題となる時間軸にあることも推測される。

「雛」が発表されたのは一九二三（大正一二）年三月の『中央公論』である。書き手が「雛」を構想執筆した時期は、付記の「現在」を起点に四五年前、つまり一九一八、一九年頃ということになる。この時期は、第一次世界大戦後の経済復興を背景にしたデモクラシー期が始まった頃である。しかし、この始まりはすでに次の時代への変化を内在させた複雑な時代であった。デモクラシーが謳歌される一方で、デモクラシーの内実に国家主義的なものをも抱え込んでいた。国民精神が叫ばれ始め、日本的伝統と結び付けられていった時代であった。また、デモクラシーの中に欧米的な価値観に染まっていく精神的頽廃も持ち込まれてきた。その一方で、ロシア革命などの国際的動向を背景にした萌芽的な社会主義闘争や組織的労働運動の激化、農民の蜂起という闘争の中核が形成された時期でもあった。つまり、脆弱なデモクラシーが表象される一方で、国家主義的国民精神論と日本文化論、自由や平等の理念に支えられた民主主義論が拮抗する時代であったのである。[19]

こうした政治的、学術思想的な動向は学校教育の場にも反映された。自由教育が発展する一方で、保守的な教員層を中心に、教授要目改正も背景にした「国民精神」論が強調されていく。たとえば、旧制中学校の国語教科書である藤村作・島津久基共編『国文新読本』[20]（全一〇巻）は、「国民性の自覚」「国民精神の涵養」を編纂の基本方針の一つとしていた。収録された教材二二九課（五学年の総計）のうち、「国民性の自覚」「国民精神の涵養」を主題とするものは九〇課に及ぶ。内訳は、国家意識を強調するものが二五課、天皇制や尊王思想を扱ったものが一八課、武士道や武士の逸話に関するものが三九課、徳目を強調したものが八課である。全体の四割近くが「国民精神」論で占められている。

具体的には、国家意識の高揚を図る巻七の一課「我が国民の団結性」（藤岡作太郎）、巻八の一四課「我が帝国の二大問題」（徳富蘇峰）、尊王思想による巻三の三課「明治天皇の御治績」（大隈重信）、巻五の二課「尊皇の精神」（芳賀矢一）、武士道を強調する巻一の九課「戦国大名と武士」（上田万年）、徳目を語る巻一の二八課「小善の実行」（東京朝日新聞）という具合である。

こうした時代背景を考慮すると、日本的伝統や日本文化論を冠にして「国民精神の涵養」や「国民性の自覚」が喧伝され始めた時期に「雛」は書き手によって書かれたという構成を龍之介は採ったことが見えてくる。

一般に、雛は日本文化、伝統文化と理解されるわけであるから、「雛」の題名を目にした読者はまず伝統文化としての雛が描かれていることを予想する。しかし、龍之介は「雛」に庶民の愛情やさしさを込めて描きはしたが、日本文化、伝統文化の視点から描こうとはしなかった。描かれたのは、庶民の愛情とやさしさ、他者を思いやる人間関係が雛人形の表象と硬く結びつけられた世界であった。

読み手は、そこで予想に反した展開を印象づけられる。雛に表象されたものが国民的伝統、日本文化、伝統文化と雛を結びつけるような「国民精神」論から遠く離れて、日々の庶民の細やかな感覚を描こうとしたものであることに気づくことになる。こうして「雛」は結果として「国民精神」論批判の物語となったのである。

四 「雛」の授業のために

1 国際的な視野に立った日本語実践教育として

これまで見てきたように、「雛」には庶民の哀歓を心深く包み込む雛人形が描かれている。しかも、江戸期の蕪村の俳句と一九二〇年代の書き手によって読者に託された付記にはさむ形で、社会的弱者である一家族の雛人形をめぐる庶民感覚あふれた愛情物語が回想談話として描かれたのである。強者による格式高い伝統行事あるいは日本文化という冠をつけた人形ではなくて、庶民の願いを受け継いでいくささやかな雛人形として描かれた。雛祭りという伝統行事に流れる庶民の哀歓は、歴史の波間に浮き沈みしながらも「女女しい、……その癖おごそか」に次代へと手渡されていく。雛は失われても、雛に込められた家族の愛情は鶴の心にしっかり根付いていたのである。また、付記を書き手に書かせる虚構を入れたことで、一九二〇年前後の時代が庶民感覚に支えられた民主主義の潮流と「国民性」、「国民精神」をキーワードに国家的伝統を強制する潮流とのせめぎあいの時代であることを浮き彫りにした。

近年、芥川龍之介は国際的な評価を受ける作家として注目されている。[21] 国際的な日本語実践教育を進めるうえで「雛」がその教材としてふさわしいと考える理由はこれまでの考察のとおりである。

若い学習者に「雛」をどのように届けるかという学習指導方法の選択は、読み手である学習者の実態と授業者の指導観による。日本語の実践を学ぶ教室で読み手の思いを尊重して小説を読もうとする指導観は二〇世紀後半に展開された文学教育の成果である。その成果を踏まえて「雛」の学習指導の提案をしたい。

2 「読解」指導を超えて

「雛」は一九世紀中葉から二〇世紀初頭の世界を舞台に虚構化された小説である。こうした小説の読みを深めていくためには、学習者の知りたいという願いを尊重することが大切である。虚構化された作品の謎に迫る作業を行っていくと学習者の興味や関心が持続する。自ら立てた計画で謎に迫っていき、謎を解決していく学習過程であることが望ましい。

たとえば、①与謝蕪村という俳人と俳句について調べる、②多くの俳人の中から蕪村を選んだ理由を予想する、③蕪村の多くの句の中からこの句を選んだ理由を予想する、④書き手が文末に付記を書いた理由を予想する、という学習過程が考えられる。予想した内容は記述させておき授業者が回収する。その後の授業では、予想した結果については触れないままとし、授業の最後に学習者に返却して提示する。学習者が自己のうちに定着させてきた自分の読みの深まりを自己評価して授業の終了とする。

次に人物に焦点化した学習過程を考えてみたい。「雛」の場合は、なかでも兄の行動や考え方を軸に授業展開すると、教室が活発化しやすい。兄の本当の願いをどう捉えるかで、この作品は大きくイメージが変わるからである。兄に同意する学習者と批判的な学習者では、明治新政府の文明開化政策の評価も含めて、それに翻弄された一九世紀の庶民の姿をどう考えるかという点で興味ある議論が起こりそうである。

また、表現に開く学習過程も有効である。老女の回想形式に学び、回想という形式の可能性を学習させる。そのうえで、龍之介の手法を生かして、自分の子ども時代の大切な思い出をテーマに創作させる。冒頭には、関連する俳句を付けることとし、最後には付言も付ける。

関連読書の指導としては、「雛」と同じく社会的弱者を扱った「一塊の土」「庭」[22]がある。「一塊の土」は、土地に這って生きる農民たちの苦悩を描いている。農業が国の土台をなす基幹産業でありながら、社会的弱者として生きざるを得ないところに追い込まれていく問題を描いている。「庭」は、明治新政府の維新改革のもとで、荒廃していく庭に象徴される家族の没落を描く。

総括的な評価課題としては次のものを提案したい。

一　冒頭の俳句と本文との関係について二百字以内で述べなさい。

二　作中の一人の人物に焦点をあて、雛を売らざるを得なくなった時のその人物の内面心理を三百字以内で描きなさい。

三　「雛」に描かれた世界を国際的な視野に立って三百字以内で論じなさい。

その評価の観点としては、

一　①俳句と本文について、対比関連させて論じているか。

②「雛」「顔」「箱」「出る」の表現への指摘があるか。

二　①一人の人物に焦点が当たっているか。

②内面の心理にまで言及しているか。

三　①「国際的な視野」が理解されたうえでの表現がなされているか。
②「雛」の世界と「国際的な視野」が関連づけて論じられているか。

四　論述方法全般について
①論述が実証的であるか、構成を考えた論述方法であるか。
②根拠と結論が明確にされているか。
③論述内容にふさわしい文字量で表現されているか。

「雛」の指導内容に関する教師集団での討議、合意をすすめ、各項目の評価点を段階的に設け、複数の眼で評価されることを期待したい。

注

芥川龍之介の小説や俳句等の引用は、『芥川龍之介全集』（岩波書店、一九九六年）によった。引用にあたりルビを省略した箇所がある。

（1）「雛」の初出は、『中央公論』第三八年第三号（一九二三年三月一日）である。単行本初収は『黄雀風』（新潮社、一九二四年七月一八日）である。蕪村の句は、その際に付加された。

（2）『新潮日本古典集成　与謝蕪村集』新潮社、一九七九年一一月一〇日、五〇～五一頁。『古典日本文学全集32　与謝蕪村集・小林一茶集』筑摩書房、一九六〇年一〇月五日、三三～三四頁。

（3）潁原退蔵編『蕪村全集』有朋堂書店、一九二五年一一月一八日。

（4）『羅馬』第三号は一九二六年六月一日発行。『羅馬』は、窪川鶴次郎が編集兼発行人になり、同年四月に創刊された。一九二八年五月まで十二号を発行する。当時田端の室生犀星のもとに集まっていた中野重治、堀辰雄らの同人誌である。芥川龍之介、萩原朔太郎、佐藤春夫、高村光太郎、千家元麿、佐藤惣之助ら二〇世紀前半を代表する作家、詩人が寄稿していた。表紙文字は下島勲（下島空谷）が書いている。
(5)『澄江堂句集』文芸春秋社出版部、一九二七年一二月二〇日。
(6)下島勲『芥川龍之介遺墨』中央公論美術出版、一九六〇年四月。
(7)近藤冨枝『田端文士村　文壇資料』講談社、一九七五年九月。
(8)村山古郷編『芥川龍之介句集』永田書房、一九七六年。
(9)小室善弘『芥川龍之介の詩歌』本阿弥書店、二〇〇〇年八月二五日。
(10)小穴隆一『二つの絵　芥川龍之介の回想』河出書房、一九五六年一一月。
(11)第二次『芥川龍之介全集』第七巻月報7、三頁、岩波書店、二〇〇七年七月六日。
(12)『俳壇文芸』第一年第六号、一九二五年六月一日。
(13)文芸俳句誌。一八九七年一月一五日、正岡子規ら創刊。のち高浜虚子が編集発行人となる。
(14)『近代日本文芸読本』興文社、一九二五年一一月八日。
尚、本書の意義については拙稿「芥川龍之介編『近代日本文芸読本』というカノン」（『国語教育史研究』第八号、国語教育史学会、二〇〇七年三月三一日）を参照されたい。
(15)仁平道明「「雛」試論―「意地の悪い兄」のためのレクイエム」（『文学・語学』一七集、全国大学国語国文学会）は、兄の思いを深いところで考察した見解を提出している。
(16)『太陽』第二一巻第四号、一九一五（大正四）年四月一日。
(17)岩佐壮四郎「母の気配―「雛」再読」（第二次『芥川龍之介全集』第六巻月報6、五～八頁、岩波書店、二〇〇七年六月八日）。
(18)既に多くの研究が指摘するように、「雛」には「明治（小品）」及び「雛（別稿）」がある。
(19)山野晴雄・成田龍一「民衆文化とナショナリズム」（歴史学研究会・日本史研究会編『講座　日本歴史』9、東京大学出版会、一九八五年八月一〇日)、栄沢幸二「護憲運動と憲政思想」(『近代日本の軌跡4　大正デモクラシー』吉川弘文館、一九九四年八月一日)

(20)藤村作・島津久基共編『国文新読本』至文堂、初版一九二一年一〇月一六日、訂正三版一九二三年八月二〇日。本稿では、訂正三版を参照した。

(21)宮坂覚・関口安義「対談世界にはばたく芥川文学」、嶌田明子「研究情報「芥川龍之介学会」の創立」、関口安義「研究情報　海外における芥川文学の翻訳」『国文学解釈と鑑賞第七二巻九号、二〇〇七年九月一日。

(22)「一塊の土」『新潮』一九二四年一月、「庭」『中央公論』一九二二年七月。

ことばから心を読み解く国際的劇教材
——シェイクスピア『リヤ王』の教材史から——

黒川孝広

一　『リヤ王』の国際的な教材価値

シェイクスピアのいわゆる四大悲劇の一つである『リヤ王』（King Lear）は、一六〇六年一二月二六日にロンドンの宮廷で演じられてから各地で演じられ、翻案されてきた。一八世紀にはドイツを皮切りに、フランス、ロシアで上演され、一九世紀でハンガリー、スペイン、イタリアなどに広がり、二〇世紀では中東やアラブ、インドでも上演された。[1] そして、時代とともに、ポスト・コロニアル的な解釈や、フェミニズムの解釈など、次々と登場する学問理論で解釈されてきた。日本では一九世紀末に坪内逍遥らによって翻訳され、福田恒存や木下順二の翻訳など、現在まで多数の翻訳がある。これほどまでに、多くの国々で翻訳され上演されてきた『リヤ王』は、国際的な教材としての価値を持ちうるのではないか。特にシェイクスピアの作品の中でも『リヤ王』は各国の事情に合わせて翻訳・意訳されている。例えば、日本では黒澤明が戦国時代に設定し直し、映画『乱』を制作している。各国の事情に合わせて翻訳されている事実を鑑みると、『リヤ王』には、ある共通した問題を取り上げている。それは、安達まみが言うところの、「各地で独裁者の横暴や地域紛争が絶えず不孝をもたらしつづける時代に、不幸のどん底にあってこいかにいかに生きるかを問いかけ、また、高齢化の問題となった社会にいかに向き合うかを問いかける」[2]という人間に共通する問題である。老いたる者が子供に財産を相続させるときに、子供に全てをまかせるのではなく、子供に対して影響力を持とうとする。それは、親の願いであり、自我である。それゆえ、親は財産分与のための指標として目には見えない愛情を形として確認させようとする。その形とは行動や言葉である。『リヤ王』では愛情を測る尺度として言葉を使った。言葉を利用した愛情の測定は、言葉が絶対的な真実を述べているという前提のもとに行われた。しかし、言葉は絶対的な真実を語ることはなかった。子供たちは親への愛情を言葉で示すが、しかし、それは愛情ではなく、親の財産への愛情、つまり執着であった。子供は親の財産分与を確実に受けようとし、その通り財産分与は行われた。親は財産分与のための指標として愛情を言葉という形にさせようとしたのであったが、その指標である愛情を言葉で表すことが目的となり愛情そのものを受け取ることはできなかった。子供を財産を管理する者ではなく、自分に全身で愛情を注ぐ下部として捉えたのである。

この言葉に愛情を求めた老いた親は、言葉を全霊の象徴として信じていたが、子供が財産を目的として、親の権力の無力化を図ったことが判明すると、途端に人間不信に陥る。そして、荒野の中で己の身勝手さを思い知る。狂気の中にいてはじめて、正気の時には気付かなかった言葉と心の問題を理解しはじめる。そこに、言葉には表せなかった愛情を行為で示した末娘、コーディリアが登場する。始めは裏切られたと思っていた老人も、コーディリアの真実な愛に目覚め、改心しようとしたが、時既に遅く、頼るべき命が絶えてしまい、大切な愛情の結晶である子供を我執によって失ってしまうのである。愛情を求め、愛情を試したばかりに、その愛情を失ってしまった。その原因は、愛情を言葉で測定したことである。この言葉に込められた心を読み取ることに『リヤ王』の教材価値がある。小田島雄志は、「『リヤ王』を読むのは、自分の姿を鏡に映すのと同じなのかもしれない。どの時代の『リヤ王』批評も、その時代相をくっきり投影せずにはおかない。『リヤ王』のこわさは、まさにここにあるのだ」[3]と述べている。時代性を超えた普遍的な問題を『リヤ王』は抱えている。親子の言葉による駆け引きは、世界共通である。それゆえ、領土分割という問題ではなく、言葉と心という二面性の問題を扱うことで、この劇教材を国際的教材としての価値を持つことが出来よう。

二　劇教材の意味

『リヤ王』のテキストは、一六〇八年の四折本（クォート）と、一六二三年の二折本（フォリオ）の二つが代表的な本文である。両者の本文校訂によろって、両者のよい点を合わせた合成本文が用いられてきたが、近年は、両者を別の作品として独立させ、二種類の『リヤ王』を認めている。しかし、学校で教材として扱うのであれば、合成本文によるものでかまないであろう。教材用に書き直して、場面も最低限に切り詰めて扱いたい。『リヤ王』を文学作品として全体を読むことよりも、登場人物の言葉から心を読み解くことを中心にしたい。

劇教材の特徴は、劇形式で朗読や対話、劇により作中人物の立場に立ち、ロールプレイングすることで、教材の内容と価値を深めていくことにある。演ずることで、作中人物のせりふがどのような意味を持ち、そして、どのような心情を表現したのであるかを体得することを通じて理解するのである。それゆえ、慎重に扱いたい。疑似体験により作中人物の思想までも体得してしまう可能性があり、作中人物を客観的に観察できるような発達段階を考慮して、教材配置をすべきである。言葉と真意とが別物であるという二重性、あるいは虚構性を理解するには、小学校低学年では難しい。一方、高等学校では、言葉と心の問題よりも、老いの問題や権力の問題や世界史と結びつけてしまう。時にはまともな君主は英国にはいなくて、フランス王こそ、君主にふさわしいという政治的な批判として読み取ってしまう可能性もある。これらをふまえると演じることで、言葉と心の関係について理解を深めていくことができる学年として、小学校六年の学習を提案したい。老いた親が子に対して愛情を推し量るのは、時代を超えた普遍的な問題である。親と子の関係を強く意識する、小学校高学年において、この教材は、「独裁者」「高齢化」という社会的な教材ではなく、言葉と心の問題を扱う劇教材として『リヤ王』を扱うことができよう。

三　『リヤ王』の教材史

日本の小学校の教科書で『リヤ王』が登場したのが、国定第三期の『尋常小学国語読本　巻十二』「第十四課リヤ王物語」である。『リヤ王』を物語として登場させ、結末部分も「其の後老王はコーデリヤの孝養によつて余生を安楽に送つたといふ。」と悲劇性を取り除いている。

国定第四期では、物語から劇形式に書き直している。編纂趣意書では教材「リヤ王」の主旨を、

指導上敢へて其の実演を予想するものではなく、寧ろ劇的文学として読ましめることを旨としたものである。

とし、演劇が目的ではなく、文学として劇形式を読ませようとしたのである。そして、原作に対しては教育的配慮から、悲劇性を取り除き、劇的な表現を理解することを目的としている。

シェークスピヤの傑作「キングリヤ」を単純化し、圧縮してこれを劇的に表現したものである。原作の或箇所を切り取つたのでなく、主要な部分を出来るだけ簡単に縮めて表したものであるから、原作の翻訳といふよりは翻案といつた方が妥当である。尚最後の悲劇に至るには筋もかなり複雑になり、教育的にも考慮を要する部分であるからせ、一切これを省略した。取扱にもこれ以上の敷衍は慎重な考慮を要する。(4)

あえて実演までさせようとしていない理由として、当時の学校劇の問題があった。学校で子供に劇をさせることが行われたのは一九〇〇（明治三三〜）年代からで、一九〇三（明治三六）年一〇月に川上音次郎一座が久留島武彦の協力により児童による劇を公演している。一九一〇年代では学芸会で読本を朗読する「対話」が行われた。大正期に入ると芸術教育運動の流れから、それまでの児童に見せるための商業演劇から、児童自らが演じる劇の活動が盛んになる。坪内逍遙は学校内に限らず、児童が主体となって演ずることを「児童劇」として主張し、各地で上演活動を展開していった。坪内逍遙は一九二三（大正一二）年には児童劇の理論書『児童教育と演劇』(5)を発表し、児童劇の普及に努めた。その結果、児童劇を積極的に取り組む訓導が現れた。

一方、学校内の学習活動として小原国芳は一九一九（大正八）年に最初の学校劇を実践し、それ以降、学校教育の場で児童が演ずることを「学校劇」と称して実践していった。小原国芳は一九二三（大正一二）年に学校劇の理論書『学校劇論』(6)を発表し、学校劇の必要性を、総合芸術、生活の充実、遊戯の教育的価値、劇的本能の啓培、批評眼養成、感情の醇化、諸教科理解の徹底、徳性の涵養、学校生活の文化活動などの点にあると整理し、その方向に沿って学校劇を普及させようとしていた。

児童劇・学校劇が各地で実践されると、文部省は一九二四（大正一三）年に過度の演劇熱に対して注意を促す文部次官通牒(7)を出した。これは、一九二四（大正一三）年に文部大臣に就任した岡田良平が児童への演劇指導が行きすぎていると判断し、注意を促すために出したものであり、当時の現場はこの通牒を「学校劇禁止令」として重く受け取り、その後は児童劇・学校劇が下火になった。教科書もこの通牒に沿って、劇形式の教材は掲載されなくなった。

ところが、国定第四期になって、文部省で教科書編纂に関わっていた井上赳は、劇教材を『小学国語読本』に導入する。その理由は「大正年間には学校に於ける児童劇の弊が其の極に達した為、時の当局から殆ど弾圧に等しい厳訓が出た。其の頃はまだ教育家も世間も児童劇の本質を知らず、唯大人の芝居と同じやうなことを、かはいらしい子供にやらせるといつた、極く漠然たる考で行はれた結果、弊害百出したわけである。」と弊害について述べ、「然し今日の教育家は、それ以上に研究もし、意見も立つてゐると思はれる。」との理由から、「国語教育と劇との関係は、非常に大切であり、是が効果もあらゆる方面から見て重要性を持つてゐるが、しかし、一歩取扱を誤ると、弊害百出し、児童の品性を傷ける結果に陥る。[8]」と教科書の教材を演ずることの効果的な面と、弊害の面について触れている。この両者によって、バランスを保った劇教材の指導ができると判断したのである。

この国定教科書に劇教材が導入された最初の教科書が国定第四期であり、その一つが教材「リヤ王」である。国定第四期では、「国語教材は出来るだけ文章に即して、それ以上に出ないのが寧ろ指導の上策である。[9]」と井上赳が述べているように、言語教材として劇教材を扱っている。その結末は次のように、回復する前の侍医の話で終わり、悲劇性を無くしている。

リヤ王「どうか、なぶつて下さるな。わしは、ばかな、たはけた老人でござる。はて、お前さんは、どうやら見覚えのある方のやうだが、はつきりせぬ。笑つて下さるな、どうもわしの末娘コーデリヤのやうに思へてならぬ。

コーデリヤ「其のコーデリヤでございます。コーデリヤでございます。

リヤ王「涙を流して泣いて下さるのか。おゝ涙ぢや。お前さんは、わしをうらんでいるはずだが。

コーデリヤ「なんでうらむわけがございませう。なんでうらむわけがございませう。

リヤ王「わしはフランスへ来ているのか。

侍医「いや、御本国にいらせられます。

リヤ王「えい、だますな。

コーデリヤ「まだお心の乱れがお直りになつていない。

と歎息する。

侍医「其の点はお心強く思し召しあそばしませ。激しい御乱心は、もうをさまりました。お后様には、奥へいらつしやつて、しばらくお会ひにならぬ方がよろしうございます。こゝ二三日で、きつと御本復になりますから。


芦田恵之助はこの「リヤ王」の取り扱いについて、

「ゴネリル」「リーガン」「コーデリヤ」の言葉を検討して、真心の伴はない言葉、即ち第二義の言葉と真実の言葉即ち実行する第一義の言葉を比較して、言葉はその表現にはなくて、真実にあることを考へさせたい。(10)

と述べ、劇形式を学ぶのではなく、言葉と心の問題を扱おうとしている。

戦後になると、石森延男著『小学新国語 6年』（光村図書出版）に一九七一（昭和四六）年から一九七七（昭和五二）年発行まで、栗原一登の脚本で掲載されている。単元の目標は「人物の心について考える」であり、後に「人物の性格について考える」に修正されている。教材は、あらすじの後に、第一幕の部分が掲載されていて、「ゴナリル」と「リーガン」が企むところで終わっている。学習の手引きは次の通りになっている。

1「第一幕から」は「あら筋」のどこまでか読み取ってみよう。
2「第一幕から」を読んで、次のことについてまとめてみよう。
・どんな場面か。
・リヤ王・ゴナリル・リーガン・コーディーリア・ケントは、それぞれ、どんな人物か。
・それぞれの人物の考え方や性格は、どんなせりふからわかるか。
・コーディーリアに対するバーガンディ公とフランス王の気持ちは、どうちがうか。
3「あら筋」と「第一幕から」を読んで、感想を書いてみよう。

（引用者注：略）

○次のせりふは、だれに、どんな心持ちで言っているのか、例のように調べてみよう。
（例）だれも口をはさむな。——はらを立てて、目下の者に命令する。
・もっとほかに言いようはないのか。
・おゆずりになることはおやめください。
・さあ、わたしといっしょにいきましょう。

指導書では、単元の目標を、

○せりふを通して、人物の心情を考えることができるようにする。
○聞き手に内容がわかるように朗読することができるようにする。
○脚本を読む楽しさを知り、よい脚本を選んで読む態度を養う。(11)

とし、「ト書きによって人物の行動や場面の変化をとらえ、せりふによって人物の心情や人間関係を読み取らせなければならない」と、説明している。指導の観点では、

登場人物の心情を場面に応じて考えさせる
登場人物のせりふに込められた気持ちを想像して読む
登場人物の性格をとらえさせる
聞き手に内容がわかるように朗読する
脚本を読む楽しさを知る

とあり、リヤ王とコーディーリア、ケント、バーガンディ公とフランス王の心情読み取りを扱っている。国定第四期と同じく、上演するまでは想定せず、あくまでも劇文学としての扱いである。その点では、国定第四期の方針が戦後に連続していると言えよう。

中学校では、一九五九（昭和三四）年発刊の岡崎義恵編『国語 中学校用総合2』（日本書院）と、一九六二（昭和

三七）年発刊の岡崎義恵編『国語 中学校 2』（日本書院）に掲載されている。『国語 中学校用総合2』では、斎田喬の子である斎田玲子が脚本を書いている。教材は二幕で、領地分割と、荒野での再開の場面である。単元は「動く世界」で、「生きた言葉を学ぶには、劇やシナリオが最もよい先生である。」と設定され、単元の目標は、

1　会話について学ぶ。特に書かれたことばと話す言葉の相違についてはっきりと認識させる。
2　戯曲を読んで、演劇まで導く。つまらり書かれたものを、聞くもの（更に動作を加えて見るものにまで）にかえてみる
3　映画を見て、視聴覚でとらえたものを、シナリオの原型にまでもどしてみる。
4　演出の一般的方法を一応理解させ、実践させる。
5　人間社会において、ことばの果たす役割やその種類（読むことば、聞くことば、見ることば）について考えさせる。
6　書かれた作品を、戯曲またはシナリオに変えてみる。あるいは逆にシナリオや戯曲から物語を抜き出してみる。
7　助詞の方法に習熟させる。
8　芸術として劇や映画に関心を深める。(12)

とあり、小学校と違って、演劇や上演することを含めた活動をさせようとしている。学習の手引きでは、

一、この脚本で最も心を打たれたのはどういう点か、また主題は何かなどについて話し合ってみよう。

二、この脚本のしくみは、どんなふうになっているか、第一幕と第二幕とを比較しながら調べてみよう。
三、登場人物の性格を考えてみよう。また、道化役者フールは、どんな役目を果たしているか、考えてみよう。
四、それぞれの配役を決め、舞台に立っている気持ちで朗読してみよう。

とあり、人物の性格理解を中心に作業させるように設定されている。中学では文学のジャンルとして劇文学を扱っている。それゆえ、「リヤ王」は小学校高学年で扱うのがよいだろう。

四　『リヤ王』の可能性と課題

『リヤ王』の教材史を見ると、小学校においては演劇活動を学ぶことよりも、劇文学を通して、ことばから心を読み取る教材として位置づけられてきた。一方、中学では劇文学の演劇生を強く意識し、演劇活動のための教材として扱われてきた。作品『リヤ王』は各国・地域で上演されている。本稿ではふれなかったが、各国・地域でも教材化されている。それゆえ、国際的共通教材として『リヤ王』を扱うことで、子供にとってより深い学習で展開されるであろう。例えば、他の国や地域の子供が『リヤ王』に描かれている心をどのように読み取ったかなどの感想文を翻訳し、それを教材として扱うことで、作品と自分という狭い関係から、作品に向き合う他者がいて、それぞれがことばから心を読み解く活動をしていることを理解する。そして自分と他者との心のさぐり方や、感じ方の違いから、自分と他者との関係が、作品と人間という関係と重なることを理解していく。また、国際的な話し合いを通して、ことばと心の問題を、『リヤ王』と自分の問題から、『リヤ王』を読み解く他者と自分という問題に展開していくことができる。劇教材であるからこそ、疑似体験による学習活動を各国・地域でも同じように実践でき、ことばから心を読み解くことができる。その学習方法は各国・地域にも通じる普遍的なものであり、一方、読み解いた心の内容については、それぞれの子供にとって差が生じていく。その差こそ、人間の心の深淵であり、そこに気づくことで、自らの心を読み深めていくことができるのであろう。

心はすべてをことばで表すことはできない。ことばは心の中のすべてを表す道具には成り得ないのである。だからこそ、ことばから心を読み解くことが必要になる。人間国宝である義太夫の竹本住太夫は、こころを表すのはことばではなく、そのことばを表す「音」であると言う。台本のことばを理解し、その心を言いまわしや音色、息で表現していく。ことばにならない心情を、ことば以外で表現するのである。ことばから心を読み解くことは、各国・地域に共通する学習であろう。それゆえ、ことばから心を読み解く国際的劇教材として『リヤ王』は新しい古典となりうるのであり、これからの教材としてふさわしいのではないか。

注

（1）レスリー・ダンドン＝ダウナー、アラン・ライディング著／水谷八也、水谷利美訳『シェイクスピアヴィジュアル事典』（二〇〇六年二月一四日）四六七〜四七三頁
（2）安達まみ「リヤ王」関戸衛編『シェイクスピアがわかる』（一九九九年一二月、朝日新聞社）一二一頁
（3）小田島雄志訳『リヤ王』（一九八三年一〇月、白水社）二四四頁
（4）文部省『小学国語読本尋常科用巻十二編纂趣意書』（一九三八（昭和一三）年一一月、文部省）二七〜二八頁
（5）坪内逍遥『児童教育と演劇』（一九二三（大正一二）年四月、早稲田大学出版部）
（6）小原国芳『学校劇論』（一九二三（大正一二）年四月、イデア書院）
（7）一九二四（大正一三）年九月三日付文部次官通牒。「語学練習等ニ於イテ脂粉ヲ施シ、演劇興行ニ近キ行ヲ為スモノ有之趣、此ノ如キハ固ヨリ訓令ノ精神ニ照ラシ不可然義ニツキ、爾今貴校ニ於テモ十分御監督ノ上万事遺憾ナキヲ期

セラレ度、依而此段通牒ス」
（8）『小学国語読本綜合研究　巻四（第四冊）』岩波茂雄編『岩波講座　国語教育　5』（一九四二（昭和一七）年一月五日、岩波書店）一九〇頁
（9）国語教育学会『小学国語読本綜合研究　巻十二（下）』（一九三八（昭和一三）年一二月、岩波書店）二六六頁
（10）芦田恵之助『小学国語読本と教壇　巻十二』（一九三八（昭和一三）年一〇月、同志同行社）二八七頁
（11）『小学新国語　学習指導書』（一九六六（昭和四一）年二月、光村図書出版）一二五頁
（12）岡崎義恵『国語二（中学校総合）教授参考書』（一九五九（昭和三四）年二月、日本書院）二四三～二四四頁

浜本純逸先生　略年譜

一九三七（昭和一二）年一一月二八日　愛媛県今治市に生まれる

一九五六（昭和三一）年三月　愛媛県立今治西高等学校卒業

一九五六（昭和三一）年四月（一八才）　広島大学教育学部高校教育課程国語科入学

一五六〇（昭和三五）年三月（二二才）　同右卒業

一九六〇（昭和三五）年四月（二二才）　広島大学大学院教育学研究科教育学専攻修士課程入学

一九六二（昭和三七）年三月（二四才）　同右修了

一九六二（昭和三七）年四月（二四才）　広島大学教育学部教務員

一九六四（昭和三九）年四月（二六才）　広島大学大学院教育学研究科教育学専攻博士課程入学

一九六七（昭和四二）年三月（二九才）　同右単位修得退学

一九六七（昭和四二）年四月（二九才）　広島大学教育学部助手

一九六七（昭和四二）年四月三〇日　河野宏子と結婚

一九六九（昭和四四）年四月（三一才）　福岡教育大学講師

一九七一（昭和四六）年七月（三三才）　福岡教育大学助教授

一九七九（昭和五四）年四月（四一才）　神戸大学教育学部助教授

一九八一（昭和五六）年四月（四三才）　神戸大学大学院教育学研究科修士課程国語教育専攻発足　同専攻担当

一九八四（昭和五九）年三月（四六才）　教育学博士（広島大学）

「ロシア・ソビエトにおける文学教育の成立と発展に関する研究」

一九八六（昭和六一）年四月（四八才）　神戸大学教育学部教授
一九八九（平成一）年九月（五一才）　神戸大学教育学部附属住吉小学校・中学校校長兼任
　　　　　　　　　～一九九二年八月
一九九二（平成四）年一〇月（五四才）　神戸大学発達科学部教授に配置換え
一九九七（平成九）年四月（五九才）　神戸大学大学院総合人間科学研究科修士課程担当
二〇〇一（平成一三）年三月（六三才）　神戸大学発達科学部教授退任
二〇〇一（平成一三）年四月（六三才）　鳥取大学教育地域科学部教授
二〇〇三（平成一五）年三月（六五才）　鳥取大学教育地域科学部教授退任
二〇〇三（平成一五）年四月（六五才）　早稲田大学教育・総合科学学術院教授
二〇〇八（平成二〇）年三月（七〇才）　早稲田大学教育・総合科学学術院教授退任

跋　文

浜本純逸博士には、二〇〇八年三月末日をもって、早稲田大学教育・総合科学学術院特任教授を退任されることとなった。浜本先生は、福岡教育大学（一〇年間）、神戸大学教育学部（現発達科学部。二二年間）、鳥取大学教育地域科学部（二年間）、早稲田大学大学院（五年間）の計三九年間にわたって、国語教育のご研究に邁進なさるとともに、後進へのご指導に精魂を傾けてくださった。その学恩の深さに、心からお礼申し上げる。

浜本先生の生き方は、エッセイ集『遠くを見る』（教育企画コヒガシ、二〇〇一年）の「エピローグ」（初出『鍛える国語教室』一二号、明治図書、一九九七年五月）に集約されている。少し長い引用になるが、ご紹介したい。

　毎日の生活においては悔いの残ることが多い。それらを引き受けて立ち向かう日々の心を支えているものは、過去の明るい経験であり、未来から射してくる光である。未来のことを思うと何でも実現可能のように思われて、すべてのものが輝いて見える。私は、どちらかといえば、振り返ること少なく前を向いていることが多い。研究においてもこの前を向く傾向が現れやすいので、私は、つとめて、先人の実践と研究に学ぶことにしている。テーマを得ると、まず自分の仮りの答えや思いつきをメモした上、先行の研究や実践を調べる。このことは、自分の意見や仮説を相対化することにおいて、テーマを複眼で見ることにおいて、役立っているようである。また、テーマを選ぶ際には今日のことに役立つものよりは、射程距離を長くして明日のことに役立つものを選びたいと思っている。

　研究の進め方では、明日のあるべき教育を追求することによって今日の課題に取り組みたいと考えている。そういうことが、結局は、今日的課題の本質的な解決に役立ち、普遍に至る道のようである。

浜本先生は、常に広い視野から次の時代を見通して鋭いご提言をなさるが、それを支えているのは、緻密な歴史研究と実践尊重の精神だということが、この歯切れのよい文章からも窺うことができる。

そのご提言の際に、浜本先生は、誰に対しても、自分の方法を押しつけるということはなさらなかった。研究者に対しては、報告を聞きながら、その秀でた点を評価し、なおかつ論の曖昧さを的確に指摘なさっていた。実践者に対しては、「実践者は、必ずそれぞれの実践理論を持っているものだ」とおっしゃって、実践を支える理論に自らが気付くように助言なさっていた。「しなさい」と命じるのではなく、「してごらん」と勧める言葉は、常に温かい励ましであった。

さらにまた、浜本先生のご講義そのものが、新しい国語教育を具現するものであった。『現代若者方言詩集』（大修館書店、二〇〇五年）も、ご自身の実践方法を各大学の教員に公開し、広く作品を募ることによって生まれたものである。国語教育研究者である以上、自らの教育実践も明らかにすべきだというお考えを貫かれたのである。

私自身は、神戸大学大学院において修士論文のご指導を、さらに早稲田大学大学院訪問学者として博士論文のご指導を仰いだが、いずれも金曜日の夕刻からゼミを始めるという便宜を図っていただいた。現職教員が仕事を終えてからでも駆けつけることの出来る時間帯にしようというご配慮だった。そのおかげで、ゼミの時間は、漱石の「木曜会」を髣髴とさせるほどに、多彩な参加者でにぎわっていた。本書は、こうした人のつながりによって生まれた。

今日の課題を真正面から受けとめ、真摯に実践しつつ、常に「遠くを見る」ことを忘れず、明日のあるべき教育を追求していくのが、浜本研究室のモットーである。この一書に、その精神が浸透していれば幸いである。

浜本純逸先生と宏子夫人のますますのご健勝とご活躍をお祈り申し上げる。

二〇〇八年一月一日

田中　宏幸

執筆者一覧 （論文の掲載順）

浜本　純逸　早稲田大学教育・総合科学学術院教授

田近　洵一　東京学芸大学名誉教授・前早稲田大学教授・ことば文化研究室主宰

鶴田　清司　都留文科大学文学部教授

草野十四朗　活水高等学校教諭

鹿内　信善　北海道教育大学教育学部岩見沢校教授

田中　宏幸　ノートルダム清心女子大学文学部教授

難波　博孝　広島大学大学院教育学研究科教授

＊近藤　　聡　東京都立三田高等学校教諭／早稲田大学大学院教育学研究科博士後期課程

奥泉　　香　日本体育大学女子短期大学部教授／早稲田大学大学院教育学研究科博士後期課程

村上　呂里　琉球大学教育学部教授

山本　直子　埼玉県所沢市立南小学校教諭

渡辺　通子　茨城県教育研修センター指導主事／早稲田大学大学院教育学研究科研究生

町田　守弘　早稲田大学教育・総合科学学術院教授

松崎　正治　同志社女子大学現代社会学部教授

＊坂口　京子　常葉学園大学教育学部講師

榎本　隆之　早稲田大学高等学院教諭

杉山　英昭　國学院大学文学部准教授

＊幸田　国広　法政大学第二中学・高等学校教諭／早稲田大学大学院教育学研究科博士後期課程

＊本橋　幸康　国立教育政策研究所・教育課程研究センター研究開発部学力調査官／早稲田大学大学院教育学研究科博士後期課程

小原　　俊　文部科学省初等中等教育局教科書調査官

遠藤　瑛子　同志社大学文学部嘱託講師
寺崎　賢一　富山県滑川市立早月中学校教諭／早稲田大学大学院教育学研究科博士後期課程
＊熊谷　芳郎　聖学院大学人文学部講師／早稲田大学大学院教育学研究科博士後期課程
高山　実佐　東京都立広尾高等学校教諭／早稲田大学大学院教育学研究科博士後期課程
武藤　清吾　広島経済大学准教授／早稲田大学大学院教育学研究科博士後期課程
＊黒川　孝広　吉祥女子中学・高等学校教諭／早稲田大学大学院教育学研究科研究生

＊印は編集委員

浜本純逸先生退任記念論文集

国語教育を国際社会へひらく

平成20年３月１日　発　行

編　者　記念論文集編集委員会
編者代表　熊谷芳郎・近藤　聡
発行所　株式会社　溪　水　社
広島市中区小町１－４（〒730-0041）
電 話（082）246－7909
FAX（082）246－7876
E－mail：info@keisui.co.jp

ISBN978－４－86327－012－１　C3081

——How to Teach Better "Japanese Education Classes"

●Masaharu Matsuzaki/The process of the ability formation of curriculum-making.——The case study of the growth process of the high school Japanese teacher.——

●Kyoko Sakaguchi/Training for Language Education at Elementary School——Writing Practice Based on "Interviews"——

●Takayuki Enomoto/The establishment of a goal for arrival in Japanese teacher training.——The analysis of the NBPTS (a professional teacher official approval) English department official approval standard.

●Hideaki Sugiyama/Research on future classical literature education.

●Kunihiro Kouda/The Grand Design of classical literature educational reproduction.

●Shun Obara/Linguistic ability from a cross-subject point of view——the sixth version of "Sakurada plan".

●Yukiyasu Motohashi/A consideration about the match of the class improvement which national language scholastic ability investigation was made use of for.A change in concept of scholastic ability seen in the way of making use of investigation.

●Eiko Endo/A word is raised through looking, reading, thinking. Of "Tanoshika" and "this is a house", in the subject.

●Ken'ichi Terasaki/A subject to lead in the future.——As for the subject in the secondary education grade to learn a "structure principle" and "materialism dialectic".

●Yoshiro Kumagai/Subject of the rhetoric of the "persuasion" by the communication.

●Misa Takayama/Finding myself through the surrealistic idea world "Akai Mayu" (Koubou Abe)

●Seigo Muto/The people sense of Mr. Akutagawa Ryunosuke's "Hina".

●Takahiro Kurokawa/Reading intention from teaching materials as international readings.——From the history of "king lear" by teaching materials.——

Contents

Japanese Language Education and Globalisation